허균의
생각

허균의 생각

이이화 지음

교유서가

이단아, 저항아, 그리고 개혁사상가

허균은 누구인가?

역사 속의 한 시대를 살면서 그 시대가 지녔던 모순과 부조리에 괴로워하고 저항하는 대신에 평범하게 순종과 타협의 길을 걸은 사람에게 우리는 아무런 감흥도 느끼지 못한다. 해묵은 학문이나 빛바랜 진리를 위하여 생애를 맡긴 사상가도 오늘의 우리에게 가슴 벅찬 감동을 안겨주지 못한다. 이쪽저쪽의 눈치를 살피면서 그 시대의 명망이나 얻고 권력을 낚으려는 기회주의자들도 오늘의 우리에게 업신여김을 받아 마땅하다.

우리 역사 속에는 벼슬아치와 평민, 양반과 상민, 지주와 전호(佃戶, 소작농) 사이에 끊임없는 갈등과 투쟁, 때로는 굴종과 타협이 있어왔다. 지배세력은 민중에게 끊임없이 굴종을 강요했다. 그 강요를 거역하면 국가폭력의 방법을 동원하기도 했으며 더러 회유의 방법으로 어쩔 수 없이 타협을 시도하기도 했다. 그러면서 기득권을 노리는 지배층은 이를 지키려고 온갖 수단을 다 동원했다. 그 결과 민중은 거의 인종의 길을 걸어오다가 때로는 한바탕 저항을 시도하기도 했다.

그래서 여기에는 때로는 영광과 굴욕이, 때로는 권모와 술수가, 때로는 저항과 맹종이, 때로는 시기와 질투가, 때로는 독단과 타협이, 때로는 보수와 혁신이, 때로는 고루와 진취 따위가 엇갈려 있다.

허균은 중세에 해당하는 16세기에 태어나 청년기를 보내고 17세기부터 활동한 인물이다. 이 시기는 서구에서는 르네상스 초기에 해당되고 중국에서는 신흥세력인 청이 일어날 무렵이며 일본에서는 도쿠가와 막부 정치가 태동하던 때였다. 나라 안으로는 조일전쟁(임진왜란)을 치른 뒤에 봉건체제가 뿌리부터 뒤흔들리고 당쟁은 더욱더 굳어져 파국으로 치달았다.

허균은 명문 집안에서 태어났다. 그 명문에 걸맞게 유교와 문장을 숭상하던 사회에서 유교적인 교양과 학식을 쌓았고, 글 잘하는 문사로 칭송을 받았다. 또 벼슬을 입신양명의 가장 중요한 수단으로 여기던 양반사회에서 벼슬길이 순탄하게 열릴 수 있었다. 그런데도 그는 기성 권위에 과감하게 맞서 개혁과 저항의 행동으로 일관했다. 그는 천대받던 언문으로 소설을 맨 처음 쓴 사람으로서 『홍길동전』은 우리 국문학사에서 높이 평가되어왔다. 그래서 『홍길동전』의 작가로서 그의 생애나 문학의 배경 같은 것이 이야기되어왔다. 그러나 『홍길동전』은 그의 사상을 표현하는 하나의 수단이었다고 볼 때에 오늘날 그의 사상에 대한 탐구는 매우 부족한 느낌이 든다.

어느 모로 보나 허균은 그때에 이단으로 일컬어질 만한 새로운 사상과 개혁의 이론을 내놓았다. 나는 이 책에서 허균의 사상을 정치, 학문, 문학의 세 분야로 나누어 살펴볼 것이다. 정치에 대한 허균의 생각은 기성 질서의 재편성과 사회 모순의 개혁이라는 데에 초점이 모아지고 있다. 또 그는 학문이나 종교에 있어서 유교의 교조성(教條性)을 탈피하여 다른 학문이나 종교가 지닌 가치를 인정하고 받아들일 것을 주장했다. 문학을 보는 그의 눈도 남달랐다. 그는 시와 글짓기에서 독창성을 강조하고, 당대 선비들의 통념을 벗어나 소설 등에도 관심을 기울임으로써 자유분방한 모습을 보여주었다.

그의 이런 태도는 당대의 사회에서는 경망스럽다는 핀잔을 받았지만, 오늘의 우리에게는 오히려 끊임없는 학문의 욕구를 지닌 정직한 지성인의 모습으로 보인다. 그가 여러 사조와 사상을 포용하는 범위는 이와 같이 넓었다. 그러나 폭이 넓은 것은 깊이와 체계가 있는 것과는 다르다. 여기에서는 그 깊이와 체계를 따지려는 것이 아니고, 학문이나 문학이 획일화된 사회에서 다양성을 추구하고 저마다 지닌 가치를 부여하려 한 그의 신념과 의지를 탐구해보려는 것이다.

허균의 생애는 크게 두 시기로 나뉜다. 곧 마흔 살이 되기 전의 전반기와 마흔 살부터 죽을 때까지의 후반기로 구분된다. 전반기에 그는 현실에 직접 참여하기보다는 글로 자기의 생각을 표현하거나 뜻을 같이하는 사람들과 어울려 불만을 토로하거나 했다. 그러나 후반기에 그는 조정에 참여하여 지배세력의 한 사람으로서 행동하고 반역하는 과정에서 때로는 지탄을 받고 때로는 과감한 대결을 벌이기도 했다.

나는 이 책에서 그의 삶과 사상을 생애 전체를 통하여 추적해보았으나, 참고한 자료는 주로 전반기의 것이다. 왜냐하면 그에 관한 글들은 역적이란 이름으로 모두 불태워졌고, 전반기에 지어놓은 글만 남아 있기 때문이다. 그가 기성 사회에서 가장 막된 인물의 한 사람으로 손가락질을 받은 데에는 다음과 같은 사실이 강하게 작용했다.

첫째는 그가 역적이라는 이름으로 비명에 간 것이다. 역적은 임금을 몰아내려는 행동을 벌인 사람을 일컫는 말이다. 오늘날에 비추어보면 혁명가일 수도 있다. 이 역적은 '충'을 신하의 기본 덕목으로 꼽았던 유교사회에서는 타기되고도 남음이 있었다. 충은 본디 원시유교에서는 성실을 추구하는 정신으로 출발했다. 그러나 후기에 내려와서는 충이 군주 개인을 위하여 희생하는 것으로 여겨졌다. 따라서 충을 저버린 허균은 역사의 반역자였다.

둘째는 그가 붕당(朋黨)의 희생물이 된 것이다. 허균은 동인 또는 대북에 속했는데, 광해군을 몰아내고 인조반정을 이룬 것은 대북의 반대당인 서인세력이었다. 서인들은 대북과 손잡은 광해군을 폭군으로 낙인찍고 대북 사람들을 모두 역적으로 몰아 그들 세력을 완전히 제거했다. 정권을 잡은 서인세력은 그 뒤에도 이런 북인 말살정책을 썼다. 허균은 당쟁의 타파를 외쳤지만 대북의 조정에서 역적으로 몰렸다. 그런데도 서인 또는 노론정권은 허균에게 북인들과 한 무리라는 혐의를 덮어씌웠다.

더욱이 그는 소외되고 핍박 받는 불우한 문사나 서자, 중인, 천민과 끊임없이 교류하고 동정하면서 동지로 삼았다. 그리하여 적어도 근대 전에 허균은 막된 인물이었다. 그러나 그가 역사 속에서 다시 살아날 수 있었던 직접적인 계기는 『홍길동전』 때문이었고, 또 획일성에 반기를 든 그의 다양한 사상 때문이었다.

허균은 이러한 행동과 사상 속에서 끊임없이 민중을 생각했다. 지배세력과 피지배세력 사이의 괴리와 모순에 관심을 기울인 것으로 보아, 적어도 그는 선구적인 사상가임에 틀림이 없다. 이런 점에서 나는 허균을 새롭게 평가하려는 것이며, 그를 영웅으로서가 아니라 역사 속에서 부침한 양식 있는 한 인물로 자질하여 오늘날의 거울로 비추어보려는 것이다.

이 책은 1980년 신군부가 시퍼렇게 날뛸 때 월간 『뿌리깊은나무』의 한창기 사장과 김형윤 편집장의 배려 덕분에 『허균의 생각』이라는 제목으로 간행되었다. 이 잡지가 강제 폐간되고 나서 일반 간행물로는 첫 책으로 간행된 것인데, 한때 금서목록에 오르기도 했다. 그 뒤에 두 차례 수정해서 다시 펴낸 적이 있었다.

이번에는 기존의 내용을 대폭 수정하고 허균의 저작을 더 많이 예시하여 독자들의 감상과 평가를 유도하려 했다. 게다가 그의 고발정신과 저항정신, 그리고 열렬한 개혁의지와 냉철한 현실인식이 현대에도 여전히 유효하다는 메시지를 담았다.

오늘날 극단적 이데올로기로 무장하고 편향된 시각으로 툭하면 무슨 파라고 몰아가는 패거리들과 더불어 모순과 독점으로 얼룩진 탐욕적 자본주의가 판치는 사회에서 어떤 의미를 담아 허균을 읽어야 할지, 또는 궤변을 늘어놓는 가짜 지식인들이 넘쳐나고 있는 현실에서 허균을 어떻게 평가할지, 이는 독자들의 몫일 것이다.

일화 한 토막을 소개해본다. 2014년 7월 3~4일 중국의 시진핑(習近平) 국가 주석이 한국을 방문하고 한중 우호를 강조하는 강연을 서울대학교에서 가졌다. 그는 이 자리에서 허균의 절구 한 구절을 인용해 양국 우호의 정서를 드러내려 했다. 곧 "간담매상조 빙호영한월"(肝膽每相照 氷壺映寒月)이다. 이를 풀이하면 "간과 쓸개를 늘 서로 꺼내 보이니, 깨끗한 얼음 담은 병에 차가운 달이 비치는 듯하다"는 말이다. 간담상조는 속내를 그대로 드러내는 절친한 친구 사이를 뜻하는 중국의 고사요, 빙호는 한 점의 티도 없이 깨끗함을 나타내는 성어이다. 허균은 이 고사를 끌어대 우정을 표현했던 것이다. 이를 통해 허균의 시는 중국 사람들도 애송한다는 분위기를 알려주었다.

마지막 한 마디. 그러니 독자들이시여, 오늘을 사는 양식 있는 사람들이 시대정신에 투철한 허균을 다시 부르고 있다고 생각하지 않는가?

2014년 9월

새로운 미래를 꿈꾸며 이이화 쓰다

차례

1장

모순과 갈등의 시대

허균은 우리의 역사인물들 속에서 어느 시대를 가릴 것 없이 끊임없이 사람들의 입에 오르내리는 인물이다. 그만큼 평가의 기준이 복잡함을 뜻한다. 왜 그럴까?

허균은 16세기 끝 무렵부터 17세기 첫 무렵에 걸쳐 살았다. 이때는 조선이 중기에서 후기로 접어들기 시작한 시대였다. 조선왕조(이하 조선)가 세워진 뒤로 중기 이전까지는 태종과 세종의 손에서 내정의 바탕이 굳게 다져졌고, 또 바다 건너 왜구와 북방민족의 침입이 없어서 나라의 기틀이 튼튼해졌으므로 태평한 세월이 이백 년 넘게 이어졌다.

그러나 중기로 접어들면서부터 새로운 조짐이 보이기 시작했다. 이 백여 년 동안의 태평스런 분위기를 타고, 지배세력은 나태와 무사안일에 빠졌고 지식인 그룹인 사림들은 공리와 공담을 일삼았다. 사림들이 떼죽음을 한 사화(士禍)가 연달아 일어나고 권력투쟁이 격화되어 절정에 이르렀다. 여기에서 어쩔 수 없이 파생된 것이 당론이다. 당론은 이 패거리와 저 패거리가 갈라서서 싸움질하는 것을 뜻한다.

이런 당론의 소용돌이 속에서 1592년에 조일전쟁(임진왜란)이 일어나자, 정치와 사회의 혼란이 이를 데 없이 심해져서 전통사회는 송두리째 무너진 듯했으며 민생고는 참담하기 짝이 없었다. 곧 허균이 살던 16세기 끝 무렵에는 사상에서는 유교의 교조주의가 고개를 들었고, 정치에서는 당론과 당쟁이 심화되었으며, 사회에서는 도둑떼의 등장으로 아주 혼란스러웠다.

조일전쟁이 끝난 뒤 왕위에 오른 광해군은 권신들과 반대세력에 밀려 왕위를 지키기에 어쩔 줄 몰라 했다. 허균은 이런 모순 갈등의 시대에 진보적 지식인으로서 개혁사상을 말했으며, 때로는 권력의 소용돌이 속에서 한몫을 거들기도 했다. 이제 여기서 허균이 살았던 시대의 사정을 좀더 자세히 살펴보자. 이러한 문제는 모두 허균과 직접 관련되는 사례들로, 허균의 삶과 사상을 살피는 데에 빼놓을 수 없는 주제들이다.

교조주의로 굳어진 유교

고려왕조를 뒤엎고 조선을 세운 중심인물들은 거의 유교세력에 속했다. 그중에서도 이론의 뒷받침을 한 사람은 정도전(鄭道傳)이었다. 그래서 숭유억불, 곧 유교를 높이고 불교를 억압하는 것과 이소사대, 곧 작은 나라가 큰 나라를 섬기는 것 따위가 조선왕조의 국시가 되었다. 정도전이 숭유억불을 국시로 내세운 데에는 유교를 공부하는 사람으로서 유교를 받들려고 한 점도 있으나 고려왕조가 불교를 받든 것에 대한 하나의 반사적 이념 조작에서 나온 것이기도 하다. 또 여기에는 고려 중기 이후 불교가 귀족화하여 타락의 길로 치닫고 승려들이 권력에 깊숙이 끼어들어 이권을 낚는 현실을 개혁하려는 의지도 있었으며, 토지제도를 어지럽힌 귀족과 사원 소유의 토지를 정비하려는 목적도 있었다. 아무튼 정도전은 유교를 국시로 삼아 이상국가를 세워 유교의 민본정치를 이 땅에 다지려고 했다.

이에 조선에서는 유교사상이 국가의 기본 이념이 되어 통치철학으로 굳어졌다. 따라서 유교 경전을 읽고 실천하는 것이 실천도덕의 마지막 목표였고 가장 높은 이상이었다. 또 삼강(三綱) 오륜(五倫)으로 도덕의 기준과 사회질서를 세우는 잣대로 삼았다. 이리하여 유교 윤리를 강조하면서 사회질서와 국가통치의 중요한 방법으로 내세운 것이 바로 '복종'의 개념이었다. 아들은 아버지에게, 벼슬아치는 임금에게, 아내는 남편에게, 나이 어린 사람은 나이 많은 사람에게 무조건 복종해야 했다. 이 유교의 실천윤리가 조선왕조에 깊숙이 파고들어 일반 민중을 교화하는 바탕이 되었는데, 세월이 흐름에 따라 새로운 폐단들이 생겼다.

첫째는 권위주의 또는 교조주의를 들 수 있다. 공자의 이론과 주자학에서 한 발자국도 벗어나지 못하게 단속하여 학문의 경향을 폐쇄적으로 이끌어갔다. 그리하여 불교와 도교는 말할 것도 없고 고유한 사상이 학문으로 발전하여 체계를 이루는 것을 막고 성리학만을 앞세웠다. 다른 학문을 엿보고 다른 신앙을 좇으면 이단으로 몰아 벼슬을 빼앗거나 죽이기까지 했다. 그 때문에 불교는 산속으로 쫓겨가고, 도교는 신선사상으로 흐르고, 고유한 사상은 민간신앙으로 흘러갔다.

둘째는 차별적인 인간관계로 신분계층이 엄격하게 구분지어진 점이다. 평민과 천민은 능력이 있거나 없거나 결코 양반이 될 수 없었고, 여자는 남자에게 복종하는 것만이 미덕이었다. 따라서 평민은 늘 착취당했고, 여자는 남편이 죽었을 때에 절대로 다시 혼인해서는 안 되고 열녀를 강요받아야 했다. 또한 같은 양반혈통이라도 서얼(庶孼)에게는 벼슬에 차별을 두는 금고(禁錮)라는 가혹한 제도를 두기도 했다.[1]

셋째는 보편성이 부족한 윤리 탓에 가족주의와 파벌의식이 부추겨진 점이다. 가족주의는 문벌 중심으로 번져 사사로운 정이나 비합리적인 생각을 낳았고, 파벌의식은 사색(四色) 당파라는 건전하지 못한 정치 토론장을 만들기도 하여 때로는 집권의 수단으로 전락하기도 했다. 또 반역향이라는 이름으로 지역을 차별하여 지역 사이의 갈등을 심화시키기도 했다.

여기서는 주로 유교의 폐단만을 든 것 같지만 어쨌든 이런 형식적이고 교조적인 유교주의 탓에 조선 후기에는 공리공담이 더욱 성하게 되었다.

당론과 당쟁의 심화

당론은 정론을 뜻하고 당쟁은 정쟁을 뜻한다. 그러나 여기서는 이를 나누지 않고 당쟁이라고만 표현하겠다. 당쟁의 시작은 위에서 말한 대로 선조 재위 초기였고 조일전쟁이 끝난 뒤 광해군 재위 기간에 더욱 치열해졌다. 그 과정을 알아보자.

네 차례의 사화가 일어난 뒤에 조정에는 점차 불화의 낌새가 깃들고 있었다. 그래서 1573년에 이준경이 죽으면서 선조에게 조정에 붕당의 조짐이 있다는 글을 올려 우려를 표했다.

마침내 1575년에 김효원과 심의겸 사이의 자잘한 사건이 빌미가 되어 동쪽에 사는 패거리와 서쪽에 사는 패거리로 갈라져 '네 편, 내 편'의 싸움이 시작되었다. 김효원이 옳다고 주장하는 파가 동쪽 패거리인 동인이요, 심의겸이 옳다고 주장하는 파가 서쪽 패거리인 서인이다. 동인은 허엽을 우두머리로 하여 김우옹, 유성룡, 이발 등이 세력을 잡았고, 서인은 박순을 우두머리로 하여 김계휘, 정철, 윤두수 등이 세력을 잡아 조정은 두 쪽으로 갈라졌다. 그러고는 '이것이 옳다, 저것이 그르다'를 가리기에 날을 지샜다. 이를 차마 보다 못해 이이가 동쪽 · 서쪽을 깨끗이 씻을 방도를 아뢰는 상소라는 뜻의 「진세척동서소」(陳洗滌東西疏)를 올려서 두 쪽을 조정하고 패를 없애기를 꾀했지만 그도 끝내는 서인 패거리에 휩쓸리고 말았다. 이런 시끄러운 파벌 싸움 속에서 동인이 세력을 잡자 동인은 또다시 유성룡, 우성전을 우두머리로 한 남인과 이산해, 이발을 우두머리로 한 북인으로 갈라졌다. 허엽은 허균의 아버지요 우성전은 허균의 매부이다.

이런 싸움의 마당에서 조일전쟁이 터졌다. 이에 선조와 조정 대신들은 말을 거꾸로 타고 창도 거꾸로 쥐고서 북쪽으로 쫓겨갔다. 난리 중에 선조는 의주에서 당쟁을 개탄하면서 앞날을 경계하는 이름난 시를 남겼다.

> 관문의 산에 걸린 달을 보고 통곡하노라니
> 몰아치는 압록강 바람에 마음이 쓰리구나.
> 조정의 신하들아, 오늘 뒤에도 또다시
> 동쪽이니 서쪽이니 하며 찢고 싸울 테냐.[2]

그러나 선조가 이렇게 걱정하고 비탄했는데도 난리 중에 잠잠했던 당쟁은 난리가 가라앉자 다시 고개를 들었다. 당쟁은 선조가 왕권을 강화하려고 부추겼다고 볼 수도 있었다.

남인의 우두머리인 유성룡이 북인인 남이공, 정인홍 등에게 탄핵되어 영의정에서 물러난 뒤에 북인들이 정권을 잡았다. 정권을 잡은 북인은 또다시 자잘한 논란을 벌여 이산해를 우두머리로 하여 이이첨, 정인홍 등이 큰 북쪽 패거리란 뜻의 대북이 되고 유영경, 남이공 등이 작은 북쪽 패거리란 뜻의 소북으로 갈라져 당쟁은 더욱더 치열해지기 시작했다. 여기에 또 새끼를 쳐 대북 중에서 이산해를 중심으로 한 파가 살점을 차지한 북쪽 패거리란 뜻의 육북이 되고, 홍여순을 중심으로 한 파가 뼈다귀를 차지한 북쪽 패거리란 뜻의 골북이 되고, 유몽인 등은 흐리멍덩한 북쪽 패거리란 뜻의 중북이 되었다. 소북파도 남이공을 중심으로 한 파가 맑고 작은 북쪽 패거리란 뜻의 청소북이 되고, 유영경을 중심으로 한 파가 흐리고 작은 북쪽 패거리란 뜻의 탁소북이 되었다. 참으로 복잡하다.

이럴 즈음에 인목대비가 적자인 영창대군을 낳았다. 이때에는 이미 후궁의 몸에서 태어난 광해군이 세자로 확정되어 있었다. 그러나 선조는 마음속으로 영창대군을 세자로 삼으려는 뜻이 있었다. 선조는 유영경 등에게 곁가지가 줄기보다 더 무성한 대나무 그림을 보여주며 곁가지를 잘라야 한다는 암시를 하기도 했다.[3] 이를 알아차린 영의정 유영경은 세자가 태어난 것을 크게 축하하면서 다른 마음을 품었고, 이이첨은 재빨리 유영경이 세자를 바꾸려 한다고 탄핵하고 광해군은 총명하니 세자를 바꿀 수가 없다며 싸움을 걸었다. 선조는 아무런 근거도 없는 얘기를 떠든다고 이이첨 등을 귀양보냈다. 그러나 이이첨이 귀양길을 늦추고 있을 때에 선조가 죽고 광해군이 왕위에 올랐다.

이이첨은 곧바로 조정에 들어가서 정권을 잡았고, 유영경 등의 소북파는 죽임을 당하거나 귀양을 가는 처지가 되었다. 이래서 대북파는 정권을 잡고서 꺼진 불의 불씨가 될 광해군의 친형인 임해군과 선조의 손자들을 죽였다. 이어 '칠서지옥' 때에는 인목대비의 친정아버지인 김제남과 영창대군도 죽이고 인목대비를 폐비로 만들 음모를 꾸미는 등 온갖 횡포를 다했다.

대북파는 정권을 굳게 쥐고서 왕권을 강화하고 벼슬자리를 튼튼하게 다지려고 온갖 음모와 살육을 저질렀으며, 이 폐단을 알면서도 왕위에 불안을 느낀 광해군은 이들에게 의지하여 왕위를 지키려 했다. 그리하여 대북파의 실권자인 이이첨은 낮은 벼슬자리에 있으면서 영의정을 제치고 제 마음대로 권력을 휘둘렀고, 광해군은 그 잘못을 뻔히 알면서도 모르는 체하고 내버려두었다. 더구나 광해군은 대북파와 손을 잡고 정적들을 몰아내면서 왕권을 다지려고 마찰을 빚는 가운데 많은 갈등을 유발했다.

실제로 광해군은 총명한 인물로서 조일전쟁 때에는 의병 모집에 많은 공을 세웠고, 형 임해군을 제치고 세자에 책봉될 만큼 기대를 모은 세자였다. 그리하여 왕위에 오른 뒤 명나라와 여진에 대한 양면외교와 나라 안 정치에서 수완과 능력을 발휘하기도 했으나 끝내는 자기의 왕권을 유지하려고 대북파에 끌려다녔고, 역사적으로 폭군이라는 낙인이 찍혔다.

이이첨은 권력을 마음대로 휘둘렀고, 당쟁의 소란이 거듭되면서 사림세력의 불평이 극에 달한 가운데 정계의 혼란은 더욱 심해졌다. 하지만 이이첨은 광해군의 실리외교를 막후에서 조종한 주역이기도 했다.

사회의 혼란과 민생고

집권세력이 선조와 광해군 때까지 권력을 마음대로 휘두르고 서로 물고 뜯고 싸우고 갈라서고 하는 가운데 나라의 위아래는 어느 곳을 가릴 것 없이 곪아가고 있었다. 조일전쟁이 일어나기 전에 벌써 나라의 재정은 약해지고 행정력은 마비되고 군정은 크게 어지러워졌다. 관리나 토호는 점차로 탐욕스럽고 악독해졌고, 그만큼 농민의 부담은 커져 수렁속에 빠졌다. 정치가 이렇게 혼란스럽다보니 사회의 기풍도 어지러워지고 불안의식도 점차로 높아졌다. 나라에는 절박한 상황이 전개된 것이다.

이이는 조일전쟁이 일어나기 전에 이렇듯 암담한 현실을 보고 개선해야 할 네 가지 항목을 내놓았다.[4]

첫째로 선비와 관리가 제 잇속만 채우고 색욕을 탐하는 등 상하존비를 가릴 것 없이 어지러운 사회기풍, 둘째로 관직이 높거나 낮거나 모든 관리들이 게을러서 모든 관서가 나날이 퇴폐해지는 것, 셋째로 모든 명령 계통이 제대로 서지 않아 뚜렷한 줏대도 없이 갖가지 정책을 아침에 세웠다가 저녁에 뜯어고치는 일, 넷째로 농민의 부담이 점차로 무거워져서 도탄에 빠진 민중생활, 이 네 가지가 개선되지 않은 상태에서 나라에 무슨 변고가 생긴다면 나라가 하루아침에 흙담 무너지듯 무너질 것이라고 경고했다.

이런 때에 밑에서는 1557년에 황해도 일대에서 백정 출신인 임꺽정의 무리가 불평객을 모으고서 마음껏 설쳤고, 1589년에 여러 곳에서 도둑이 일어났으며, 정여립이 기인과 모사를 손에 넣고 모반을 일으킨 사건[5]이 있었다.

이런 판국에 1592년에 조일전쟁이 일어나자, 아무런 대책도 없던 조정은 서울을 고작 스무 날 만에 내놓았고 왕은 북쪽으로 도망을 갔다. 일찍이 유례가 없었던 외부의 침략에도 불구하고 온갖 핍박과 수탈에 지친 민중은 바깥의 적보다는 안의 지배계급에 반기를 들었다. 곧 선조가 파천(播遷)하려고 돈의문을 나서자, 노비 한 떼거리가 노비문서가 보관되어 있던 형조와 장례원을 불태워버렸고 내탕고에 들어가 궁 안에서만 쓰는 물품을 약탈해갔다. 또 경복궁, 창덕궁, 창경궁 등의 궁궐을 거의 불태웠고 잇달아 왕족과 고관대작들의 덩실한 저택을 들이부수고 불을 질러댔다.

그 밖에도 난리 중이었던 선조 말에 이르기까지 곳곳에서 일어난 반란과 도적은 다음과 같다.

1595년에는 남원과 영남 같은 곳에서 토적이 휩쓸어 형세가 위급했다. 일곱 읍의 군사가 동원되어 겨우 진압할 지경이었다. 1596년에는 천한 첩의 아들인 이몽학이 부여 도천사를 중심으로 하여 중과 일반 군사 육칠백 명쯤을 모아 홍산에서 반란을 일으켰다. 이들은 한때 홍산, 임천, 청양 등 충청도 일대를 차례로 함락하여 크게 세력을 떨쳤다. 1602년에는 크고 작은 도둑떼들이 충청도와 전라도 일대에서 멋대로 날뛰어 관군의 손이 미치지 못할 지경이었다. 1603년에는 화적 떼가 곳곳에서 나타나 벼슬아치들이 살해당한 일도 있었다. 1607년에는 황해도와 평안도 일대의 바다에서 해적이 멋대로 날뛰어 관가나 인가의 재물은 말할 것도 없고 선박들까지 빼앗는 일이 잦았다. 이들 도둑은 성 바깥에서만 날뛴 것이 아니라 성 안에까지 침투하여 서울 안에서도 안심할 수가 없었다고 한다.

이 사실은 『선조실록』에도 다음과 같이 실려 있다.[6]

난리 이후에 백성들은 일정하게 살 곳이 없어서 이리저리 옮겨다니며 살아가는 것이 풍속이 되었다. 근본인 농업에 힘쓰는 사람은 적고 말리인 상업을 좇는 사람이 많아져서 양식 있는 사람들이 한심하게 생각한 지가 오래되었다. 흉년에는 으레 도둑이 많이 일어나고 있는데 이 폐단을 미리 생각하여 막을 수가 없다.

이렇게 백성들이 떠돌고 도둑이 날뛰고 반란이 이어지는 가운데 수령과 방백들은 뇌물을 받거나 수탈을 나날이 더 심하게 했다. 여기에다 역질이 나돌고 잇달은 가뭄으로 흉년이 들어 민중의 생활은 더욱더 암담해졌다. 분명히 전통사회는 흔들리고 있었다.

1608년에 선조가 죽고 난 뒤에 민중은 개혁과 새로운 기풍으로 생활을 안정시켜주기를 바랐다. 그러나 사회혼란은 선조 때보다 더했다. 이긍익은 이를 다음과 같이 기록했다.[7]

첫째, 꾸며내서 일으킨 옥사, 곧 무옥(誣獄)이 잇달아 일어났다.

소북파로 몰려 죽은 유영경의 사건 뒤에 여러 번 죽이고 귀양보내는 옥사를 치르는 동안에 새로운 문제들이 나타났다. 곧 연루자를 잡는다는 구실로 죄 없는 사람까지 모략으로 누명을 덮어씌우고, 백성끼리 서로 무고를 일삼아 자기의 지위를 유지하고, 또 대가를 얻고자 남몰래 이웃의 말을 관에 일러바치는 따위의 일이 잦았다. 이리하여 불안감이 높아가고 서로 믿지 못하는 풍조가 휩쓸었다.

둘째, 벼슬 팔아먹기와 뇌물과 횡령이 판쳤다.

궁궐을 짓는다는 공적인 역사를 구실삼아 목재와 기와 따위를 도둑질해서 화려한 집을 지었다. 이리하여 재목이 모자라면 조도사(調度使)를 곳곳에 보내 벼슬을 팔아서 그 절반쯤만 궁 안에 들여놓고 나머지는 제 배를 채웠다. 또 벼슬을 산 수령들은 백성들로부터 갑절이나 거두어들여서 반은 벼슬을 살 때에 진 빚을 갚고 반은 자기 배를 채웠다. '납기'(納基), '납석'(納石), '납철'(納鐵), '납은'(納銀)[8]의 크기에 따라 벼슬을 더해주었다. 또 역적질을 한 사람이라도 뇌물만 주면 관직을 받을 수 있었다. 이리하여 '잡채상서'(雜菜尙書)니 '산삼각로'(山蔘閣老)[9]라는 말이 세상에 유행하게 되었다.

셋째, 과거제도가 어지러워지고 벼슬아치들이 제 이끗만 차렸다.

벼슬아치들은 과거시험을 보려는 자에게 미리 출제되는 제목을 가르쳐주어 같은 패거리나 친척을 뽑았다. 벼슬아치들의 모리는 장사치보다도 더 심했다. 그래서 글 한 줄 못하는 위인들이 뻔히 벼슬자리를 지키고 앉았다.

넷째, 무리하게 토목공사를 벌이고 고관들의 사치가 심해졌다.

가뜩이나 민생고에 허덕이는데 토목의 역사를 일으켜 민가 수천 채를 헐어서 인경, 경덕의 두 궁궐을 굉장히 화려하게 꾸미고, 이를 핑계삼아 관리들은 기와 따위의 물품을 가로채어 매우 사치스러운 저택을 짓고, 광해군은 궁 안에 은 수백 궤를 감추어두고 만일에 왕위가 위태로우면 중국에 뇌물을 바쳐 다시 왕위를 찾고자 했다.

이는 광해군 개인의 책임만이 아니라 사회구조 전반에서 일어난 현상이다. 그리고 그전 시기의 모순과 조일전쟁 후의 괴리 현상이 결합되어 나타난 것이다.

이렇게 핍박당한 그때의 민중은 자연히 도둑이 되었고 정당한 방법보다는 옳지 못한 방법으로 살려는 기풍이 퍼지게 되었다. 민중의 의사 곧 억울함을 호소하는 건의나 요구가 정당한 절차에 따라 표현되지 못하자, 민중은 변칙의 방법인 봉기로써 생존의 길을 찾았다.

서얼금고와 천민대우

이런 혼란기에 서얼들은 자기들의 가혹한 금고를 벗기고 사회의 모든 모순을 개혁하려는 의욕이 굳어졌다. 이래서 일어난 변란이 이른바 칠서지옥이다.

서얼금고는 조선조 초에 맨 처음 생긴 신분차별 제도이다. 정도전의 난을 가라앉히고 힘겹게 왕위에 오른 태종은 아무 뒷걱정거리도 생각하지 않고, 정도전이 서류였기에 난을 일으켰으니 서류에게는 벼슬길을 막자고 상소한 서선의 말을 기꺼이 받아들였다.

그 뒤 성종 때 『경국대전』을 새로 펴낼 적에 강희맹이 '자손'이라는 말을 '자자손손'[10]으로 고쳐 끼워넣음으로써 서얼의 아들과 손자만이 아니라 자손 대대로 벼슬길을 막았다. 그 뒤에 서류인 유자광의 횡포가 심하여 그를 내쫓고 난 뒤에 이 금고는 더욱 가혹해졌다.

그리하여 세월이 지남에 따라 서류의 수효는 점차로 불어갔고 서류 중에서 훌륭한 인재들이 많이 나오자 몇몇 사람들은 이를 없앨 것을 건의하고, 또 서류 자신들이 상소를 올려 서얼금고를 없앨 것을 건의했으나 정치적인 이해와 명분과 선인의 법을 앞세운 고루한 벼슬아치나 선비들 때문에 번번이 좌절되었다.

서얼금고의 철폐를 강력하게 주장한 사람은 조광조였다. 조광조는 인재가 드문 우리나라에서 적서를 차별해서는 안 되며 서류라고 해서 충의의 마음이 다를 수 없다는 논거를 내세웠다. 그 뒤에 조헌, 유성룡, 성혼 등이 이 제도의 폐단을 들어 허통을 주장했으나 끝내 이루어지지 않았다. 특히 이이는 병조판서로 있으면서 함경도 지방의 국경 방비군의 식량이 바닥났음을 알고 그 해결책으로 서얼과 천민들에게 양곡을 받고 허통하자는 '납미허통'(納米許通)을 건의했다. 선조도 자기 신분이 서류임을 생각해 서류들을 동정하여 "해바라기는 해를 향하여 가지를 치지 않는다. 이처럼 인신의 충성심이 어찌 적자에게만 있을쏘냐"라며 분부까지 내렸지만 그때의 썩은 선비들의 강한 반대에 부딪혀 이를 단행하지 못했다.

조일전쟁이 일어나자, 영의정이던 유성룡은 온 나라의 힘과 능력을 한데 모으려면 서얼과 천민까지도 고루 등용해야 한다고 주장했다. 이에 하급관리직에만 서얼의 등용이 허용되었다. 그러나 난리가 평정되자 계급차별이 되살아나서 1601년에 또다시 서얼허통을 막고 이미 관직에 이름이 오른 사람들에게서는 관직을 빼앗고 현직에 있던 사람들은 파면시켰다.

조일전쟁을 당하여 잠깐 동안 이용물이 되었음을 안 서류들의 분노는 마침내 폭발했다. 이 모순된 제도와 비리 그리고 하늘이 준 인권을 짓밟는 계급제도에 과감하게 반기를 들고 일어선 것은 서류들 자신이다. 서양갑을 중심으로 한 일곱 사람은 그 시대의 명문 집안의 서류들로, 이상과 포부가 넘치고 혈기가 펄펄한 청장년들이었다. 이들은 제도의 모순을 받아들일 수가 없었고 마침내 그들 자신의 힘으로 개혁을 시도했다.

1608년에 이들은 서얼에게 벼슬길을 열어줄 것을 연명으로 상소했고 이것이 묵살되자 무력봉기를 준비하여 스스로 죽림칠현(竹林七賢)[11]이라고 일컬었다. 이 일은 끝내 탄로가 나서 불발로 그쳤다(뒤의 '허균이 생각하는 정치'에서 자세히 언급한다). 이것이 칠서지옥이었다. 이들은 허균의 동지였다.

다음은 서얼과 마찬가지로 신분제도에 얽매인 천민문제가 하나의 사회문제로 등장했다. 조선조에서 천민들은 여러 가지 방법으로 틈만 있으면 반기를 들고 일어났다. 그 좋은 예가 조일전쟁 때 형조와 장례원을 포함하여 여러 궁궐을 불태운 일이다.

고려 때에 노비법을 만든 뒤로 노비는 말기에 그 수효가 더욱더 늘어났으며, 세습으로 굳어지게 되고 물물교환의 대상이 되었다. 조선이 들어선 뒤로는 백성을 포함한 천민계급 중의 일부를 양민으로 만드는 정책을 펴서 꽤 큰 효과를 거두기도 했으나 중기에 들어서자 노비제도는 다시 굳어졌다. 노비는 공예(公隷)와 사예(私隷)[12]로 나뉘었는데, 공예는 노비를 조사하여 문란을 막는 '사정', 도망간 노비를 찾아내는 '추쇄', 노비가 낳은 자식을 주인이 갖는 '귀속', 노비를 공물로 거두어들이는 '수공' 등의 법규에 묶여 한낱 물건에 지나지 않은 처지였으며, 사예의 경우에도 노비를 나눠가지고 사고파는 일이 노비를 소유한 사람 멋대로 행해졌다. 또 하나의 천민집단인 백정, 무당 등은 부림을 받으면서도 모든 권리를 누릴 수 없었고 가정을 이룰 자유와 혼인의 자유를 빼앗겼다.

이들의 인권에 관심을 기울인 정책은 아무것도 없었다. 서얼들은 양반의 후예라는 점으로 옹호를 받았으나 노예에겐 그런 배려조차 없었다. 또한 노예는 공적으로 적서의 구분도 있을 턱이 없었다.

위의 네 가지 문제들, 곧 유교의 교조주의, 당론과 당쟁, 사회의 혼란과 참담한 민생고, 서얼금고와 천민압제는 허균이 살았던 때에 커다란 사회문제였다. 허균은 이런 시대에 살면서 이런 문제들에 직접으로 관련이 되기도 했고 또는 스스로 관련을 맺기도 했다.

한 작가 또는 사상가를 살피는 데에는 그 시대배경이 중요하다. 그것은 작가 또는 사상가가 그 시대를 숨쉬면서 그 시대의 문제를 어떻게 생각했으며 행동했는지를 빼놓을 수 없기 때문이다. 다시 말해서 영합했느냐 방관했느냐, 또는 굳은 개혁 의지를 가졌느냐 과감한 개혁을 시도했느냐 하는 것이 그 인물을 저울질하는 데에 중요한 잣대가 되기 때문이다. 위의 네 가지 문제들은 허균의 정신을 살피는 데에 결코 빼놓을 수 없는 중요성을 안고 있다.

다음의 「통곡하고 싶은 세상」[13]과 「못난 사람을 따진다」[14]는 그 시대를 통렬하게 풍자한 예문인 셈이다. 「통곡하고 싶은 세상」은 세상을 비분강개의 필치로 그린 것이요, 「못난 사람을 따진다」는 그때 당파가 일어날 적에 드러난 지배층의 의식과 정치상황을 따진 글이다.

◎「통곡하고 싶은 세상」

내 조카인 '친'이 서실(書室)을 짓고는 '통곡헌'이라고 편액을 걸었다 하니 사람들이 모두 낄낄 웃으며 말했다. "세상에는 좋아할 만한 일도 매우 많은데 어찌하여 통곡한다는 뜻으로 집의 편액을 삼는가? 하물며 통곡하는 사람은 아버지를 잃은 자식이나 남편을 잃은 지어미가 목을 놓고 우는 것이다. 사람은 누구나 그 소리 듣는 것을 매우 싫어하는데 그대는 홀로 사람들이 꺼리는 것을 거스르면서 거실에다 걸어두는 것은 무엇 때문인가?"

이에 친이 대답했다. "나는 세상이 즐기는 것을 등지고 시속이 좋아하는 것을 어기는 사람이다. 세상이 기쁨을 즐기기에 나는 슬픔을 좋아하고 시속이 흔쾌해하므로 나는 또 슬퍼한다. 부귀와 영화도 세상에서 좋아하지만 나는 몸을 더럽히는 것으로 여겨버리고 오직 천하고 가난하고 궁색하고 검약한 것 따위를 가까이해서 그곳에 살면서 일마다 어긋나고자 한다. 그래서 늘 세상에서 가장 고약한 것을 고르다보니 통곡보다 더 나은 것이 없으므로 나는 이것을 나의 집 편액으로 삼는 것이다."

내가 이 말을 듣고 비웃는 여러 사람에게 설명하였다. "무릇 통곡도 도가 있는 것이다. 대개 사람의 칠정(七情)[15]에서 쉽게 움직여 나오는 것은 슬픔보다 더한 것이 없다. 슬픔이 지극하면 반드시 통곡이 나오는 것인데 슬픔이 오는 길은 또한 여러 갈래이다. 그래서 세상 일이 어찌해볼 수가 없는 것을 상심하여 통곡한 사람은 가의였고, 흰 실이 그 본바탕을 잃은 것을 슬퍼하여[16] 통곡한 사람은 묵자였고, 갈림이 동쪽·서쪽으로 나뉜 것을 싫어하여 통곡한 사람은 양자였고, 갈 길이 막혀서 통곡한 사람은 완적이었고, 세상 돌아가는 꼴이 어이없음을 슬퍼하며 자기 스스로 세상 밖에 내쳐 살며 정을 통곡에 붙인 사람은 당구였다. 이들 몇 사람은 모두 품은 생각이 있어서 통곡한 것이지 헤어지기가 싫거나 억울함을 품거나 해서 눈물이나 짜는 아이나 계집의 통곡을 본받으려는 것이 아니다. 오늘날의 세상을 저 몇 사람이 살던 세상에 견주어보면 더욱 말세라고 할 수가 있겠다. 나랏일은 날로 글러지고 선비의 행실은 날로 경박해져서 벗을 배반하고 등쳐먹는 것이 마치 길이 갈라져 천리나 어긋나는 것보다 더 심하고, 어진 선비가 곤욕을 치르는 것이 길이 막혀서 허덕이는 정도가 아니어서, 모두 사람의 흔적이 끊긴 곳으로 도망치려 하니 만일에 저 몇 군자들로 하여금 이 세상을 목격하게 한다면 어떤 생각들을 품을지 모르겠다. 아마도 통곡할 겨를도 없어서 모두 팽함이나 굴원과 같이 돌을 끌어안거나 모래에 박혀 죽으려 들 것이다. 친이 집의 편액을 통곡으로 달아둔 것은 이런 뜻에서 나온 것이니 여러분은 그 '통곡'이라는 글자를 너무 비웃지 않는 것이 좋을 것이다."

비웃던 사람들이 말귀를 알아듣고는 물러갔으므로 이것을 기록하여 여러 사람의 의심을 풀어보는 것이다.

◎「못난 사람을 따진다」

지금 바로 우리나라에는 소인이 없으니 또한 군자도 없다. 소인이 없는 것은 나라에 다행한 일이지만 군자가 없다면 어떻게 나라가 나라

답다고 할 것인가? 그렇지 않다. 아니고 말고, 군자가 없기 때문에 소인도 없는 것이다. 나라에 군자가 있다면 소인이 감히 그 행적을 가릴 수가 없는 법이다.

무릇 군자와 소인은 양달과 응달, 낮과 밤과 같다. 응달이 있으면 반드시 양달이 있게 마련이요, 낮이 있으면 반드시 밤이 있는 법이다. 이와 같이 군자가 있으면 반드시 소인이 있는 것이니 당(唐) · 우(虞)[17]도 그러했는데 하물며 후세야 말할 나위도 없다.

대개 군자는 바르고 소인은 사특하며 군자는 옳고 소인은 그르며 군자는 공평하고 소인은 사사롭다. 위에 있는 자가 바르고 사특한 것, 옳고 그른 것, 공평하고 사사로운 것을 구별해서 살핀다면 저들 소인이 어찌 감히 품고 있는 뜻을 감출 수 있겠는가?

요즈음엔 이른바 군자와 소인이란 것이 서로 멀지 않아서 같은 패거리면 모두 군자라 하고 다른 패거리면 모두 소인이라 하여 자기와 다른 쪽이면 사특하다고 배척하고 자기 쪽이면 바르다고 추켜올린다. 옳다고 하는 자는 자기 뜻에 따라 옳다고 여기는 쪽이기에 옳다고 하는 것이요, 그르다고 하는 자는 자기 뜻에 반대하는 쪽이기에 그르다고 하는 것이다. 이 모두가 공평이 사사로움을 어기지 못한 까닭에 그렇게 된 것이다.

참으로 한 시대의 사표가 되고 지도자가 될 학행과 재식이 높은 대인과 군자로 하여금 나와 윗자리에 있게 하여 모든 관료에게 풍기를 장려하고 사대부로 하여금 모두 바름을 지켜서 공공의 일을 받들게 하고 시비의 분별을 밝히게 한다면 한때의 간악한 붕당들도 전에 했던 옳지 못한 일을 뉘우치기에 겨를이 없을 것이니 어찌 넷으로 갈라지고 다섯으로 찢겨서 멋대로 날뛰기를 오늘날과 같이 할까보냐?

그러니 간악한 패거리의 해가 소인 무리가 권력을 잡고 마구 쥐어흔드는 것보다 더 심한 것은 뚜렷하다.

나라에서 소인을 미워함은 나라를 병들게 하고 백성을 해치는 것을 싫어하기 때문이다. 오늘날 나라를 해치고 백성을 병들게 함이 간신들이 정권은 잡지 않았는데도 이와 같이 극도에 이르렀다. 이것은 모두 사사로운 뜻이 활개를 쳐서 권세가 한 사람에게서 나오지 않고 기강이 이미 무너져서 다시 일으킬 수가 없기 때문이다.

이른바 권세를 잡고 농간을 부린 자, 곧 권간(權奸)들이 있었다. 일찍이 김안로가 농간을 부리고 윤원형이 권력을 잡았다. 근래에는 유영경이 또한 전권을 휘두르고자 했는데 제 욕심만을 채우려고 해서 남을 배척한 것은 똑같다. 그러나 나라의 기강에 아무런 해독이 없었다. 이것은 다름이 아니라 권세가 한 사람에게서 나왔기 때문에 권력을 휘두르는 자를 몰아내면 다시 옛날로 돌아가게 되는 탓이다.

오늘날은 그렇지 않다. 권세가 나오는 것이 갈래가 많고 스스로의 욕심을 채우면서 남을 배척하는 것은 모든 사람이 똑같다. 이들을 모두 몰아내려고 하여도 몰아낼 수가 없고, 그래서 끝내 나라의 기강은 바로잡을 수가 없게 되었다.

아아, 어떻게 해야 소인이라도 정권을 마음대로 휘두르게 했다가 그 뿌리가 깊어지기 전에 쳐 없애버릴 것이며, 또 어떻게 해야 대인과 군자를 윗자리에 나오게 하여 풍교를 일으켜서 간악한 붕당들을 흩어지게 할 것인가? 그래서 지금 나라에는 소인도 없고 군자도 없다고 하는 것이다. 한마디 덧붙일 말이 있다. 옛날의 이른바 소인은 학식이 그들의 변설을 돕기에 넉넉했고, 행실은 넉넉히 세상을 속일 만했고, 재능은 넉넉히 변화에 적응할 만했다. 그리하여 그들이 벼슬자리에 있으면 세상 사람들이 그들의 마음속을 헤아리지 못하여서 그들은 그들이 하려는 것을 행했다. 그들이 군자와 다른 점은 특히 공평과 사사로움에서 한 오라기의 터럭만한 차이밖에 없음에도 그 화가 참혹했다. 하물며 재능과 행실 그리고 학식이 없으면서도 오직 좋은 벼슬만을 탐하여 좋은 자리만 눈이 벌개서 쫓아다니면서 치사스런 짓만 벌이는 자들이 조정에 가득하다면 그 화가 끝내 어떻게 될 것인가?

그렇기에 간악한 붕당의 해가 소인이 권력을 잡고 마구 흔드는 것보다 더 소름이 끼치는 것은 콩 심은 데 콩 나는 것과 같이 분명하다고 말한다.

2장

천재 이단아, 허균

명문의 가계

허균은 명문가인 양천 허씨의 후손이다. 허균의 아버지는 허엽(許曄)이다. 허엽의 호는 초당이었는데 부제학, 경상도 관찰사 등의 벼슬을 지냈다. 허엽은 조광조의 신원(伸寃, 억울한 죽음을 풀어줌)을 청하다가 벼슬에서 쫓겨나기도 했다. 그는 1568년에 사신으로 명나라에 다녀왔고, 대사간으로 있을 때에는 향약을 시행할 것을 건의하기도 했다. 그는 뒤에 동인의 우두머리가 되었으며, 『삼강이륜행실』을 펴내는 데에도 참여했고 청백리로 기록에 올랐다. 청백리란 청렴결백했던 벼슬아치에게 주는 호칭으로, 여기에 기록되면 본인은 말할 것도 없고 자손 대대로 영광스럽게 여겼고 자손들의 벼슬살이에도 상당한 특전을 주었다.

허엽은 서경덕의 문인으로서 학자이자 문장가, 정치가로 이름이 높았고, 또 바른말을 잘하여 사사로운 정에 끌리지 않았으며, 성리학에도 소양이 있었다. 그래서 학문의 계통이 다른 이황도 칭찬을 아끼지 않았다. 허엽은 슬하에 딸 셋과 아들 셋을 두었는데, 전처 소생은 뒤에 각각 박순원과 우성전의 아내가 된 두 딸과 성(筬), 후처 소생은 봉(篈)과 난설헌(蘭雪軒) 그리고 균(筠)이었다.

허성은 미암 유희춘의 문인이었다. 그는 1590년에 일본 통신사의 서장관이 되어 일본에 다녀왔다. 통신정사 황윤길과 통신부사 김성일은 일본의 침략 전망을 놓고 서로 의견이 엇갈렸다. 동인인 김성일은 일본의 침략이 있을 줄 알았으나 민심의 동요를 우려하여 병화의 걱정이 없다고 주장했고, 서인인 황윤길은 일본이 틀림없이 쳐들어온다고 자기 소견을 주장했다. 이에 허성은 동인의 몸이면서도 김성일과 반대되는 의견을 내세워 황윤길의 말이 옳다고 했다. 조일전쟁 중에 명나라 장수 양호가 울산 전투에서 크게 지고도 크게 이겼다고 본국에 거짓 보고를 한 것을 알았던 명나라 감찰관 정응태가 그 사실을 본국에 알림으로써 양호는 파면되고 소환되었다. 이에 조선에서는 양호가 전쟁에서 세운 공을 참작하며 복직을 위해 진주사 이원익과 부사 허성을 보내게 되었다. 허성은 정응태가 조선이 일본과 짜고 만주를 차지하려고 한다는 모략을 하므로, 이를 통박하는 등 많은 외교 수완을 발휘하고 돌아왔다. 허성도 또한 집안의 전통대로 이름난 문장가이자 성리학자였고 글씨에도 뛰어났다. 그는 선조가 죽으면서 어린 영창대군을 부탁한다는 밀지를 내릴 적에 참여한 '유교칠신'(遺敎七臣)[18]이 되었다.

둘째 형 허봉은 서른여덟 살에 요절한 재사로, 호는 하곡이고 그의 맏형과 같이 유희춘의 문인이었다. 그는 1574년에 성절사의 서장관으로 명나라에 다녀왔고, 그 기행문으로 『하곡조천록』을 썼다. 그는 조선에 돌아온 뒤에 아버지의 뒤를 이어 동인의 우두머리가 되었다. 그가 창원 부사로 있을 때에 병조판서 이이는 그가 이론만 세우고 군정을 소홀히 한다고 탄핵했다. 이에 조정에서는 허봉을 종성으로 유배시켰다. 허봉이 유배당하여 있을 때에 함경 감사 권극지는 그를 후히 대접하다가 규탄을 받았고, 이이는 이조판서가 되어 이들에게 아량을 베풀기를 바랐으나 헛된 일이었다. 그 뒤에 그와 홍문관의 동기생인 유성룡이 예조판서가 되고서 허봉을 위해 애를 많이 썼으나 끝내 유배에서 풀리지 않다가 1585년에 영의정이었던 노수신의 노력으로 유배에서 3년 만에 겨우 풀려났다. 조정에서는 그에게 벼슬을 주어 다시 써보려 했으나 그는 벼슬자리를 거절하고 백운산에 들어가 책 읽기에 열중하고 불교에 귀의해 몰두했다. 오랫동안의 유배 중에 인생의 덧없음을 느껴서 벼슬자리에 다시는 나가지 않기로 결심하고 온 나라의 산수를 찾아 떠돌다가 서른여덟 살에 세상을 떠났다.

이익은 그의 인물됨을 다음과 같이 간추려서 평했다.

첫째, 성격이 곧고 활달하며 자기가 옳다고 생각한 바를 굽히지 않았다. 둘째, 임금 앞에서 일을 논할지라도 조금도 굽힘이 없이 자기의 옳은 바를 내세웠다. 셋째, 관의 일을 돌봄에도 명쾌하고 조리가 정연하게 처리했다. 넷째, 냉철한 이성으로 대간으로서나 어사로서 기강을 바로잡는 데에 조금도 흔들림이 없었다. 다섯째, 문장은 전중하고 온아하며 시는 준일하고 호장했다.[19]

이런 봉은 많은 저서를 냈다고 했으나 여태껏 전해지는 것은 시문이 실려 있는 『하곡집』과 『하곡조천록』, 그리고 『해동야언』뿐이다. 봉은 유성룡을 포함하여 임제, 이달, 사명대사 등과 교분이 두터웠다. 허균은 둘째 형인 봉의 영향을 가장 많이 받았다. 불교를 좋아하는 것부터 성격이나 세상을 대하는 태도까지 비슷한 점이 아주 많았다. 또 봉이 교유하던 인사들과도 잘 어울렸다.

누이 난설헌은 스물일곱 살에 요절했고 해동에서 첫째가는 규수 시인으로 일컬어졌다. 난설헌은 동생 허균과 같이 손곡 이달에게서 시를 배웠다. 이달은 난설헌의 아버지와 친분이 두터웠고 둘째 오빠인 허봉과는 친구 사이였다. 난설헌은 일곱 살 때부터 시를 훌륭하게 지었다고 소문이 났으며 여자 신동이라고까지 불렸다. 빼어난 재주꾼이고 용모가 아리따운 난설헌은 명문 출신인 김성립의 아내가 되었다. 그러나 김성립은 난설헌의 배필로서는 여러모로 부족한 위인이었다. 비록 그는 명문 출신에다 상당한 문명을 얻기는 했으나 술과 기생에 빠진데다가 아내에게 열등감조차 지니고 있었다. 그래서 난설헌은 언제나 고독했고 규방에 홀로 앉아 한 많은 삶을 노래한 시들을 많이 지었다. 난설헌이 죽고서 열일곱 해 뒤인 1606년에 명나라의 사신 주지번이 허균에게서 난설헌의 시를 얻어 보고 감탄하여 중국으로 가져갔다. 그리고 조선에서보다 그곳에서 햇빛을 보아 『열조시집』 등의 갖가지 시집에 난설헌의 시가 실리게 되었는데, 그 뒤에 난설헌의 시풍을 따르는 중국의 여성 시인이 많았다고 한다. 조선에서도 유성룡, 김만중 등은 난설헌의 시를 두고 칭찬을 아끼지 않았다.

이 밖에 그의 큰 매부인 우성전은 이황의 문인으로서 성리학에 밝고 조일전쟁 때에 의병장으로 활약한 이름난 벼슬아치였다. 그는 또 남인의 우두머리로 활약했다.

허균 집안의 공통점은 당파로는 동인-남인, 학맥으로는 화담 계통이었다. 이런 명문에서 태어난 허균은 어떤 눈으로 현실을 보고 행동했을까? 한 사람의 교육환경, 생활환경 그리고 인생관들을 살펴보는 데에 그의 가계는 중요한 근거가 된다. 그런 맥락에서 허균의 가계를 염두에 두면서 허균의 행적을 살펴보는 것은 중요한 뜻을 갖는다. 이런 명문 출신의 허균이 왜 이단의 사상에 빠지고 반역을 꾀하여 양천 허씨 문중이 쑥대밭이 되는 화를 당하게 했을까?

이단 반역의 생애

1569년에서 1618년까지 살다간 허균의 생애를 세 시기로 나누어 살펴보자. 첫째 시기는 그가 태어나서 유년기를 보내고 수학할 때까지인 스물다섯 살까지로, 둘째 시기는 관계에 들어가서 파직당하고 부안에 은거할 때까지인 마흔다섯 살까지로, 셋째 시기는 이이첨과 함께 대북파의 한 사람으로 활약하다가 죽임을 당할 때까지인 쉰 살까지로 구분한다.

촉망받은 청년의 슬픔

허균은 이황이 벼슬을 버리고 향리에 내려가 본격적으로 학문에 온 힘을 기울이던 해이자 이이가 명망 있는 정치가로 등장하던 해인 1569년에 강릉의 외가에서 태어났다고도 하고 서울의 건천동에서 태어났다고도 한다. 강릉은 아버지의 농장과 외가가 있는 곳이고 건천동은 어릴 때 자란 곳이다.

그는 다섯 살 때부터 글을 배우기 시작하여 아홉 살 때에는 이미 시를 지을 줄 알았다고 한다. 열두 살 때에 경상도 감사로 부임한 아버지를 따라 상주 객관에 있을 즈음에 아버지가 죽었다. 그 뒤에 그는 어머니의 애정 속에서 자유롭게 자라났다. 그는 어머니와 함께 곧 서울로 와서 둘째 형 봉, 누이 난설헌과 함께 살았다.

그는 이때부터 본격적으로 시를 배우기 시작했다. 둘째 형을 통하여 손곡 이달의 문하를 난설헌과 함께 드나들게 되었다. 이달은 원주 손곡리에서 살았는데 자기가 살던 고장의 이름을 따서 호를 손곡이라 했다. 그는 대제학을 지낸 이첨의 서손으로 박순의 문인이었다. 일찍이 문장에 뛰어나 하찮은 벼슬인 한림학관이 되었으나 서류들에게 원천적으로 벼슬길이 막혔음을 통탄하여 곧 물러나 술과 방랑으로 세월을 보냈다. 그는 그때에 삼당(三唐) 시인의 한 사람으로 꼽혀 최경창, 백광훈과 함께 어깨를 나란히 했다. 이달은 허균의 아버지인 허엽과 남다른 교분이 있었고, 둘째형 허봉과는 흉허물 없는 친구 사이였다. 이런 인연 때문에 손곡에게서 시를 배우게 되었다. 허균은 손곡에게서 당나라 시의 묘체를 몸소 깨달았을 뿐만 아니라 인생관이나 문학관까지도 많은 영향을 받게 되었다. 허균은 뛰어난 재질을 지니고도 서류라고 하여 버림받는 스승의 불행을 곁에서 직접 보면서 더할 수 없는 동정심과 이해심을 갖게 되었다. 뒤에 허균이 서류들의 편을 든 것도 손곡에게서 받은 영향이 컸으리라 짐작된다.

허균은 누이와 함께 손곡에게 시를 배우던 동안이 일생 중에서 가장 행복한 때였다고 늘어놓았다. 그동안에 그는 둘째 형을 통해 사명당을 만나게 되어서 불교에 눈뜨기 시작했고, 유성룡의 문하에도 드나들었다. 그러면서 그 시대의 많은 인물들과 접하면서 어린 꿈을 키웠다.

그에게 맨 처음으로 불행이 닥친 것은 열다섯 살 무렵이었다. 그의 둘째 형이 종성과 갑산 같은 곳으로 귀양을 가게 된 것이다. 남달리 자기를 이해하고 아껴주던 형이 떠나가자, 허균의 가슴에는 말 못할 좌절감과 어두운 그림자가 깃들었다. 그래서 벼슬길이 얼마나 험한지를 처음으로 깨닫게 되었다. 둘째 형을 멀리 떠나보낸 어린 허균은 시와 문장 그리고 학문에 온 힘을 쏟으면서 때때로 누이와 시를 주고받는 것을 즐거움으로 삼았다. 허균보다 여섯 살 위인 난설헌도 시집간 뒤에 시어머니와의 불화와 방탕한 남편 때문에 눈물로 날을 보내고 있었다.

그때에 그는 귀양살이하는 형 봉으로부터 몇 편의 서글픔 어린 시를 받고는 더욱더 감상적인 데로 흘렀다.

> 온갖 일이 사람에게 있는 것이어늘
> 재주는 영락하여 풀섶에서 떠도는구나.[20]

이런 시를 받고 눈물을 삼키던 허균은 3년 뒤에 귀양살이에서 풀려난 형과 다시 만나게 되었다. 그러나 허봉은 벼슬을 마다하고 온 나라를 떠돌아다니며 불교에 골똘히 관심을 쏟았다. 이때에 허균도 불교 책들을 읽고 거기에 빠져들기 시작했다. 그는 때때로 형을 찾아가 인생에 관한 얘기를 나누고 학문을 배우기도 했다. 그때가 바로 문장수업에서 학문수업으로 옮겨가던 때였다. 그러나 허균의 인생관이 채 무르익기 전인 스무 살 때에 형이 죽었다. 허봉은 그 높은 기개와 포부 그리고 재질을 지니고서도 불만스런 현실에 저항하면서 스스로를 학대하다가 세상을 떠나고 말았다. 허균에게는 두번째로 닥친 커다란 불행이었다.

그러나 한편으로 허균은 이즈음부터 글재주로 온 나라에 이름을 떨치기 시작했다. 그의 뛰어난 시와 유려한 문장은 그때의 명망 높은 인사들도 혀를 내둘렀고, 그 또래의 서생들이 부러워하는 표적이 되었다. 이런 허균은 스무 살 되던 해인 1589년에 과거에 급제해 생원이 되었다.

그가 생원이 된 지 얼마 안 지나서 불행한 일이 일어났다. 그것은 누이 난설헌의 죽음이었다. 언제나 함께 웃고 울던 누이가 죽자, 허균의 마음은 형이 죽었을 때보다 더 아프고 쓰렸다. 허균은 그 파란 많은 벼슬길에 몸을 담고 있을 때에도 누이의 죽음만 생각하면 늘 가슴을 에어내는 듯하다고 했다. 허균에게 형의 죽음은 핏줄이 섞였다는 인정 말고도 서로 알아주는 친구를 잃은 데에서 오는 슬픔이었으나 누이의 죽음을 당한 슬픔에는 핏줄의 정이 더욱더 두드러졌다고 볼 수 있겠다. 더구나 지아비를 잘못 만나 한을 남기고 간 누이를 잃었음에랴.

그 뒤에 그는 두 아들딸을 잃고 슬픔에 젖은 어머니를 모시기에 온 정성을 다했다. 또 열일곱 살 때에 혼인하여 얻은 세 살 아래의 아내 김씨에게도 사랑을 아끼지 않았다. 그는 이때에야 이성에 눈뜨기 시작했고 아내에게 정을 지니게 되었다. 김씨는 낮은 벼슬아치인 김대섭의 둘째 딸로 현명하고 정숙한 부인이었다. 김대섭의 맏딸은 실학자로 유명한 이수광에게 시집갔다. 김씨는 홀시어머니를 극진히 받들었고 종들을 거느릴 때에는 엄하고도 자애롭게 대했다. 허균이 놀기를 좋아할 때마다, 군자는 몸가짐을 잘해야 한다고 나무랄 지경으로 현명한 부인이었다. 또 그에게 가난한 집안 살림과 늙으신 어머니를 생각하여 늘 부지런히 공부하기를 권하면서, 재주만 믿고 잠깐이라도 놀아서는 안 된다고 독려하기도 했다.[21]

허균은 아마 이때부터 친구를 넓게 사귀고 술집에 드나들며 놀기를 좋아하기 시작한 것 같다. 그리고 자유롭게 풍류를 즐기는 활달한 선비의 기질을 발휘하기 시작한 것 같다.

1592년에 조일전쟁이 일어났다. 허균은 어머니와 아내 그리고 어린 딸과 함께 강원도 쪽으로 피난을 떠났다. 허균으로서는 육체의 고통은 처음으로 겪는 셈이었다. 이때에 그의 식구들은 하루에 한 끼도 제대로 먹지 못했다고 하며, 남의 집 처마 밑에서 잠을 자며 하루에 칠팔십 리 길을 걸었다고 한다. 그전에 딸을 낳았던 아내 김씨는 피난길에 단천에서 첫아들을 낳았다. 김씨는 황급한 피난길에서 굶주리며 산후조리를 못해 아들을 낳은 지 사흘 만에 임명역 근처에서 세상을 떠났다. 허균은 아내의 체온이 채 식기도 전에 타향 땅에 장사를 지내고 강릉으로 향했다. 혼인한 지 팔 년 만의 사별이었다.

그러나 김씨가 낳은 아들 또한 피난길에 죽었다. 이름이 밝혀지지 않은 허균의 딸은 뒤에 진사 이사성에게 시집갔고, 여기에서 태어난 외손자 이필진이 허균의 유일한 유문집인 『성소부부고』를 보존했다. 허균은 뒤에 형조참의가 되어 죽은 김씨가 숙부인으로 봉함을 받자 애절한 행장을 지어 김씨의 부덕을 추모했다.

허균은 곧 강릉의 바닷가에 있는 애일당에 피난처를 정하고 어머니를 모시고 기거했다. 애일당은 그의 외할아버지가 세운, 바다가 바라보이는 정자이다. 그는 이곳에서 가난에 시달리며 책읽기로 날을 보냈고 그의 외숙부가 세운 반곡서원과 별연사 같은 곳에서 노닐었다. 또 여기 바다에 솟아 있는 교문암(蛟門巖)의 이름을 따서 자기의 호를 교산이라 부르기도 했다. 교산은 이무기의 산이란 뜻이니 용이 되지 못한 이무기와 뜻을 펴지 못한 그의 삶이 맞아떨어졌다고 할까? 그는 뒷날 애일당기를 지어 추억을 회고했다.

1594년에 그는 스물여섯 살 나이로 정시문과(庭試文科)[22]에 급제하여 본격적으로 벼슬길에 나서게 되었다. 이때도 왜적은 남쪽을 휩쓸며 날마다 싸움을 벌이고 있었다. 허균은 이로써 그의 생애의 두번째 시기를 맞는 셈이며, 파란 많은 벼슬길이 시작된 것이다.

파란 많은 벼슬길

그는 처음에는 알맞은 관직을 바로 받지 못하다가 1597년에 기다리던 문과중시(文科重試)[23]에서 장원을 차지했다. 그리하여 글과 사필을 다루는 예문관 검열, 춘추관 기사관이 되었고, 세자를 가르치는 직책을 맡기도 했다. 그는 조일전쟁이 끝난 뒤에 그것에 관한 모든 기록을 정리한 『동정록』을 저술했다. 지금은 전해지지 않지만 이 책은 나중에 『선조실록』을 편찬하는 데에 중요한 자료가 되었다고 한다. 그리고 맏형 허성이 동인의 우두머리로 정계의 중심인물이 되어 있어서 허균으로서도 벼슬길이 넓게 열려 있는 셈이었고, 그의 지식과 글재주를 아끼는 선조의 총애도 두터웠다.

1598년에 그는 처음으로 중국에 다녀왔고 실권이 있는 벼슬인 병조좌랑을 받았다. 그리고 다음해에 황해도 도사가 내려졌다. 그는 선조의 촉망을 받고 있었지만 불과 여섯 달 만에 사헌부의 탄핵을 받았다. 허균이 서울의 창녀들을 관아 별실에 끌어들여 놀아나고 무뢰배들을 드나들게 해서 폐단이 많을 뿐만 아니라 도민의 비웃음과 모욕을 받는다는 것이 탄핵의 골자였다. 그래서 그는 끝내 쫓겨나는 신세가 되었다. 그로서는 첫번째 파직인 셈이다.

그는 이태 뒤에 예조정랑 같은 벼슬을 지내고 다음해에는 서른넷의 나이로 원접사 이정구의 종사관이 되어 활약했다. 이해에 한동안 벼슬길에서 물러나 금강산을 유람하면서 잠시 여유를 찾았다.

1604년에 그는 황해도 수안 군수로 부임했다. 그는 재임 중에 못된 짓을 많이 한 토호에게 곤장을 치게 시켰다가 우연히 그중의 하나가 죽었는데, 그 아들이 억울함을 진정하고 또 허균이 불교를 믿는다고 탄핵하자 또다시 벼슬길에서 물러나게 되었다.

1606년 4월에 명나라에서 황제의 장손이 태어나서 그 축하사절로 주지번이 오게 되었다. 주지번은 그때에 중국의 삼대 문사 가운데 한 사람이었다. 이에 조정에서는 허균을 관례에 따라 임시 군직을 주어 원접사의 종사관으로 명나라 사신을 맞아들이게 했다. 이에 허균은 주지번을 접대하면서 시와 글씨는 말할 것도 없고 불교와 도교 얘기에서 제자백가에 이르기까지 한껏 재주를 뽐냈다. 최치원 이후의 시 팔백삼십 수쯤을 소개했고 스승 이달의 시와 난설헌의 시도 보여주었다. 주지번은 허균의 글재주와 넓은 학식에 감탄을 금치 못했다 하며 다른 이의 시를 보고도 모두 놀라움을 금치 못했다 한다. 그뿐 아니라 이 시들을 중국에 가져가 소개했다. 이에 허균은 나라 안팎에서 그 탁월한 공로를 인정받았다. 이리하여 허균은 이듬해에 삼척부사가 되었다.

그러나 여기서도 석 달이 채 안 지나서 이단의 책을 읽고 부처를 받들었다며 탄핵을 받아 쫓겨나고 말았다. 허균은 관아 별실에 불상을 모시고 아침저녁으로 예불을 했고 또 염불과 참선을 게을리하지 않았으며 도교의 책도 읽었다. 이렇게 해서 쫓겨난 허균은 시속 선비들을 비웃었다. 이때에 곽재우도 도교를 받들었다는 이유로 함께 쫓겨났다. 이에 허균은 그 서운한 마음을 시 한 수에 옮겼다.

오랫동안 불교를 읽음은
마음이 머무를 곳 없음일레.
아내도 보내지 않았고
고기는 더욱 금하기 어렵구려.
이미 청운의 꿈 떨어져 나간 줄 아노니

어찌 탄핵이 덤벼드는 걸 근심하리.
인생은 제 분수대로 사는 것
돌아갈 꿈은 상기도 절간이로세.[24]

여기에서 그의 면모가 남김없이 드러난다. 시끄러운 벼슬사회를 버리고 절간에서 부처를 믿겠다는 뜻이 유감없이 나타났다. 벼슬길에 들어선 지 십 년쯤 만에 세 번이나 벼슬자리에서 쫓겨나는 몸이 되었고, 이제는 이단이라는 낙인까지 찍히게 되었다. 이 쫓겨난 까닭을 허균은 "성격이 곧아서 남이 틀린 짓을 하면 참고 보지 못했고 시속 선비들의 서툰 짓을 보면 비위가 틀려 견딜 수가 없었다"고 쓰고 있다. 허균의 이런 성격은 자연히 적을 많이 만들었고, 그들은 언제나 허균의 허점만을 엿보며 노리고 있었다. 그런데도 파직이 된 뒤에 곧 등용이 된 것은 그의 지식과 글재주를 아끼는 선조와 몇몇 인사들 그리고 맏형 허성의 힘이 작용했기 때문이다.

세상과 등진 불우한 벗들

허균은 1608년 12월에 공주목사로 등용되었다. 허균이 공주목사로 있을 때가 그에게는 가장 중요한 시기였다. 그것은 평소에 교분이 두텁던 서류들과 더욱더 가깝게 사귀면서 개혁의 꿈을 키운 때라고 보이기 때문이다. 이때에 그는 처의 서외삼촌인 심우영과 친구인 이재영을 식객으로 데리고 있었고 불평객인 이경준 등이 자주 드나들었다. 그래서 그들의 불행을 늘 가슴아파하던 허균은 그들의 기운을 북돋아주고 생활까지도 돌봐주었다. 그는 부임한 지 한 달도 안 되어 이재영에게 이런 편지를 보냈다.

나는 큰 고을 원이 되었네. 마침 그대가 사는 곳과 가까우니 어머님을 모시고 이리로 오게. 내가 절반의 봉급으로 대접하리니 결코 양식이 떨어지지는 않을 것이네. 그대와 나는 처지는 다르지만 취향은 같으며 재주는 나보다 열 배이지만 세상에 버림받음은 나보다 심하니 내가 매양 기가 막히네. 내 비록 운수가 기박하나 몇 차례 고을 원이 되어 목구멍에 풀칠은 할 수 있지만 그대는 입에 풀칠도 못하는구려. 이런 것은 모두 우리의 책임이네. 밥상을 대할 적마다 부끄러워 밥이 넘어가지 않네. 어서 오게. 비록 이 일로 비방을 받더라도 나는 마음을 쓰지 않겠네.(『성소부부고』 서)

이 글에는 절절한 동지애가 여실히 드러나 있다. 허균은 서울에 있는 가난한 친구들에게도 마음을 썼다. 서울에 사는 가난한 문사 조위한에게 곡식을 보내면서 이런 편지를 썼다.

큰 고을을 맡아 복을 누리면서도 가난한 친구를 돕지 못해 부끄러움이 많았네. 봄이 되어 고을의 창고에는 곡식 한 톨이 옥구슬 하나처럼 귀한 물건이네. 보내는 곡식은 겨우 말 한 필에 실어보낼 분량이지만 그래도 그것이 내 한 달 녹봉의 반절이라네……. 부끄러워 땀이 솟는

심정이네.(『성소부부고』 문부 척독)

이 짤막한 글에서도 허균의 마음씀씀이와 처지를 알 수 있을 것이다. 그는 이처럼 정이 넘쳤다. 어디 이재영, 조위한 두 사람뿐이겠는가?

아무튼 그 뒤 서류들은 허균의 뒷바라지에 힘입어 서류를 허통해달라는 상소를 올렸고, 이 요구가 거절당하자 여강(남한강) 가에 굴을 파고 큰 모반을 꾀했다. 또 허균은 소외받는 천예와 평민들과도 교류를 서슴지 않았다. 그러나 또다시 파직을 당하여 곧 부안으로 내려가야 했다.

그는 그곳에서 여러 사람들과 만나면서 산천과 벗하고 지냈다. 어쩌면 한가롭게 그곳에서 살 작정이었는지도 모른다. 그곳에서 그는 기생 계생(桂生)을 만났고 주변의 고을 원이나 시골 선비 등과도 교분을 두터이 했다.

이즈음에 그를 총애하던 선조가 죽었다. 선조의 죽음은 그에게 큰 의미를 지닌다. 광해군이 왕위에 오르자, 허균의 과거 볼 때의 글벗이었던 이이첨이 권신으로 등장했다. 그래서 그는 다시 부름을 받고 1609년, 곧 광해군 1년에 부안에서 나와 명나라의 책봉사 유용이 왔을 때에 이상의의 종사관이 되었다. 이때에 유용이 지난번 명나라 사신인 주지번의 소개로 알게 된 난설헌의 시를 보여달라고 하자 미리 준비하고 있던 『난설헌집』 두 권을 주었다. 이것이 중국에 건너가 조선보다 먼저 간행되었다. 이 공으로 허균은 형조참의가 되었다. 다음해인 1610년에는 명나라에 성절사로 가라는 명을 몸이 아프다고 거절했다 하여 면직되었다가 11월에 전시시관(殿試試官)이 되었다. 그는 시관으로 있으면서 사위와 조카를 부정으로 뽑았다고 탄핵을 받아 사십이 일 동안 갇혀 있다가 전라도 함열로 정배되었다.

이때에 그의 벗인 권필은 다음과 같은 시를 지었다.

가령 과거에서 사사 정을 두었다 치면,
아들, 사위, 아우 등이 끼어든 판에 조카가 가장 가볍다.
홀로 허균만이 이 죄를 뒤집어쓰니
세상 바른길이 진정 행하기 어렵겠도다.

이는 똑같이 부정한 짓을 저질렀어도 아들을 합격시킨 사람은 벌을 받지 않았는데 조카를 보아준 허균 같은 사람은 벌을 받았다는 것이다. 그때에 같은 시관으로 있던 사람들의 아들이나 사위가 합격했다고 전해진다. 정배된 동안에 그는 오늘날 전해지는 글을 모으기도 하고 새로 짓기도 했다. 그에게는 가장 보람찬 시기였다.

허균은 이태 넘게 함열의 배소에 있다가 다시 부안으로 갔다. 이 귀양살이에서 그는 서류들과 끊임없이 사귀면서 천한 신분의 화가인 이정과도 교류를 가졌다. 이정이 죽었을 적에 그는 이런 글을 보냈다.

서쪽에서 온 사람이 말하기를 나옹(이정의 호)이 죽었다고 하니 이 말이 사실인가? 통곡하며 피눈물을 흘린다. 하늘이여, 원통하도다. 나는 누구와 함께 물외(物外)에서 노닐까? 세상 사람들은 그의 그림을 중히 여기나 나는 그 사람됨을 중히 여기네.

이처럼 그는 이정을 아꼈다.

또 이 무렵 사귄 계생은 비록 천한 기생이기는 하지만 남다른 시 재주를 지녔던 여성으로, 허균과 오랫동안 사귀었다. 허균에게는 죽은 본부인 김씨 말고도 많은 여성들이 주위에 있었으나 마음으로 정을 통한 것은 이 계생뿐이었다. 이는 계생에게 두 차례나 보낸 서신과 『학산초담』, 『성수시화』에서 계생의 시를 높이 평가한 것에서도 짐작할 수 있다(계생과의 관계에 대해서는 다음 장에서 언급). 이곳에서 그는 오늘날까지 전해지는 유일한 문집인 『성소부부고』 예순네 권을 엮었고, 그의 불교관을 보여주는 「사명당비문」을 지었다. 뒤에 그는 이 문집을 명나라의 주지번에게 보냈고, 주지번은 그때에 명나라의 대문장가인 이정기의 서문을 받아 보내왔다.

이 무렵에 허균은 서류들의 혁명 모의를 격려했다고 하며, 서양갑의 호를 석선이라 지어주었고, 이경준을 통해 그들의 모반에 사용될 격문을 지어주기도 했다고 한다. 서양갑에게 보낸 편지로 짐작되는 「제강공자에게」〔與霽江公子〕에는 안부를 묻기도 하면서 "족하는 높은 재주를 지녔는데도 포부를 펼치지 못하고 바닥 세상에 떠돌고 있다"고 위로하기도 했다.

또 불우한 사람들 곧 앞 다섯 친구인 '전오자'와 뒤 다섯 친구인 '후오자'들과도 더욱더 친밀해졌다. 전오자는 권필, 이안눌, 조위한, 허적, 이재영 등이요, 후오자는 정응운, 조찬한, 기윤헌, 임숙영 그리고 이름이 밝혀지지 않은 한 사람이다. 이들은 탁월한 인재들이었지만 세상의 모순을 한탄하면서 당시에는 주로 세상을 등지고 초야에 묻혀 사는 불우한 사람들이었다. 그뿐 아니라 시속의 부조리를 거부하고 권력과 타협하지 않으려는 곧은 선비들이었다. 이 열 사람 중에서 권필만 보더라도 그들의 성격을 잘 알 수가 있다.

권필은 정철의 문인으로 훌륭한 문장가였으며, 이정구가 명나라 사신의 접반사가 되었을 때에 이정구를 따라가 문장을 날렸다. 광해군 즉위 초에 권신 이이첨이 교류를 청했으나 끝내 거절했고, 광해의 왕비 동생인 유희분이 날뛰자 그의 성을 빗대 버들가지에 견주어 풍자하는 「궁유시」를 지었다. 시의 내용이 알려져 광해에게 엄한 심문을 받았고, 귀양길에 올라 동대문 밖에서 말술을 청해 단숨에 마시고는 이튿날 죽었다.

허균은 권필과 같은 이들과 세상일을 한탄하고 걱정하면서 세월을 보냈다. 그러나 박응서가 문경새재에서 은상을 털다가 잡히고, 이어 일당이 모두 체포됨에 따라 허균의 신변에 위험이 닥쳐왔다. 이이첨은 박응서를 한껏 활용하여 김제남과 남몰래 통해 영창대군을 옹립하려는 거사를 꾸몄다고 무고하도록 조종했다. 그리하여 칠서지옥이라고 불리는 이 사건은 김제남에게 사약을 내리고 영창대군을 강화에 유배시키고 소북파를 없애는 계축옥사로까지 번졌다.

이 무렵부터 허균에게는 시시때때로 위험이 닥쳐왔다. 그러나 서류들이 감싸주었기 때문에 허균이 끼어든 사실은 끝내 밝혀지지 않았다. 하지만 허균의 신변에서 위험이 완전히 가신 것은 아니었다. 허균은 글방 동문인 이이첨에게 벼슬을 주선해달라는 부탁을 했다. 칠서지옥 전에는 허균이 이이첨을 찾는 일도 없었거니와 벼슬을 부탁한 적은 더더구나 없었다. 이 구명책으로 말미암아 허균의 생애는 뒷사람이 올리고 깎는 표폄(褒貶)의 대상이 되었고, 그의 사람됨을 평가할 때에 늘 이것으로 저울질하게 되었다.

그때에 벼슬길에 나가지 않았던들 그는 역적으로 몰리지 않았을 수도 있고 또 그때의 선비들도 그를 덜 나무랐을 것이다. 아무튼 이 사건은 오늘날에도 흔히 보는 나약한 지식인으로 그를 평가하는 구실이 된 것이다. 이렇게 하여 허균은 이이첨의 적극적인 추천으로 광해의 조정에 들어가게 되었다.

허균의 여인들

위에서 소개한 허균의 첫 아내는 김씨였다. 허균과는 세 살 차이였다. 허균이 1609년 형조참의로 당상관에 올라 김씨 부인도 외명부 숙부인으로 추봉(追封)을 받았다. 그는 첫 부인에 대한 그리움을 적은 행장을 지었는데 거기에 이렇게 썼다.

> 나이 열다섯에 우리집에 시집왔다. 성미가 조심스럽고 성실하고도 소박하여 꾸밈이 없었으며 길쌈하기에 부지런히 하여 조금도 게으름이 없었고 말은 입에서 내지 못하는 듯이 하였다. 모부인 섬기기를 매우 공손하게 하여 아침저녁으로 반드시 몸소 문안드리고 음식을 드릴 때 꼭 맛을 보았다. 제철음식을 넉넉하게 드렸다. 종들 다루기를 엄격하게 했지만 잘못을 용서해주었고 욕지거리로 꾸짖지 않으니 모부인

이 칭찬하시되 "우리 어진 며느리로다"라고 하셨다.

내 한창 젊은 나이에 부인과 함부로 놀기를 좋아했지만 싫은 기색을 얼굴에 드러낸 적이 거의 없었으며 어쩌다 조금이라도 방자하게 굴면 "군자의 처신은 엄중해야 하지요. 옛사람은 술집이나 다방에 드나들지 않는다던데 하물며 이보다 더한 짓이겠어요"라고 말했다. 내 듣고 마음이 부끄러워 조금이나마 다짐함이 있었다. 항상 내게 글공부하길 권하여 "장부가 세상에 나서 과거에 합격해 높은 벼슬에 올라 어버이를 영화롭게 하고 제 몸을 이롭게 하는 이도 많습니다. 당신은 집이 가난하고 시어머님은 늙어 계시니 재주만 믿고 허송세월을 하지 마십시오. 세월은 빠르니 뉘우친들 어찌 뒤따를 수 있겠습니까?"라고 했다.

이로 보면 김씨는 진중한 여인으로 함부로 행동하는 지아비를 추스르는 모습을 보이고 지아비도 고분고분 들을 줄 알았던 것 같다. 결코 남정네의 군림하는 모습이 아니다. 뒷부분을 보자.

아! 슬프다. 그 아들은 젖이 없어 일찍 죽고 첫 딸은 자라 진사 이사성에게 시집을 가서 아들 딸 하나씩을 낳았다. 아! 그대 같은 맑은 덕행으로 중간 수명을 못 누린데다가 뒤를 이을 아들도 없으니 천도 또한 믿기 어렵다. 바야흐로 우리 가난한 때 당신과 마주앉아 짧은 등잔 심지를 돋우며 반짝거리는 불빛에 밤을 지새워 책을 펴놓고 읽다가 조금 싫증을 내면 당신은 꼭꼭 "게으름을 부리지 마십시오. 나의 부인 직첩이 늦어집니다"라고 가볍게 말하였다. 18년 뒤에야 한 장의 빈 교지를 영전에 바치게 되고 그 영화를 누릴 이는 나와 귀밑머리 마주 푼 짝이 아닐 줄을 어찌 알았겠는가?

아주 애절함과 그리움에 젖어 있는 정경을 읽을 수 있겠다. 허균은 이 무렵 또 아내의 제문을 지었는데 "어찌하면 영화를 같이 누려볼까, 내 마음 하염없어라. 그대 넋 있다면 그대 또한 눈물 줄줄 흘리리. 녹으로 내린 술 한잔 들구려, 서러움에 눈물만 줄줄 흐르누나"라고 했다. 그의 진심을 알 만할 것이다.

허균이 김씨 부인을 그리워하는 정서에는 어디까지나 조강지처에 대한 애틋함이 깔려 있을 것이다. 그런데 정작 그의 사랑은 다른 여인에게서 찾아볼 수 있다. 곧 시를 지을 줄 알고 거문고를 탈 줄 아는 여인에게 눈길이 쏠렸다. 그녀가 누구일까?

허균의 주위에는 여러 여성이 맴돌았다. 그는 문인기질이 남달랐고 여느 벼슬아치들처럼 기생방에도 자주 드나들었다. 젊은 나이에 부덕이 있는 부인 안동 김씨와 사별한 뒤 둘째 아내 김씨를 맞이했으나 여느 벼슬아치들처럼 추섬 등 첩을 둔 것으로 알려져 있다. 추섬은 그가 국문을 받을 때 추국청에 잡혀와 모진 고문을 받은 끝에 허균의 역적모의를 인정하는 공초를 했다.

한편, 허균은 황진이에 대해 몇 가지 기록을 남겼다. 황진이가 서경덕을 사모해 찾아가 제자가 되었다는 이야기, 그녀가 전국의 산천을 떠돌다가 임종을 앞두고 집안사람들에게 "내가 죽어도 곡을 하지 말고 상여가 나갈 적에는 장구를 두드리고 음악을 울려 인도해달라"고 당부했

다는 기록을 남겼다.(『성소부부고』 성옹지소록에 나옴)

또 그녀는 묘를 길가에 써달라고도 했다 한다. 또 "내가 죽거든 비단이나 관을 쓰지 말고 옛 동문 밖 물 가 모래밭에 시체를 내버려서 개미와 땅강아지, 여우와 살쾡이가 내 살을 뜯어먹어 세상 여자들로 하여금 나를 거울삼도록 해달라"고 했다 한다.(김택영의 『송도인물지』에 나옴)

이런 황진이를 허균은 기생으로서가 아니라 시인 또는 도인의 모습으로 그렸다. 허균의 아버지 허엽이 서경덕의 충실한 제자가 되었기에 서경덕에 얽힌 이야기를 허균은 잘 알고 있었을 것이다. 그리하여 황진이를 기생으로서가 아니라 시인 또는 도인으로 그렸을 것이다. 허균은 황진이의 잔영을 부안 기생 계생에게서 발견했다.

허균은 함열에 귀양살이하고 나서 자주 부안을 찾았다. 변산에도 가보고 월명암에도 오르내렸다. 허균은 공주목사 자리를 1년도 못 채우고 다시 파직을 당하고 나서 온갖 것을 버리고 부안 언저리에 있는 정사암에 묻혀 살려고도 했다. 그래서 부안 고을 원의 도움을 받아 부안의 우반동 골짜기에 있는 정사암을 수리하고 한때 거처로 삼았다. 그는 이즈음 친구인 조위한에게 보낸 편지에서 이렇게 말하고 있다.

나는 여러 차례 세상에서 미끄러져서 벼슬생각은 깡그리 사라졌습니다. 이미 변산의 남쪽에 집 자리를 잡아 백세토록 은거할 곳으로 만들었습니다. 아름다운 절벽 아래 계수나무의 그늘에서 맑은 물에 발을 씻으며 산 위에서 머리를 풀고 신선주를 기울이면서 스스로 즐거워합니다. 이런 때에 노래 잘하는 사람이 중국의 유명한 곽경순의 유선시

(遊仙詩)를 읊어서 권주가가 되게 해준다면 어찌 아주 사람의 유쾌한 일이 아니리오.(『성소부부고』 문부 서)

허균은 이곳에서 이재영 등 동지들과 어울려 많은 시를 읊기도 하고 최초의 국문소설 『홍길동전』을 짓기도 했다. 무엇보다 계생과 깊은 사귐을 가졌다.

기생 시인으로 널리 알려진 매창(梅窓)은 이름이 계생(桂生) 또는 계생(癸生)이었다. 그러니 매창은 계생의 호이다. 매창은 '매화가 놓여 있는 창'이라는 뜻을 지니고 있으니 운치가 있는 호라고 할 만하다. 허균은 매창보다 즐겨 계생이라 불렀다.

계생은 시골 아전의 서녀로 태어났기에 어릴 적부터 기생이 된 것이 조금도 이상하지 않다. 황진이처럼 양반의 서녀도 기생이 되어야 했는데 더군다나 중인의 서녀였으니 더 따질 것이 없을 것이다. 그녀의 용모는 별로 뛰어나지 않은 듯하다. 평범한 얼굴이었으나 품격이 있었다고 전해진다.

그녀와 한번 어울린 이들은 그녀의 재주와 인품에 흠뻑 빠져든 것으로 보인다. 그녀는 여느 명기처럼 시와 글을 잘 지었을 뿐만 아니라 노래와 거문고에도 능숙했다. 작시법은 유명한 시인이 아니라 아버지에게서 배웠다고 한다. 무엇보다 다정다감한 성품을 지녔다고 했으니 시재가 있었다고 보아야 할 것이다.

게다가 여느 기생처럼 음탕하지도 않았으며 우스개 판을 벌이는 술자리에 앉았어도 결코 정도를 지나치지 않고 몸가짐을 흐트러뜨리지 않았다. 따라서 그녀의 성품이 고결하다는 소문이 났는데, 아마 참선으로 자기수양에 철저했기 때문인지도 모른다. 그러니 시인 · 묵객들이 부안으로 몰려와 그녀와 어울리기를 열망했다. 허균과의 첫 만남은 우연이었다고 말할 수 있겠다.

허균이 젊은 나이로 부안에 들렀을 적에 두 남녀는 남다른 정을 느끼고 친해졌다. 1601년 여름 허균은 조운판관이 되어 전라도로 내려갔다. 조운판관은 세미를 배로 실어나르는 일을 감독하는 직책이다. 권세가 아주 등등한 자리였다. 고을 원들은 그의 눈치를 살피지 않을 수 없었을 것이다.

허균은 부안에 들렀고 비가 몹시 내리는 밤, 관례대로 고을 원과 아전들은 그를 기생방으로 데려갔다. 허균은 계생을 처음 만났을 적에 그녀의 인상을 이렇게 적었다.

> 거문고를 타고 시를 읊조리는데 용모는 별로 볼 것이 없었으나 재주와 정감이 넘쳐 더불어 이야기할 만했다. 하루 내내 술잔을 나누고 시를 주고받았다. 밤에 그녀의 조카를 들여 혐의를 피하려 하였다.(『성소부부고』 조관기행)

계생의 나이 스물아홉 살 때여서 퇴기나 다름이 없었다. 계생은 허균의 선배이자 전라감사였던 이귀와 천민출신 시인인 유희경의 정인이었다. 계생은 열네 살 때 유희경과 만나 많은 정을 주었다. 허균과 계생은 많은 시를 주고받으면서 정담을 나누었지만 잠자리는 함께하지 않았던 것 같다. 허균은 이때부터 부안과 많은 인연을 맺었는데, 부안의 경치에 빠져서인지 아니면 계생 때문인지는 모를 일이다.

그러나 계생은 불행하게도 오래 살지 못했다. 허균은 곧이어 다시 명나라에 다녀오고 이어 형조참의가 되었다. 이 무렵 계생에게 이런 짧은 편지를 보냈다(1609년).

> 봉래산의 가을이 한참 무르익었으려니 돌아가려는 흥취가 도도하오. 아가씨는 반드시 내가 시골로 돌아가겠다는 약속을 어겼다고 웃을 것이오. 만약 그 시절에 한 생각이 잘못되었더라면 나와 아가씨의 사귐이 어떻게 십 년 동안이나 그토록 다정할 수가 있겠는가? …… 어느 때나 만나서 하고픈 말을 다 할는지, 종이를 대하니 마음이 서글프오.(『성소부부고』 문부 척독)

계생이 이 편지를 받은 것은 한창 병에 시달리며 외로운 방 안에서 고독을 노래할 때였다. 그러니 옛 정인이 더욱 그리웠을 것이다. 그녀의 정인 허균은 계생이 죽었다는 부음을 듣고 슬픔을 가눌 길이 없어 율시 두 편을 지었다. 허균의 시를 보자.

> 아름다운 글귀는 비단을 펴는 듯하고
> 맑은 노래는 구름도 멈추게 하네.
> 복숭아를 훔쳐서 인간 세계로 내려오더니
> 불사약을 훔쳐서 인간 무리를 두고 떠났네.

부용꽃 수놓은 휘장엔 등불이 어둡기만 하고
비취색 치마엔 향내가 아직 남아 있는데,
이듬해 작은 복사꽃 필 때쯤이면
그 누가 설도(薛濤, 중국의 명기이자 여류시인)의 무덤 곁을 지나려나.
(『성소부부고』 시부)

계생은 허균에게서 시를 더 익혔고 또 허균의 벗들과도 사귀었으며, 새 정인을 만나기도 했다. 그녀의 의식은 이렇게 해서 더욱더 성장했지만 세상살이의 고뇌도 그만큼 더 깊어졌다. 허균은 조선의 명시를 모아 『국조시산』(國朝詩刪)이란 이름의 시선집을 냈는데 계생의 시도 여기에 뽑혀 있으며, 시평을 할 때에도 계생의 시를 인용했다. 얼마나 그녀의 시를 아꼈는지를 알려주는 증거가 될 것이다.

계생과는 다른 의미를 주는 또 한 여인이 있다. 허균의 첩으로 알려진 추섬(秋蟾)이다. 추섬에 관련된 사실이 허균의 글에서는 나타나지 않는다. 하지만 허균이 역적으로 몰려 고문을 받을 때 열여덟 살이던 추섬도 잡혀가서 문초를 받았다. 『광해군일기』에 이런 무옥의 추섬 기록이 있다.

경운궁의 흉한 격서와 남대문의 흉한 방문은 모두 허균이 만든 것이다. 흉역의 일은 현응민과 함께 모의했고 방문을 붙인 사람도 현응민이다. 현응민이 허균의 집에 늘 드나들면서 일을 꾸민 것이다. 누구를 추대하려 했는지 그 내용은 잘 모르겠으나 의창군을 사람들이 추대하려 한다고 현응민과 장응기 등이 말했다. 허균이 모역을 꾸민 것은 세 해나 된다. 도성 사람들을 모두 나가게 한 뒤에 일을 꾸미려고 한 것은 반드시 까닭이 있었을 텐데 그 자세한 내용은 모르겠으나 승군과 포수를 거느리고 8월에 한데 모여 15일에 일을 일으키기로 정했다.

추섬이 심한 고문 때문에 시키는 대로 공초에 응했는지 모르겠으나, 적어도 이 무렵 허균과 가까이 지내고 있었음을 알려준다. 또 허균의 서자가 허균의 구출작전을 폈다는 기록도 보이는데 옥매라는 첩의 소생인지 확인할 수는 없다.

비극적인 말년

허균은 1613년에 마흔다섯 살로 예조참의가 되었으나 이틀 만에 쫓겨났고, 다음해에는 호조참의의 벼슬을 받았다. 그가 광해의 조정에서 대북파를 따르자 그의 벼슬길은 순탄해졌다. 그래서 요즈음의 평자들은 이때를 허균이 목숨을 보존하고 뜻을 얻은 '보명득의'(保命得意)의 시기라고 말한다.

그는 1614년에 성절사로 명나라에 갔다. 이때에 허균은 외가의 서족인 현응민을 데리고 가서 중국말에 밝은 그에게 『임거만록』을 지어 중국에서 팔게 했다. 그 내용은 선조가 덕망을 잃었고 왜와 비밀리에 통했으며 광해가 왕위에 오른 것이 계통이 분명치 않다는 것이었다. 허균은 돌아와서 이것을 변무하려 진주사를 다시 보내야 한다고 아뢰었고,

광해군은 이를 받아들였다. 그리하여 다음해에 다시 진주 부사가 되어 돈 1만 5천 냥쯤을 가지고 가서 외교교섭을 벌여 『임거만록』의 잘못을 바로잡고 돌아왔다.

허균은 귀국하여 이 공로로 광해군으로부터 큰 칭찬과 존호까지 받았다. 이 두 번에 걸친 명나라 길에 그는 만 권이 넘는 책을 사온 것으로 알려졌다. 이 책들은 이리저리 우려낸 공금으로 사온 것이 아닐까? 그는 명나라에서 일 년쯤 있는 동안에 명대 말기의 새 문물을 접하고 명나라의 학자들과 사귀면서 새로운 눈이 열린 것으로 보인다. 특히 귀국할 때에 가져온 많은 책 중에는 천주교의 찬송가와 지도가 섞여 있었던 것으로 짐작되는데, 『게십이장』(偈十二章)으로 알려진 이 찬송가는 조선에 전해진 천주교 전적으로는 맨 처음 것이라고 한다. 1616년 8월에 그는 일 년 만에 귀국했다. 이때에 그는 이미 형조판서로 승진해 있었다. 더구나 그의 지위는 점차로 굳어졌다. 광해군의 신임은 말할 것도 없고 이이첨도 돌보아주고 있었다.

이때에 그는 씻을 수 없는 일에 끼어들고 있었는데, 그것은 바로 인목대비의 폐위에 앞장선 것이다. 이를 뒷받침하는 기록들이 몇 가지 있다. 그 하나는 허균을 역적으로 몰려고 올린 기준격의 상소문이다.

> 신이 계축년 가을에 묻기를, 전날에는 인목대비로 하여금 수렴청정토록 하여 영창대군을 세우자고 하더니 이제 폐하자고 하니 어찌된 말이냐고 했다. 균이 다음과 같이 대답했다. "네가 나이가 어려 어찌 알겠느냐? 말세에 사는 사람은 화살이 떨어지는 곳에 과녁을 세우면 세

상을 사는 데에 환란이 없다"고 말했다.

또 외손인 이필진이 쓴 『성소부부고』 끝말에는 다음과 같이 쓰여 있다.

인목대비를 폐하자는 논의에 끼어든 것은 본심이 아니었고 간흉의 꾐에 빠진 것이다.

여기에서 말하는 간흉은 이이첨을 가리킨 것이다. 어쨌든 대북파는 '우리 임금을 해치는 자는 신하들의 원수이기도 하다'면서 인목대비의 죄상을 들어 폐비시킬 것을 주장했고, 반대파는 어미는 어미답지 않아도 자식은 자식의 도리를 다해야 한다는 논리로 이를 반대하고 나섰다. 조정은 이 문제 때문에 날마다 논의와 상소로 들끓었고 대북파는 자기들의 집권을 다지는 마지막 작업으로서 인목대비를 내쫓으려고 안간힘을 다했으며, 반대파는 광해군의 폭정에 저항하는 맨 마지막 수단으로서 이를 반대하고 나섰다.

허균은 이렇게 파란 많은 역경을 거치면서 1618년에는 이미 쉰 살이 되었다. 인목대비의 폐출 논의가 분분할 때쯤에 허균은 궁지에 몰리기 시작했다. 이제까지 대비 폐출을 반대하던 유생들은 이 죄를 몽땅 허균에게 덮어씌우고 기준격의 상소문에 따라 허균을 국문할 것을 날마다 요청했다. 화살은 실질적인 권력자인 이이첨보다 허균에게 더 쏠렸다. 이것은 이이첨이 자기에게 쏟아지는 비난을 교묘하게 허균에게 돌린 탓이기도 했다.

이런 상황에서 진사 곽영은 허균과 그의 추종자가 임금을 팔아먹고 명분을 도둑질했다는 매군도명(賣君盜命)의 죄를 들어 낱낱이 논핵하면서 기준격을 응원했다. 이에 눌러두었던 기준격의 상소문이 국청에 내려졌다. 허균의 동료들은 반대당에서 올린 상소를 고치기도 하고 논핵을 맡은 사간원과 사헌부에 공갈을 하기도 했다.

이럴 즈음에 세자빈에게서 아들이 없어 다른 후궁을 두려고 간택이 있었는데 허균의 딸이 내정되었다. 이렇게 되자 이이첨도 허균을 동지로서가 아니라 적으로서 바라보게 되었다. 이때에 북쪽 변방이 시끄러워졌고, 성 안에는 북쪽 오랑캐가 쳐들어온다느니 류큐(琉球, 오늘날의 오키나와) 사람들이 쳐들어온다느니 하는 소문이 널리 퍼졌다. 그러자 허균은 그의 무리를 시켜 "피난을 가라. 그러지 않으면 어항 속의 고기 신세가 되어 개죽음을 당한다"고 밤에 남산에 올라가 외치게 했다. 그리하여 온 장안이 뒤숭숭해지면서 피난하는 사람들도 있었다. 이에 광해군은 피난하는 사람은 누구를 가릴 것 없이 엄벌에 처하라는 분부까지 내렸다.

이 무렵에 '남대문 괴서사건'이 일어났다. 그 괴서가 발각된 사정과 내용을 『광해군일기』와 『연려실기술』을 토대로 하여 살피면 이렇다.

1618년 8월 10일에 하인준이 아침 일찍 남대문을 지날 때에 많은 사람들이 몰려서 남대문에 붙여진 방문을 읽고 있었다. 그 내용은 "인민을 구하려고 포악한 임금을 치러 하남 대장군인 정 아무개가 곧 온다……" 따위로 그때의 비정을 낱낱이 들고 민심을 선동하는 것이었다. 하인준은 이 사실을 장령 한명욱에게 가서 알렸고, 한명욱은 곧 임금에게 아뢰었다. 그리하여 이 사실을 조사하기 위한 국청이 열렸다. 그날 낮에는 이미 문지기들에 의해 방문이 뜯겨 사헌부에 바쳐졌다.

이리하여 이 문제가 조정의 중심 현안으로 등장했다. 한명욱은 하인준이 새벽에 와서 그 사실을 말했다고 했고, 하인준은 '아침'이었다는 시각을 놓고 서로 다른 진술을 하면서 저마다 패거리를 지어 논란을 벌였다. 다시 말해서 새벽에는 어두워서 방문을 읽을 수가 없을 터이므로 하인준이 스스로 방문을 붙이고서 한명욱에게 가서 알렸다는 것이다. 이에 유생 김상립을 포함한 스물두 사람은 "하인준이 역적을 토벌하자고 주창한 의리는 앞뒤로 나라를 사랑하는 지극한 충성이 해와 달을 보는 것과 같다……. 하인준을 공격하는 자는 대론(大論)[25]을 공격하는 것이요 대론을 공격하는 자는 임금과 아비를 배반하는 것이다"라고 주장하며 하인준을 옹호하고 나섰다. 어쨌든 하인준은 조사를 받게 되었다.

이때 또 허균과 기준격의 상소문을 국청에 내려 철저하게 조사하게 했다. 기준격의 상소문이 올려진 지 여덟 달이 지나서야 그 내용을 정확하게 조사하도록 한 것이다. 기준격은 자기가 두 번이나 올린 상소의 내용을 거듭 주장했고, 허균은 또 자기가 올린 상소에서 변명한 대로 모든 것을 부인했다. 그러나 기준격이 두번째 올린 상소문 끝에 붙인 허균의 편지 넉 장이 허균의 필적임이 분명하다 하여 두 사람을 대질심문하라는 처분이 내려졌다. 이리하여 허균은 감옥에 갇혔고 선전관들이 허균의 집과 첩의 집에서 모든 문서를 수색해왔다. 이어 허균과 친하게 지낸 사람들로서 그때에 서궁무서사건(西宮誣書事件)에 연루되어 있던 김윤황, 현응민, 우경방 등이 심한 고문을 받게 되었고, 허균을 옹호하던 한성부 좌윤 김개를 위시하여 친구와 조카 등 수십 명이 잡혀왔다. 이리하여 피를 튀기는 심한 매질과 고문 끝에 죽기도 했다.

허균이 처음에 옥에 갇히고 그의 집을 수색했을 때에 실록을 기록한 사관은 다음과 같은 의견을 덧붙였다.

> 그때 허균은 무사들을 많이 모으고 은밀히 승군(僧軍)을 청하여 곧바로 대비가 거처하는 서궁을 범하여 먼저 군사를 내고 뒤에 왕에게 알리기로 왕에게 이미 허락을 받고 있었다. 그러나 이이첨 등이 그 모반 사실을 알고 임금에게 몰래 알리기를 "허균이 대론을 핑계대고 은밀히 역적일을 도모한다"고 했다. 임금이 크게 놀라 드디어 기준격 등의 상소문을 국청에 내려 그전의 일을 문초하게 했다. 그리고 삼사가 또 허균의 역적 사실을 아뢰고 아울러 허균을 편들어 상소를 올린 유생들도 다스리자고 청하자 이에 모두 잡아들였다. 대개 허균과 이이첨은 서로 대론의 주도권을 다투었는데 이이첨은 허균이 끝내 역적을 도모할 것을 알고 유희분, 박승종과 함께 같은 내용으로 고변케 하여 그들의 입을 닫게 하려고 한 것이다.[26]

어쨌든 허균이 처음에 의금부의 감옥에 갇히게 되자, 이들은 곱게 넘어가지 않았으며 상당한 저항과 위험스런 분위기를 조성했다. 김개는 허균이 잡혀가는 것을 알고는 재빨리 의금부의 옥리들을 매수하여 횃불을 끄게 하고 중죄인에게 가해지는 목에 씌우는 칼인 항쇄, 발에 채우는 족쇄를 풀어주게 했다. 그리고 허균을 추종하는 하급 이서들과 종과 무사들 수십 명이 의금부 감옥 앞에 모여들었다. 무사 원종은 여러 사람에게 옥문을 두들겨 부숴버려서 허균을 빼가겠다고 소리쳤다. 그리고 그곳에 모인 군중들은 돌을 의금부 나졸들과 옥문을 향하여 무수히 던졌다. 그리하여 나졸들은 그 기세에 눌려 숨거나 도망쳤다. 선전관 백대진은 허균이 심문을 당하자 팔을 걷어붙이고 여러 사람을 향하여 "허 판서에게 무슨 죄가 있느냐"고 했으며 동료들이 이를 말리자 욕을 퍼부어댔다. 한편, 성균관을 비롯한 유생들은 무고한 사람을 가두었다고 상소를 올리거나 또는 거리로 몰려다니며 소란을 떨었으며 밤에 삼청동 뒷산에 올라가서 민심을 선동하는 내용의 소리를 질러댔다. 또 벼슬아치들에게 그 달의 녹봉을 줄 때에 호조의 하급 이서들은 규정을 어기고 허균에게 여덟 달 치의 녹봉을 지급하기도 했다.

아무튼 기준격의 상소와 그 밖의 연루자들의 자복을 토대로 하여 광해군이 인정문 앞에 설치된 마지막 추국청에 나와 친국을 했다. 1618년 8월 26일, 임금의 양쪽에는 우의정 박홍구와 금부당상 이이첨을 비롯하여 추국청에 관계된 벼슬아치들 쉰 몇 명이 시립하고 있었다.

이에 박홍구는 왕에게 허균 등의 죄인에게 사형의 명을 내려달라고 아뢰었다. 왕은 이이첨을 앞으로 나오게 하여 "사형은 이르다. 물어볼 일을 더 물어본 뒤에 사형시키는 것이 어떠하겠느냐"고 했다. 이이첨은 그 도당들이 모두 승복했으니 더 물어볼 것이 없다고 했다. 모든 대신들은 머뭇거리고 있던 광해군을 협박하다시피 하며 사형을 요구했다. 그리하여 왕은 마지못해 사형을 허락했다.

실록의 사관은 또 다음과 같이 기록하고 있다.

> 이때 이이첨의 무리들은 허균과 김개 두 역적을 다시 국문하여 둘이 사실대로 일러바치면 자기네 무리의 앞뒤 흉모가 남김없이 다 드러나서 역적의 율에 걸릴까봐 두려워했다. 그리하여 남몰래 그들의 심복을 시켜서 허균과 김개에게 말하기를 "잠깐만 참으면 끝내 면할 수 있을 것이다"라고 하고, 또 이제 허균의 딸이 후궁으로 뽑혀 들어가면 그녀가 잘 보호해줄 것이니 다른 걱정은 없을 것이라면서 온갖 방법으로 꾀었다. 그런데 그 계책은 실로 허균과 김개를 서둘러 죽여 입을 틀어막으려 한 것이다……. 이이첨의 무리들은 허균을 급히 끌어내게 했다. 허균이 끌려나오면서 비로소 깨달아 크게 부르짖기를 "하고 싶은 말이 있다" 했으나 국청에 있던 모든 사람들이 못 들은 체했고, 임금도 어찌할 수 없어서 하는 대로 내버려두었다.[27]

허균은 끝내 승복하지 않아서 그 마지막 판결문이라고 할 결안(結案)도 만들 수가 없었고, 죽이기에 앞서 억지로 꾸민 결안에 붓을 내동댕이치고 서명을 하지 않아 나졸들이 강제로 손을 끌어다가 서명하게 했다.

허균은 이날 그의 동지들인 하인준, 현응민, 우경방, 김윤황과 함께 서쪽 저잣거리의 형장에서 온갖 벼슬아치들이 지켜보는 가운데 형장의 이슬로 사라졌다. 그의 머리는 '역적 허균'이라는 팻말을 단 막대 묶음에 매달려 저잣거리에 효시되었다.

허균이 죽고 난 뒤에도 거기에 관계되거나 친분이 있는 사람, 또는 가족이든 종이든 모두 붙잡혀 와서 날마다 국문을 받았다. 그리하여 백 몇 사람이 붙잡혀 와서 때로는 끝내 감싸며 불복하고 때로는 있는 말

없는 말을 보태어 자복하고 때로는 허균과 평소 원수 사이라며 발뺌을 하고 때로는 허균의 꾐에 빠졌다고 하여 곤장에 맞아죽거나 멀리 귀양 가거나 사형을 당하거나 드물게는 풀려나거나 했다. 이렇게 여덟 달 동안 감옥이 넘쳐나도록 잡혀 들어와서 의금부와 감옥이 있는 거리는 울음소리와 신음소리, 고함소리가 끊일 날이 없었다. 연루된 많은 사람들은 또 멀리 도망치기도 했다.

어쨌든 허균은 하인준 같은 유생들을 시켜 대비폐출의 논의를 활발히 벌였고 기준격의 상소에 대해 그것이 거짓임을 낱낱이 밝히는 상소를 세 번 올리기도 했다. 그럴 즈음에 만주지방의 후금이 더욱 세력을 떨쳐 조선을 침범할 것이라는 장계가 북방으로부터 잇달아 들어왔고, 명나라에서는 후금을 치겠으니 원병을 보내라는 요구를 은밀히 해왔다. 이리하여 조야의 민심은 더욱더 흔들렸고 벼슬아치들이 먼저 도성을 비우고 재산을 시골로 빼돌리자 백성들도 날마다 피난 봇짐을 꾸려 도성을 빠져나갔다. 이 틈을 타서 허균과 그 무리들은 더욱 민심을 흔들면서 대비폐출의 대론에 열을 올렸던 것이고, 현응민과 하인준을 시켜 남대문 방문사건을 일으켰다가 끝내 발각이 되었던 것이다.

그러면 허균은 어떤 거사 계획을 세웠을까? 허균은 승군과 무사 수백 명을 주축으로 삼아 거사하려 한 것으로 드러난다. 그 중심인물은 물론 허균과 김개이고 그 추대 인물은 처음에는 종친인 의창군으로 정했다가 뒤에는 허균 자신이었다는 주장도 있다.

이를 이해하기 위해 우선 허균과 함께 사형당한 네 사람의 신분과 처지를 알아보자. 하인준은 성균관 유생으로 평소에 허균의 철저한 추종자였다. 그리하여 허균이 인목대비 폐출을 주장할 때에 그 일에 앞장섰다. 현응민은 서자 집안에서 태어나 역관으로서 허균과 함께 중국을 왕래했으며 나중에는 서리(胥吏)로 있었다. 우경방은 본디 중으로 조일전쟁 때에 공을 세워 군관 직책을 받았다가 나중에 의금부에 소속된 무사였다. 김윤황도 하급 무사였다. 이들 외에 허균의 하수인이었던 이른바 열 명의 훌륭한 사람이라는 뜻의 십철(十哲)들도 서리, 수직 군사, 서얼, 상놈 등이었다.

이 거사에 참여한 인물들의 성분이나, 이들이 소외지역의 군사를 동원하려 했던 점을 보면 이들은 모두 허균의 신분타파 주장의 동조자들이며, 또 거기에 참여한 인물들의 처지에서 보면 일종의 신분상승을 위한 투쟁으로 볼 수도 있다. 이것은 조일전쟁 전에 서얼들이 끊임없이 차별철폐를 주장하고 하급 수직 군사들이 그 핍박에 맞서 야료를 부리고 백정과 노비들이 양반을 능멸하는 행동을 보이고 서얼들이 일대 모반을 일으키려 했던 칠서지옥과 일맥상통하는 것이다. 다시 말해서 조선 후기의 신분차별의 모순과 괴리가 그 모습을 드러내고 지배층의 이익과 권력의 세습적인 독점에서 소외된 계층이 거기에 맞서기 시작하는 단계의 한 보기라고 할 수 있다.

하나의 보기를 더 보자. 허균의 목이 저잣거리에 효시되었을 적에 서리인 박충남은 술을 마시고 행패를 부리면서 잘린 머리를 훔쳐가려 했다. 그는 나중에 역적의 머리를 두들겨 패기 위해 훔쳐가려 했다고 변명했으나 그 훔친 머리를 장사지내주려 한 혐의를 벗지 못했다. 이와 같이 지배계층에서 보면 허균은 경박하고 막된 인물로 비쳤지만 많은 서얼계층과 중인 아래의 소외된 계층에서는 그를 동지요 은인으로 생각하여 목숨까지도 내놓았던 것이다.

위와 같은 얘기는 여러 기록을 종합한 것이기는 하나 그 진상은 확실치 않다. 왜냐하면 중상과 모략이 판을 쳤고 뒷날의 기록들도 그 일을 옳게 밝혀보려는 시도를 한 것 같지는 않기 때문이다.

아무튼 인조반정 뒤에 광해군의 폭정에 반항하여 죽은 사람이나 모략에 걸려 죽은 사람은 모두 죄목을 떼어 그 원통함을 풀어주었으나 허균만큼은 그렇게 되지 않았다. 그것은 그가 인목대비의 폐출에 앞장섰기 때문이다.

허균의 옥사에 연좌된 사람은 다음과 같다. 첫째로 부모와 형제의 경우에는 아버지 허엽은 말할 것도 없고 형 허성과 허봉 그리고 누이 허난설헌이 모두 죽은 지 오래였으므로 그들은 연좌에서 벗어났다. 그의 첫째 부인은 안동 김씨로 조일전쟁 때에 죽었고, 둘째 부인은 선산 김씨로 김효원의 딸이었는데[28] 그 연좌에 대해서는 기록에 나오지 않는다. 다음으로 허균에게는 그때의 일반 벼슬아치들처럼 첩이 셋 있었다. 하나는 성옥으로 전라도 출신이며 그의 아비 송취대와 함께 잡혀서 고문을 당했다. 다음은 옥매와 추섬으로, 모두 연좌되어 모진 고문을 받았다. 특히 그때 열여덟 살이던 추섬은 허균의 행적을 소상히 고백했다. 다음에 그의 아들로는 『양천 허씨 족보』에 따르면 '굉'이 있었던 것으로 기록되어 있으나 『광해군일기』에는 기록되어 있지 않다. 맏딸은 이사성에게 시집갔는데 이사성은 허균 옥사에 실제로 관련된 것으로 밝혀져 많은 고문을 당한 끝에 사형은 면하고 귀양을 갔다. 둘째 딸은 그때 광해군의 후궁으로 간택되었다고 했으나 그 간택을 파한 기록이 있을 뿐이고 행방을 적은 기록이 없으며 족보에도 아무런 설명이 없다. 또 족보에는 둘째 사위가 '박'이라고만 적혀 있는데 이 딸과 관련이 있는지는 확실치가 않다. 그리고 서자로 돌한이 있는 것으로 나타난다. 돌한은 『광해군일기』에 따르면 힘이 장사로 허균이 처음 감옥에 갇혔을 때에 의금부에 가서 행패를 부렸고 무사 김시량과 함께 허균의 거사에 참여했다. 처음에는 잡히지 않았다가 의금부와 감옥 주위에서 배회하는 것을 나졸들이 잡아왔다. 돌한의 그 뒤 행방에 대한 기록은 보이지 않으나 여러 가지 사정으로 보아 죽임을 당한 것으로 짐작된다. 그는 허균 옆에서 일을 도왔고 허균이 죽은 뒤에는 멀리 도망가지 않고 서울에서 배회하면서 복수를 노린 것으로 보인다. 다음은 그때에 살아 있던 조카들, 곧 큰형 허성의 아들인 허실과 허부, 그리고 둘째 형 허봉의 아들인 허친 등이 모두 모진 고문을 당하고서 연좌율에 걸려 멀리 귀양갔다.

여기서 문제로 남는 것은 허균의 둘째 부인 선산 김씨와 아들 굉의 행방이다. 그때에 모든 연루자들과 그의 가족들이 잡혀와서 고문을 당했고, 허균과 연좌된 가족들의 기록이 『광해군일기』에 모두 나오는데도 김씨와 아들의 기록은 왜 없을까?

『양천 허씨 족보』 곧 『임자보』에는 허균의 아들과 손자가 저마다 '굉'-'흠'으로 나오고 있다. 이 족보는 1671년에 미수 허목이 중심이 되어 만든 것을 1808년에 수보를 거쳐 1852년에 허전 등이 주관하여 이루어진 것이다. 이는 허균이 죽고 나서 쉰 세 해 뒤의 기록을 토대로 했으므로 그 정확성을 인정해야 할 것이다. 그러나 아들 굉은 부인의 본관만 적혀 있을 뿐이고 생몰연대나 다른 부기사항이 전혀 없다. 이것은 그들 자손이 대종회와 긴밀한 연락을 갖고 있지 않았거나 또는 대종회에서 그들 자손을 일부러 기피한 것으로 볼 수도 있다.

한편, 울산에 살고 있는 양천 허씨의 가승[29]에는 '굉'의 아래에 "만력 무자년(허균이 죽은 해)에 새재를 넘어 처음 영천의 정사상의 집에 붙어 있다가 몇 년 후 울산 고두환의 집으로 옮겨가서 훈장 노릇을 하며 세월을 보냈다"고 기록되어 있다.

조선시대의 뛰어난 개혁가로 알려진 이이와 허균, 정조는 모두 비슷한 나이에 죽었다. 뛰어난 개혁가였던 세 사람이 우연하게도 같은 수명의 삶을 산 것이다. 아래의 「꿈풀이」[30]는 허균의 분방한 성격과 도가적 수양을 보여주는 글이고, 「북쪽으로 돌아가며」[31]는 은둔의 삶을 그리워한 운문이다. 「그대 그리워」[32]는 불행한 화가 이정을 그리워한 글이다.

◎「꿈풀이」

성성옹(惺惺翁, 허균의 별호)이 젊었을 적에는 꿈이 적었고 꿈을 꾸기만 하면 잘 맞았는데, 나이가 들어서는 점차로 꿈이 많아졌고 꿈을 꾸어도 잘 맞지가 않는다.

이에 어떤 사람이 말하였다.

"꿈은 이런저런 여러 가지 생각에서 나온다네. 그대가 젊었을 적에는 갖가지 욕심스런 생각이 적어서 마음이 맑은 물과 같이 담담하여 흩어지지 않았기 때문에 생각이 적었고 꿈도 이따금씩 꾼 것이요, 꿈을 이따금씩 꾸었기에 척척 맞은 것이라네. 장성하여서는 세상의 온갖 것들, 이를테면 총애받고 싶은 것, 욕먹게 되는 것, 얻는 것과 잃는 것 따위들이 마음을 이리저리 어지럽혀서 생각의 불꽃이 활활 타올라 꿈도 또 잦고 잦았기에 점차로 맞지가 않는 것이네."

내가 말하였다.

"그런가? 그렇지 않을 것이네. 꿈이 많고 적은 것은 생각에 달려 있을지는 모르나, 꿈이 척척 맞는 것은 생각과는 별로 관계가 없을 것이네. 옛날 어떤 사람들은 벼슬이나 나이를 얻을 꿈을 꾸고는 그것이 영락없이 맞아떨어졌고, 어떤 사람은 미래의 일을 꿈꾸어 부인을 얻거나 국정이 어지러워짐을 맞혔다네. 아프려면 먹는 꿈을 꾸고, 노래 부르려면 통곡하는 꿈을 꾸며, 까마귀가 터럭을 입에 물고 날아가는 것을 보면 날아다니는 꿈을 꾸게 된다네. 이것도 모두 헛된 생각에서 나왔겠는가? 이것은 마음이 신령스러우면 세상일에 딱 들어맞고 정신이 맑으면 마음먹은 일이 꼭 들어맞아 마침 어두운 가운데서 서로 부합하며 우연히 징조가 된 것이네. 어찌 꿈꿀 적마다 하나하나가 억지로 맞아떨어지기를 바라서 그렇겠는가? 그러나 생각이 맑으면 마음이 밝아지고 생각과 마음이 맑고 밝으면 저절로 자연에 부합되고 자연에 부합되면 온몸 속의 기운이 깨끗하여져서 아무도 모를 아득한 낌새가 꿈틀꿈틀 움직이는 것이네. 그리하여 닥쳐올 좋은 일과 나쁜 일, 아름다운 일과 허물되는 일 따위가 마치 거울에 나타나듯이 알알이 비치는 것과 같기 때문에 미루어 헤아려서 알게 되는 것이네. 이것이 바로 꿈 점이 생기게 된 원인이네."

어떤 사람이 말하였다.

"생각이라 말한 것이 참으로 근사하네. 그대가 오랫동안 벼슬살이에 있었지만 먹고살기에 허덕여서 귀한 사람들의 눈치를 살살 살피면서 먹을 것이 생길 만한 원 자리나 하나 차지할까 하고 넘겨보다가 꿈을 꾸면 곧바로 얻었네. 얼마 뒤에는 얻는 꿈을 꾸기도 하고 얻지 못하는 꿈을 꾸기도 하여 맞지 않는 것은 잡념에 흔들림이 깊어서이네. 그대는 변고를 겪은 뒤로는 이익과 명예를 딱 끊고 한결같이 마음의 수련에만 뜻을 두어서 도가의 경전을 읽기에만 온 정신을 쏟아 연구하여서 꿈에 유명한 신선들을 만나보기도 하여 현묘한 요체를 듣게 되었네. 심지어 정신이 하늘나라로 학을 타고 훨훨 날아다니다가 오색구름 속에서 퉁소 소리도 자주자주 듣게 된 것이네. 이것은 생각을 한곳에 쏠리게 하여 지극한 경지에 이른 것이네."

어떤 사람의 말이 여기까지 미치자 더욱더 믿을 만했다. 그렇다면 온 천하사람의 꿈은 생각에서 벗어나지 않을 뿐인 것이다. 앞에서 꿈이 적으면 곧 맞는다고 말한 것은, 마음이 맑고 정신이 밝아서 혼이 바깥으로 달아나지 않으며 그 맑고 밝음 때문에 사람의 모든 일이 물속처럼 환히 비치기 때문인 것이다. 참으로 이런 이치가 있는 것이라 하겠다. 이 사람과는 함께 도를 말할 만하다.

◎「북쪽으로 돌아가며」

내 관인(官印) 풀고 나그네길 떠나니
아, 탈것 챙겨 어디로 갈까.
고마워라, 남쪽 고을 따스한 날씨

헐벗은 길손 위로하여주네.
세상 거만하게도 흘겨보며 나를 돌보는 이 없으니
나 지금 멀리 달아나 몸을 감추리.
봉황새 올라타고 적리(赤理) 멍에 메워
내 신선과 함께 봉래산에 노닐고
곤륜산 봉우리 서왕모 찾아보고서
요대(瑤臺)에서 쉬어보려 했건만
아, 세속이 내 속내 그르쳐
다시 나를 끌어 북으로 내달리네.
내 어찌 마음 변해 영화나 따르랴.
사람들은 내 잘난 것 질투하니
오직 세상 바깥뿐 오래 머물 곳 없으니
내 몸 어디에 누일까.
가는 길 험해 진흙탕 걸어가노라니
아, 천명을 기약할 수 없구나.
성문 나와 수레 꼼꼼히 마련하고
추운 겨울의 찬바람 헤쳐 가누나.
마부 코 흘리며 춥다 부르짖고
언 냇물 녹아 길이 막혔어라.
아침 용성(龍城, 남원)에서 길 떠나
저녁에 금강 건너노라니
아, 더디고 더딘 이 걸음.

그 누가 길가는 일 쉽다 하나
높은 봉우리 넘으니 몹시 춥구려.
산은 가팔라 하늘 가리고
컴컴한 구름 햇빛 가리고
눈 쏟아져 한낮인데도 어둑
살은 얼어터져 일꾼 같은데
말은 뒤뚱뒤뚱 자꾸 넘어지네.
슬프다, 험한 간고의 내 삶
정 산란하여 오장 끊어지네.
공자는 광야에서 고단하였으며
육통(陸通, 초나라 은자로 거짓으로 미쳤음)은 미친 척
증자는 가난하여 신발을 끌었고
힘을 들이나 보잘것없으니
성인도 꼭 쓰이지 않았으며
현인도 꼭 쓰이지 않았도다.
이는 예전부터 그러하였거니
내 어찌 지금 사람으로 원망하랴.
하늘에 맡겨 스스로 풀어버리면
거의 내 몸 욕되지 않으리.
거듭 말하노니
천지에는 숙살 기운,
기운 막혔구나.

난새나 공작 위엄 꺾여
가시밭길에 숨어버리고
올빼미 뜻을 얻어
대궐에서 떠들어대는구나.
난초 향기 아니 난다 물리치고
역겨운 냄새 풀 향기롭다 하며
못난 얼굴 곱다 하고
아름다운 이 추하다 하누나.
슬기로운 사람 멀리 가고
우매한 자 득세하네.
허물을 꾸며 큰 죄를 만들고
희미한 일 꾸며 사실인 양하니
우울하고 안타까워라.
내 어디로 가야 하나,
사마천(司馬遷, 중국의 역사가) 뒤를 따라
이 세상 우러러보고 굽어보고 하리라.

◎「그대 그리워」

이정의 자는 공간이며 스스로 호를 나옹(懶翁, 게으른 늙은이라는 뜻)이라 하였다. 아버지 숭효, 할아버지 배련, 증조 소불이 모두 그림으로 이름을 떨쳤다. 그가 태어날 때에 한 금빛 나한이 그의 어머니의 품으로 들어오면서 "너희 3대에 걸쳐 네 사람이 모두 부처 모습을 잘 그렸는데 그린 부처가 수천 구이다. 그래서 내가 부처님 뜻을 받들어 너를 위해 아들을 주어 갚겠노라"고 말했다.

그녀가 꿈을 깨고 나서 아기를 낳았다. 마침 서광이 해를 꿰뚫었는데 모양이 아이의 생김새와 꼭 닮았다.

그의 부모가 일찍 죽어서 작은 아버지인 홍효의 손에서 자랐다. 다섯 살 무렵 스스로 그림 그릴 줄을 알아 중의 모습을 그렸다. 그 모습이 아주 그럴듯해서 홍효가 기특하게 여겨 가법대로 가르치니 열 살 무렵 벌써 대성을 했다. 더욱이 산수화에도 정통하였지만 인물화와 불화가 가장 뛰어나 옛것에 가까웠다. 그림을 아는 사람들은 그의 할아버지와 견주기도 하나 그 정채(精彩)는 더 낫다고 말한다. 열한 살에 금강산에 들어가 돌아오지 않았다.

1589년 금강산에 있는 장안사를 고쳐 지을 적에 그가 그린 벽화와 산수화와 천왕상이 모두 다 날아 움직이는 듯하고 엄숙한 분위기를 띠었다. 명나라 사신 주지번이 그 그림을 보고 "천고의 최고다. 천하에 짝할 이가 없다"고 칭송하고는 그에게 부탁하여 많은 산수화를 받아가지고 갔다. 하지만 그는 사람됨이 게을러서 그림을 그리려 하지 않았다. 그런 세상 탓으로 그의 그림이 전해지는 게 거의 없다. 1607년 2월에 술로 병이 들어 서경에서 죽으니 애석하도다.

이정은 어려서 부모를 여의고 아버지의 얼굴을 보지 못했으므로 그 모습을 그려가지고 아침저녁으로 우러러보면서 울곤 했다. 그는 그의 숙부 숙모 섬기기를 부모같이 해서 한 점 게으르지 않았고 숙부 부부 또한 친자식처럼 돌보았다. 그는 술을 즐겼고 마음이 툭 트였다. 글씨도 잘 쓰고 시도 잘 지을 줄 알았는데 비범할 정도로 속기(俗氣)를 벗어났다.

겉보기에는 뒤가 흐려 무슨 일을 제대로 하지 못할 듯하지만 그 속은 탁 트이고 여러 가지 지식도 많았다. 그리고 불교에 관해서는 여느 사람들보다 뛰어날 정도로 경지가 매우 깊었다.

비록 가난하여 남에게 밥을 얻어먹고 지냈으나 의가 아닌 것은 한 점도 얻지 않았고 마음에 들지 않으면 아무리 권력이 있고 지위가 높은 사람이라도 비루하게 여겨버려서 자신마저 더럽히지 않으려는 듯이 했다. 친구인 심우영 이경준과 마치 형제와 같이 아주 절친하게 지냈다. 그 두 사람도 여러 해를 그와 사귀었지만 한 번도 티끌만한 불의를 볼 수 없었다 한다.

좋은 철이나 아름다운 경치를 만나면 술이 거나해서 소리 높이 노래를 불렀고, 다니다가 빼어난 산수를 만나게 되면 홍얼거리면서 바라보느라고 집에 돌아갈 줄을 몰랐다. 다른 이에게 주기를 좋아해서 추위에 떠는 사람을 보면 옷을 벗어 입혀주었다. 속된 사람들은 그를 어리숙한 사람이라고 헐뜯기만 하고 돌보아주려 하지 않았다.

일찍이 세도를 부리는 정승이 그를 불러다가 그림을 그리게 하고는 흰 비단을 듬뿍 주고 술을 대접하였다. 그러자 그는 일부러 취한 척하고 누웠다가 한참 만에 일어나 붓을 들고, 솟을대문으로 두 사람이 소 두 마리에 물건을 가득 싣고 들어오는 모습을 담은 그림 한 폭을 그려 놓고는 붓을 동댕이치고 나가버렸다. 그 정승이 화가 나서 그를 죽이려 했다. 그러자 그는 평양으로 도망을 쳐서 살았다. 그는 평양의 아름다움을 좋아하여 차마 떠나지 못하다가 끝내 그곳에서 죽었다. 그래서 임시로 그곳 선연마을에 무덤을 만들어주었다.

나는 소탈하고 영리하되 행동거지를 단속하지 못하는 것이 서로 비슷하므로, 나이고 벼슬이고를 가리지 않고 누구보다도 깊이 서로 아껴왔다. 헤어진 지 얼마 되지 않아 문득 생사를 달리했도다. 아, 슬프다.

그가 참선을 얘기할 적에 현묘한 도리를 끄집어내서 내 마음을 맑게 일깨워주던 것을 늘 생각했다. 이는 바로 신선과 부처의 진리에서 터득한 것이리라. 이 진리를 위해 먹지도 않고 살았으니 아아, 금나한의 현몽이 아니었던들 어찌 이런 사람이 태어났을 것인가? 이도 기이한 일이다. 마침내 글을 지어 슬퍼하노라.

아아, 나옹이여
그 목숨이 어찌 그리 짧단 말인가.
썩지 않은 게 남아 있으니
내 어찌 탄식만 하리오?
완적(阮籍, 죽림칠현의 한 사람)의 호방함에
왕헌지(王獻之, 자유분방한 명필)의 허탄함과
정단(井丹, 은사로 지조가 꿋꿋했음)의 고고함이며
고개지(顧愷之, 화가로 박학했음)의 치졸이라,
이 모든 꿋꿋한 절개
깡그리 버리고 어디로 갔는가?
내 속세에 어울리지 못하여

세상의 버린 물건 되었을 제
그대만이 나와 잘 어울려
일찍이 벗이 되어 막역하였네.
모두들 시끄럽게 헐뜯고 나무라니
슬프다, 내 어디로 가 자적할까?
그대만 이끌고 돌아와서
산속에 스스로 내칠까 생각하였네.
티끌이 날아 흰 옷을 더럽힘이여,
난초 지초는 가을바람에 시들었네.
나이도 자꾸 저물어가니
빨리 멍에 지워 동쪽으로 가려 마음먹었네.
누가 알았겠나, 옥루(玉樓)에서 빨리 부를 것을
일찍이 인간 세상에 연연치 않아
회오리바람 타고 가니 붙잡기 어려워라.
봉래산에 오색구름만 아득하고
옥퉁소 소리 아련히 들으니
내 눈물 줄줄이 흐르는구나.
서러워라, 이내 몸 누굴 의지할까?
원통하구나, 친구 이미 신선세계로 갔네.
계수나무여, 차가운 바위요
가을꽃이여, 그윽한 골짜기라
누구와 같이 갈까 소요하노라.

서럽고 외로운 내 그림자 슬퍼하노니
여울 맑아 그지없이 깨끗하고
달빛은 밝아 고루고루 비추네.
아득히 그대 풍신 보노라니
가사 소리 높여 읊조림 듣는 듯하구나
아아, 영원토록 어찌 다하랴
그대를 품은 회포 잊을 수 없네.

시대에 따라 엇갈리는 입방아

한국사의 인물 가운데 허균만큼 복잡하고 다면적인 사람도 그리 흔치 않다보니 허균이 살았던 때의 사람들은 그의 사람됨을 지나칠 만큼 나무라면서도 문장과 식견에는 칭찬을 아끼지 않았다. 오늘날에 와서도 사람들은 허균을 개혁가로서, 『홍길동전』을 쓴 작가로서 찬미하면서도 그가 살던 시대의 평가에 따르는 사람들도 더러 있다. 허균에게 따르는 평가가 한 가지로 모아지지 않는 데에는 그럴 만한 까닭이 있다. 곧 그는 그만큼 복합적인 요소를 지녔던 인물이다. 여기에서 그를 긍정하는 평가를 당대와 현대로 나누어 살펴보자.

당대의 평가

조선시대 선비 이민구는 "재주가 펄펄 날리고 총명하기가 누구에도 비할 바가 아니었다"고 했고, 상촌 신흠은 "그 재주로 보아 사람이 아니라 필시 여우나 뱀이나 쥐의 정이 아닌가 한다"고 함으로써 예로부터 꾀와 지혜의 주머니로 알려진 여우나 뱀이나 쥐로 비유했다.

실학자 안정복은 "총명하고 문장에 능하다"고 했으며, 중국에서 간행된 『조선시선』 후서에는 "허균과 그의 두 형 허성과 허봉은 문장으로 해동을 울린다. 그중에서도 허균이 더 영민하여 무슨 글이든 한번 보면 잊지를 않고 모두 암송한다"고 썼다.

유몽인이 쓴 『어우야담』에는 "역적 허균은 남달리 총명하여 아홉 살에 시를 척척 짓고 그 시도 또한 훌륭했다. 어른들이 칭찬하기를 '이 아이는 뒷날 문장가가 될 것이다'라고 말했다"고 쓰여 있다.

김만중도 『서포만필』에 "허균의 시 「사부고」(四部藁)는 선비들에게 널리 전해지고 있다. 시체와 시격은 그리 고상하지 않지만 재주와 정감은 남이 따라갈 수 없는 데가 있다. 그의 시와 여러 글들은 권필이나 이안눌 같은 문사도 따르지 못한다"고 썼다. 명나라의 문장가 이정기는 "그의 글은 물굽이가 부드럽게 흐르는 모양과 같고, 변화와 아취가 흰하게 스며 있어서 명나라 왕세정의 만년의 글과 같으며, 그의 시는 심오하고 미묘하고 화려하여 명나라 변공의 정치(情致)가 있다"고 했다.

위에 든 인용들은 대체로 허균을 칭찬한 것이다. 이 칭찬을 간추리면 글재주가 뛰어났다는 것과 식견이 남달랐다는 것뿐이다. 이에 견주어 부정적인 평가들은 다음과 같다.

『명문록』에는 "허균은 천지간의 한 괴물이다. 균이 그의 일생에 걸쳐 저지른 일은 모든 악을 구비한 것이요, 인륜의 도덕을 어지럽혔으며 행실을 더럽혔다. 이는 사람의 짓이라고 할 수가 없다"고 했다. 『하담록』에는 "허균은 어릴 적에 도참의 책을 써서 세상을 불안하게 했다. 문장은 일세에 홀로 우뚝했지만 경박스럽기 짝이 없었다"고 했다. 『일사기문』이란 책에는 "행실이 괴이해서 부모의 상을 입고도 기생과 놀아나고 참선과 예불에는 빠지지 아니한다. 듣고 보는 이들 중에 놀라지 않는 사람이 없다"고 쓰여 있다. 안정복은 다시 "행실을 단속함이 없고 어린아이처럼 경박하고 분별이 없어 음란했으며 욕망에 따라 마음을 탐했다"고 했다. 『선조수정실록』에는 "경박함을 단속하지 않았다"고 했고, 『광해군일기』에도 "행실이 가볍고 망령되이 물의를 일으켜 버림을 받은 지 오래였다"고 쓰여 있다.

또 허균이 능지처참을 당하고 난 뒤에 왕이 내린 반교문에는 "역적의 괴수 허균은 성품이 올빼미 같고 행실은 개와 돼지 같고 인륜의 도덕을 더럽히고 음탕함을 좇으며 사람으로서는 못할 짓을 다했다. 기강을 업신여기고 상례를 버리고 스스로 공자의 도를 끊었다"고 했다.

앞에서 늘어놓은 나쁜 평가들을 간추리면 첫째로 사람이 가볍고 인륜을 어지럽혔으며, 둘째로 자기를 이롭게 하려고 남을 해치는 거짓 글을 지어 인심을 어지럽혔고, 셋째로 이단을 좋아하여 참선과 예불을 드렸다는 것이다. 이것은 허균이 역적으로 몰리고 난 뒤에 그의 성격이나 행동을 두고 내린 유학자들의 악의에 찬 평이라 해도 거의 틀림없는 말일 것이다. 그러나 오늘날 우리는 이런 평가들을 통해 허균의 면모를 살필 수가 있을 것이다.

이와 달리 사명당은 그에게 시 한 수를 지어 경계로 삼게 했는데 이러하다.

사람의 장점 단점을 말하지 말게나
부질없이 이익이 없을 뿐만 아니라 화를 불러온다네.
입 지키기를 병마개 막듯이 한다면
이게 몸 보존하는 데 첫째 방법이지.(『사명당집』)

사명당은 허균의 형인 허봉의 절친한 친구였고 허균을 늘 아껴주었다. 사명당이 허균을 볼 적에 입조심을 하지 않고 바른말하는 게 불안했던 모양이다. 이를 통해 그의 성격의 한 단면을 짐작할 수 있겠다.

현대의 평가

그렇다면 요즈음에는 허균을 어떻게 평가하고 있을까?

철학자 박종홍은 한국의 사상을 설명하는 글인 『교양인을 위한 한국학』에서 "허균은 형식화된 도덕의 탈을 쓴 세도가들의 폭정 밑에 백성들의 인간성이 유전되고 있음에 분노를 느꼈다고 생각된다. 인간의 차별적인 대우와 무능한 권력층의 횡포를 무엇보다 증오한 허균은 언제나 억울한 서민의 편에 서서 인간성의 의의를 밝히려 했고, 평등하고 자유로운 생활을 영위할 수 있어야 된다고 생각했다"고 했다.

국문학자 구자균은 『인물 한국사』에서 "그의 일관된 사상과 이념은 무엇보다도 침체 · 부패에서 진취 · 혁신으로, 남의 나라에 의지하고 섬기는 사상에서 자주 · 자존으로, 고루하고 소극적인 데서 참신하고 적극적인 데로, 상고와 답보에서 이상과 발전으로, 허위와 가식에서 진실함과 솔직함으로 그의 사회에 대한 웅지를 실현하려 했다"고 했다.

국문학자 정주동은 『홍길동전 연구』에서 "허균의 시대는 서구에서는 중세기의 절대 권위주의에서 벗어나 휴머니즘을 배경으로 한 문예부흥과 종교개혁이 이루어진 때였다. 이조의 절대의 권위 앞에 용감히 도전한 인간주의자 허균의 마음엔 의식적이든 무의식적이든 위대한 근대성이 싹트고 있었고 이 사상은 그대로 박연암으로, 개화기로 그 계보를 전하는 것이다"라고 했다.

국문학자 김태준은 『조선소설사』에서 "평민적인 태도로써 대중의 지도자가 되어 대중을 위하며 싸우고자 함이니 귀족, 부호, 자칭 양반들은 모두 허균의 적이었고 균의 목표는 대중 옹호와 사회 혁명이었다"라고 했다.

국문학자 김동욱은 「허균론」에서 "그는 성실한 인간이었다고 볼 수 있다. 그가 예교에 어긋난 일을 한 것은 사실이라고 하더라도 겉으로 점잔을 빼고 뒤에 가서 패려한 짓을 많이 하는 사람들 사이에 끼어서 자기의 생각한 바를 솔직히 기록하고 자기 신념에 투철할 수 있었다는 것은 그가 그만큼 자아의식이 강했다고 볼 수 있는 것이다"라고 했다.

국문학자 박성의는 『한국고대소설사』에서 "허균은 새로운 이상 사회를 동경하면서 자기의 품은 계획을 실천에 옮겼다. 그러한 허균의 행동은 완고하기 비길 데 없는 당시의 한학 샌님들에게 일종의 괴물 같은 느낌을 주었던 것 같다"고 했다.

국문학자 김기동은 『이조시대 소설론』에서 "그는 당시의 정치현실에서는 역신이었고 시대의 반역아였지만 불의를 보면 피가 끓어오르고 불우한 사람을 보면 동정에 넘치는 다정하고 감상적인 시인이었으며, 사회제도의 모순과 정치의 부패상을 통타하려는 경세가요, 사상가였음을 알 수 있다"고 했다.

현대의 학자들은 더욱 찬사를 아끼지 않는다.

허균과 허난설헌 연구자인 장정룡(강릉원주대 교수), 허경진(연세대 교수), 김준형(부산대 교수), 김탁환(소설가, 전 KAIST 문화기술대학원 교수) 등은 허균을 진취적 · 창의적인 시인이요 문인이자 선진적 · 진보적인 사상가요 행동가로 평가하고 있다. 물론 지나치게 영웅화하는 평가기준에 빠진 것은 아니다. 현대에 들어 허균의 참 모습을 찾은 것이리라. 현대 학자들의 이런 칭찬은 김태준을 비롯해 끊임없이 나왔으며, 그를 깎아내리려는 학자들도 그에게 개혁가의 모습이 있음을 부정하지 않았다. 이능우 같은 사람들이 조선조의 기록을 중심으로 허균을 부정적으로 평가하고 있기도 하지만, 그것은 『왕조실록』 또는 정치적인 반대파나 유학자의 평가에만 의지하여 본 견해여서 이렇다 할 설득력을 갖지 못한다.

오늘날 허균은 혁명가 · 개혁가 그리고 선구자로서 높이 평가된다. 이렇게 시대에 따라 평가가 서로 다르게 내려지는 것은 그의 사람됨이나 사상이 다양함을 말해준다.

한 가지 더 말해두면, 허균은 중국 명나라의 이탁오(李卓吾, 이름은 贄)와 비슷한 점이 많다. 정의를 동경하고 기이한 행동을 하는 데에서 그러하다. 이탁오는 명나라 사람으로 벼슬을 버리고 시골에 묻혀 살면서 불교를 높이 받들었으며 양명학에 심취하여 공자와 맹자를 여지없이 낮추어 보았다. 그는 끝내 이런 일로 하여 탄핵을 받아 감옥에서 죽으면서도 당당하게 살았다. 허균은 중국에 몇 차례 다녀오면서 이탁오의 글들을 얻어 본 것으로 전해진다.

이러한 점을 감안하여 오늘의 우리는 그에 대한 위와 같은 평가를 음미해야 할 것이다.

나는 여기에서 그가 바람직한 사람이라고 선을 그어 성급하게 결론 내리고 싶지는 않다. 다만 이와 같은 여러 관점이 있음을 알리고, 허균이 본디 지니고 있는 것들을 그대로 소개하고 정리함으로써 독자의 이해를 도울 따름이다.

오늘날 허균이 태어나거나 살았던 강릉에는 허균 · 허난설헌의 여러 유적과 자취를 찾을 수 있으며 곳곳에 시비도 세워두었고 그의 가족이 살았다고 전해지는 초당에는 기념관을 세워서 해마다 축제를 벌이기도 한다. 대중화의 한 모습이다.

다음으로 허균의 성격과 대인관계를 짐작하게 하는 자화상의 의미를 지닌 글을 소개한다.

「나를 나무라지 마라」[33]는 물음에 답하는 형식을 빌려 자기 얘기를 하는 글이고, 「남들이 더러운 방이라 하나」[34]는 자기 스스로를 일깨우려고 쓴 글이다.

◎「나를 나무라지 마라」

좋은 풍채에 갓을 쓴 사람이 와서
나를 꾸짖는다.
그대는 문장이 뛰어나고
벼슬이 아주 높아서
높은 갓을 쓰고 넓은 띠를 두르고
임금행차 모실 적에
따르는 자가 구름처럼 옹위하고
큰 거리에서 인도하며 뽐냈네.
마땅히 사귈 적에는
높은 벼슬아치들과 한 무리가 되어
서로 찾아오고 찾아다니며
그들과 나라 일을 함께 짰네.
하루아침에 권세를 휘어잡아서
부엌이나 곳간에 물건을 그득히 쌓아놓을 수 있건만
어찌하여 조정에서 물러나올 적에는
숙맥같이 입을 다무느뇨.
현달한 이가 찾아오는 법이 없으며
괴상망측한 사람들과 어울려 다니는가?
그들 중에는 얼굴이 검은 사람도 있고
수염이 붉은 사람도 있네.
수염이 붉은 사람은 혓바닥으로 희롱도 하고

얼굴이 검은 사람은 술병을 차고 오네.
키가 작달막한 사내는
코가 여우 코 같구나.
애꾸눈도 있고
눈썹이 붉은 이도 있네.
이들과 날마다 별당에서 떠들고
시끄럽게 노래 부르고
삼라만상을 아로새기며
그 스스로를 즐거워하네.
미워하는 사람들이 숲과 같이 많고
등을 돌리는 선비들이 헤아릴 수도 없이 많네.
마땅하다, 그대 몸
진흙길에 내동댕이쳐진 신세이거늘
어째서 이런 무리들을 쫓아보내고
중요한 지위에 있는 인사들과 사귀지 않는가?
내가 말했네, 아니다, 아니고말고
그대가 말한 것은 잘못된 것이네.
나의 성품이 더럽고 옹졸하고
엉성하고 거칠어서
기교를 부릴 줄도 모르고
아첨하지도 못하네.
하나라도 마음에 맞지 않으면

잠시도 참지 못하고,
이야기가 남을 칭찬하는 데에 미치면
입이 머뭇거려지고,
발이 권세 있는 집의 대문에 이르면
발꿈치가 갑자기 쑤신다네.
높은 사람에게 절하려면
몸이 기둥처럼 뻣뻣해진다네.
이런 떨떠름한 모습으로
높은 사람들을 뵈오니
보는 이들이 금방 나를 미워해서
목이라도 자르고 싶겠지.
어찌할 수가 없어서
저 강호에나 가서 살려고 생각했는데,
가난이 무서워 녹이나 조금 받기 위하여
물러가려고 하여도 주저된다오.
저 두세 사람은
속된 예의에 구애를 받지 아니하고,
내 잔재주를 좋아하는데
더러는 내 꾸밈없는 행동을 아껴준다네.
흔들거리며 나에게 와서
내 술로 취하기도 하고
서로서로 부르기도 한다네.

누가 먼저 시를 짓고 이에 화답하면
구절이 구슬과 같다네.
썩 좋은 옥돌이며 아름다운 산호라
스스로의 보배로움을 보배로 여김이요,
팔리기를 기다리지 아니한다네.
옛날의 좋은 시와 벗을 삼기도 하고
세상의 글을 종처럼 부리면서
큰 사업이라고 뽐내며
온 천하를 쥐구멍만하게 여긴다네.
벼슬할 적에는 술수를 부리지 않고
제 멋에 겨워 살아오면서
하늘이 준 대로 좇다보니
허리가 구부정한 나이가 되었네.
권세와 이익을 얻으려고 사귀는 것은
시세에 따라 틀림없이 변하는 것인데,
이 사귐이 변치 않는 것은
굳게 맺은 우정 때문이라네.
제 뜻대로 만족함을 얻을 적엔
기뻐 날뛰고 즐거워하면서
자신이 있는 줄조차 알지 못하고
잠자고 밥 먹는 일조차 잊어버리니
높은 벼슬 따위야 안중에도 없다네.

저 귀한 자들은 울긋불긋한 옷을 입고
옷자락을 길게 늘어뜨리고
쨍그랑쨍그랑 소리를 내는 옥을 차고서
계집들이나 기쁘게 하지만,
세상을 등진 이 사람들은
스스로 즐거우면 그만이지
풍악이나 계집을 탐내지 않고
사지가 찢겨 죽는 것을 두려워하지 않는다네.
세상을 등지거나 멋대로 산 옛 시인이나 본받으면서
이들과 같기나 바라지,
세상이 어떻게 돌아가는지에는
마음조차 두지 않는다네.
여러 사람이 좋아하는 것을 나쁘다고 하고
여러 사람이 치켜세우는 것을 더럽다고 하니
이것을 사람들이 병든 풍습이라 말하지만
나는 이런 막돼먹은 것을 좋아한다네.
이런 것들로 말미암아 내 몸은
늘 중한 허물에 빠졌다네.
설령 이런 사귐을 끊기보다는
몸이 곤궁해지는 것이 낫지.
세상인심은 날카롭게 번득이고
세상살이 길은 기구하여

터럭 끝을 물고 늘어지고
조그마한 이해라도 따지고 든다네
이런 일에 나는 맞지 않아
참으로 믿기가 어렵다네.
그대의 말이 옳기는 하나
그 노둔을 살피지 못하였고,
사람을 아껴주기는 하나
덕으로 대해주지는 아니하였네.
나를 나무라던 사람이 말하였다네
그럴듯하다, 내가 참으로 잘 몰랐다
그대가 따져 말하는 것을 들으니
마치 유명한 무당을 본 듯하네.
그대가 그런 벗을 사귀는 것은 잘하는 일이요
그대의 말은 거짓이 아니네.
나의 말은 실수였고
나는 정말로 소인 선비였네.
그가 말을 마치고 물러가니
걸음걸이가 시원스러웠다네.

◎「남들이 더러운 방이라 하나」
남쪽으로 창문 두 짝이 열려 있는
손바닥만한 방 안에

한낮의 햇볕이 내리쬐
밝고도 따뜻하여라.
집에 벽은 세워두었으나
책만은 고루고루 그득한데
낡은 잠방이 하나 입은 이 몸
예전 술 파는 탁문군(卓文君)의 짝이 되었다네.[35]
차 반 종발을 마시고
향 한 가닥 피워놓으며
벼슬 버리고 묻혀 살면서
천지 고금을 멋대로 가늠하노라.
사람들은 더러운 방이라 하여
거처할 수가 없다고 하지만
내 한번 빙 둘러보니
바로 신선의 나라가 여기로구려.
내 마음과 몸이 편안하고 고요한데
그 누가 더럽다고 하는가?
내가 더럽다 여기는 것은
몸과 명예가 썩어버린 것이니
옛 현인도 지게문을 쑥대로 엮어 살았고
옛 시인도 떼담 집에 살았다네.[36]
군자가 살고 있으니
더러운들 어떠하리.

3장

허균이 생각하는 정치

— 개혁과 역적

오늘날 허균의 사상 중에서 제대로 평가되지 않은 부분은 정치관이다. 허균의 사상에서 가장 중요한 줄기를 이루고 있는 정치관이 아직까지 정리가 되지 않은 것은 조선조의 사관과 유학자 등의 편견 때문이라고 할 수가 있다. 허균의 정치사상은 이념개혁, 내정개혁, 국방정책의 강화, 신분계급의 타파로 간추릴 수 있다. 이제 여기서는 허균이 쓴 글을 중심으로 그의 정치사상을 살펴보자. 하지만 여기에서 정리한 내용은 허균의 정치관의 한 단면만을 보여준다고 할 수 있겠다. 그의 글이 많이 유실되었기 때문이다.

여러 정책에 대해 스스로 이론을 내놓는 것은 '논'이요, 이런 정책 내용을 왕에게 아뢰는 것은 '책'이라 한다. 허균이 남긴 것은 '논'만 있고 '책'은 없을 뿐만 아니라, 상소나 차자 같은 것도 보이지 않는다. 자기가 직접 모아놓은 '논' 말고는 모두 없어졌거나 없애버린 탓으로 보인다. 이 '논'은 허균의 개인 문집인 『성소부부고』에 실려 있다.

호민의 혁명이론

허균은 정치의 모든 궁극적 책임을 최고 통치자인 임금에게 돌리고 있다. 그는 참과 거짓, 공과 사, 시와 비를 가리는 "모든 기틀은 어디에 있는가? 그것은 임금 한 몸에 있다"[37]고 했고, "나라를 스스로 강하게 하는 것은 오직 임금에게 달려 있을 뿐이다"[38]라고 했다. 또 맨 마지막에 가서는 임금이 "밝음으로 아랫사람을 살피고 믿음으로 신하에게 맡긴다는 두 가지만을 잘하면 모든 일이 잘될 수 있는데 그 결과는 굳은 의지와 결단에서 나올 뿐이다"[39]라고 했다. 다시 말하자면 이는 전제군주 치하에서의 통치철학의 본질을 밝힌 것으로, 책임의 소재를 분명히 하고 있다.

그는 또 "저 고관대작들은 관복이나 늘어뜨리고 옥이나 차고서 '우리 남편, 우리 아버지 높은 벼슬하시네' 하는 따위로 부녀자들이나 기쁘게 하는 일을 한다"[40]고 했다. 이는 벼슬은 출세의 도구가 아니라는 함의(含意)를 담고 있다.

아무튼 이는 첫째로 위정은 자기의 안일을 위해서 하는 것이 아님을 말한 것이요, 둘째로 옳지 못한 정치세력과 맞서야 할 때에 자기의 목숨을 아끼는 사람은 이미 정치가로서의 일차적인 책무를 저버린 것임을 천명한 말이다. 대체로 이런 기본 정치관을 지닌 허균의 혁명이론은 저항하는 정치가로서, 민중의 지도자로서, 개혁의 선도자로서 '호민'(豪民)[41]을 내세우고 있다.

허균은 「호민론」에서 호민의 성격을 밝히고 있다. 그는 한 사회나 나라의 여러 모순과 부조리와 부패세력을 없애려면 반드시 지도자가 있어야 한다고 보았고, 잠자는 민중을 이끌고 나가는 지도자를 '호민'이라 했다.

「호민론」은 "천하에서 가장 두려운 존재는 오직 민중뿐이다"로 시작함으로써, 이 이론이 민중에 바탕을 두었음을 밝힌다. 다시 말해서 정치의 대상으로 민중을 가장 높은 자리에 놓고 이것을 주종관계로 설명하면, 통치자나 관료계급은 정책을 세우고 또 그 정책을 시행하기는 하지만 주인은 어디까지나 그들이 아니라 민중이고, 위정자는 종이라는 것이다. 그런데도 어찌 종이 주인을 천대하고 혹사하면서 그 주인의 권리를 짓밟을 수가 있겠느냐고 지적한다.

허균은 「호민론」에서 민중을 '호민', '원민'(怨民),[42] '항민'(恒民)[43]의 세 갈래로 나누고 그들의 상이한 정치성향 또는 현실성향을 분석했다.

항민은 무식하고 천하며, 자기의 권리나 이익을 주장할 의식이나 지식이 없는 우둔한 민중이다. 욕심 많고 포악한 위정자의 처지에서 볼 때에 이들이야말로 가장 좋은 수탈의 대상이다. 다시 말해서 항민은 스스로 내적인 관련도 없고 집단적이고 인간적인 통일 원리도 없는 가장 밑바닥의 의식 수준에서 사는 집단이다.

이와 달리 원민은 수탈당하는 계급이라는 점에서 항민과 마찬가지이지만 항민과는 달리 '왜 나는 압박을 받아야 하는가' 또는 '갈취를 당해야 하는가' 하는 의문을 품고 스스로의 처지가 부당하다는 것을 깨닫는 무리이다. 그러나 이들도 역시 나약해서 행동이 따르지 않으므로 스스로의 사고와 의지가 겉으로 나타나지 않고 행동으로 이어지지 않는다.

아는 것은 아는 것에만 그치고, '내 복이 이것뿐이겠지' 또는 '팔자소관이겠지' 하는 운명론으로 흘러가고 만다. 그래서 기껏해야 불평세력으로만 잠재해 있다. 이들은 말하자면 오늘날의 소시민이나 자기의 안일만을 찾는 나약한 지식인에 견주어진다.

호민은 어떠한가? 호민은 영웅적인 유형을 뜻한다. 시대의 사명을 스스로 깨달아서 남과 사회와 국가를 나와 관계지을 줄 알고 자기가 받는 부당한 대우나 사회의 부조리에 도전하는 무리이다. 자기의 권익과 함께 남의 권익을 위해서 조직력과 행동력, 그리고 지도자로서의 자질을 갖추고 앞장서는 것이다. 이들은 비겁하지도 않고 나약하지도 않으며 자기의 신념을 지향하면서도 사회개조를 지향한다. 그들은 본질적으로 인간주의자이고 사회 속에 있으면서 그 사회질서를 밑바탕에서부터 파괴하려는 불순한 세력들에 저항하는 혁명가이다. 그렇기에 호민은 잠적해 있다가 결정적인 때를 타서 자기들의 혁명의지를 실현하고 원민을 선동한다. 이때에 원민은 호민의 좋은 협조자가 되며, 항민 또한 막연하나마 그들을 따르는 세력이 된다.

항민은 본능 속에 살고 사물을 분별하는 능력이 모자라기 때문에 이들에겐 바른 지도자가 필요하며, 또 바른 정치와 제도 아래에서만 살아남을 수 있다. 이들은 자기의 농토와 자식 그리고 고향을 잃지 않으려고, 또 지금의 생존조건을 파괴하지 않으려고 포악한 위정자 밑에서도 충성하고 다른 세력이 나타나도 좀더 나을까 해서 거기에 호응한다. 이들은 '내가 무엇을 주고 무엇을 얻었는가' 또는 '얼마나 큰 것을 주었고 얼마나 작은 것을 얻었는가'를 가늠할 줄 모른다. 이들은 가장 낮은 의식 수준을 갖고 사는 부류이다.

원민은 분별력이나 판단력을 가지고 있어서 적과 동지를 구별할 줄 알고 착취자에게 복수심을 지니고 있다. 다만 게으르고 이기적이고 용기가 없어서 속마음을 겉으로 드러내지 못하고 직접 행동으로 옮기지 못할 따름이다. 가진 것을 잃지 않을지 우물쭈물하면서 고민을 거듭한다. 그러나 바깥에서 어떤 충동만 주어지면 언제든지 행동할 수 있는 외부 지향성을 지니고 있다.

이와는 반대로 호민은 원민과 항민을 위해서 그들을 부추기고 그들의 행동을 촉구한다. 호민은 원민과 항민이 의식하거나 의식하지 않거나 간에 자기들에게 맡겨진 소임을 받들어 들고일어난다.

그런 호민으로 허균은 진나라가 망할 때의 진승과 오광, 한나라가 어지러울 때의 황건적(黃巾賊),[44] 당나라 말기의 왕선지, 황소 등을 들었다. 이들은 사회에 혼란과 폭정이 있을 때에 민중을 위해서 이상국가를 세운다고 들고일어난 중국의 반란세력 또는 의적들이다. 이들의 목적은 기득권을 거머쥔 착취세력을 없애고 부패한 정권을 무너뜨리는 데에 있었다. 그런가 하면 어지러운 때를 틈타 왕이 되려는 세력이기도 했다.

허균은 자기 시대의 나라 현실을 진나라, 한나라, 당나라가 망할 때와 같은 말기로 보았고, 민중을 아낄 줄 모르고 폭정을 일삼는 놈들이 바로 당시의 지배계층이라고 보았다.[45] 이어 허균은 '우리나라는 땅이 좁고 인구가 적고 백성이 게으르고 통이 좁아서 호민세력이 자주 나타나지 않았다'고 했다. 그래서 정치가 어지러울 때에 호민이 나라의 걱정거리가 된 적은 역사에서 드물었다는 것이다. 그러나 다음과 같은 말로 위정자에게 경고한다.

> 불행하게도 진훤(甄萱, '견훤'은 잘못된 표기)과 궁예 같은 사람이 아조(我朝, 우리 조정)에서도 있었던 적이 있으므로 이와 같은 사람이 나와서 백성을 충동질하면 근심과 원망에 가득 찬 백성들이 들고일어나지 않으리라고 장담할 수 없는 일이며 바로 눈앞에 있는지도 모를 일이다.

이러한 호민에 대해 박종홍은 다음과 같이 썼다.

> 과연 홍길동같이 눈에 띄지 않는 숨은 불평객으로서의 '호민'이 가장 무서운 존재라고 함이 짐작되거니와 허균에게는 그 시대에 대한 반역적인 불길이 속으로 타고 있었다고 하겠다.[46]

박종홍은 호민이론을 허균의 개혁의지와 함께 평등하고 자유로운 생활을 위한 허균의 민권사상의 표현으로 보았다.

또 윤태림은 다음과 같은 의견을 폈다.

> 호민은 현재의 지식인 · 지성인이라 할 수 있다. 그들은 권력도 금력도 무서워하지 않는 존재요, 사리를 바르게 판단하고 검은 것은 검다 하고 흰 것은 희다고 할 수 있는 존재요, 남에 의해서 그 의사를 매수당

할 염려가 없는 사람이다.[47]

윤태림은 허균을 전제군주 시대인 17세기 초에 민권을 부르짖는 탁견을 내놓은 인물로 보았다. 또 허균이 서민을 누구보다도 중하게 여기고 사랑했으므로 이 이론이 나왔다고 보았다.

어쨌든 「호민론」에서 허균이 내놓은 것은 백성을 위해서 군주와 집권자가 있는 것이지 군주 개인이나 집권세력을 위해서 백성이 있는 것이 아니라는 것, 착취당하는 계급은 언젠가는 반드시 모순된 정치제도와 정치현실을 개혁하려고 일어난다는 것, 그리고 얼핏 보기에 민중은 무기력하고 우매한 것 같지만 때를 만나면 저항세력이 된다는 것으로 간추릴 수가 있다.

그러면 이상적인 혁명가로 불리는 호민의 구체적인 모습은 어떤 것일까? 조심스럽기는 하나 홍길동 같은 인물로 표현된다고 보아도 괜찮다.

허균의 사회혁명 소설인 『홍길동전』의 주인공 홍길동은 크게 두 가지의 모순된 현실에 불만을 느낀다. 하나는 첩의 자식이어서 집안에서는 호부호형(呼父呼兄)[48]을 못하고 사회에서는 벼슬길이 막힌 것이다. 또 하나는 개인에게 씌워진 불만과 함께 관권이 부패하고 착취를 일삼는 가운데 토호가 날뛰므로써 비참해진 민중생활이나 인권에 대한 공적인 울분이다. 신분과 사회에 관련된 이런 불만을 품은 홍길동은 남몰래 딴 마음을 품고서 자취를 감춘다. 그러고선 도둑의 우두머리가 된다. 홍길동은 자기 자신은 말할 것도 없고 졸개들에게 무예를 익히게 하고 병서를 해득케 한다. 얼마쯤 힘을 기른 홍길동은 무위도식하는 무리요 토호라 할 수 있는 합천 해인사와 가렴주구를 일삼는 함경도 감영 같은 곳의 재산을 빼앗는다. 그리고 이 빼앗은 재산을 착취의 대상인 가난한 백성들에게 나누어준다. 그는 정당한 정부기관의 재산이나 양민의 재산에는 조금도 손을 대지 않는 이른바 의적이었다.

그는 서자였지만 끝내 모순된 제도에 저항하여 병조판서 벼슬을 받는다. 그러나 본디 벼슬을 하는 데에 뜻이 있지 않았고, 잘못된 제도를 고치려 들었기 때문에 서자에게도 벼슬을 주는 본보기를 만들고선 신분의 차이와 가렴주구와 부패가 없는 이상국가를 세우려고 떠난다.

여기에서 홍길동에게는 호민의 모습이 뚜렷이 보인다. 나라에 서류라도 능력에 따라 골라 쓰라는 경고를 한 점에서 그러하고, 혁명가의 요건을 충분히 지닌 홍길동이 관권이나 기성 세력의 법질서에 영합하지 않고 폭력의 방법 곧 실력으로 맞붙어 싸워 승리한 점에서 그러하다. 홍길동은 복종만을 강요하는 봉건사회에서 그 제도의 모순과 부조리를 폭로하고 부패세력을 규탄하여 베어버린 호민, 곧 혁명가였다.

홍길동을 호민이라 할 때에 착취에 울고 부패한 관권에 억눌림을 당하다가 그의 지휘 아래로 모여든 도둑들은 원민에 속한다. 이 원민은 호민의 좋은 협조자가 되었을 뿐만 아니라, 호민이 빈민을 구제하고 썩은 관료계급을 베어버리고 토호가 날뛰는 것을 막는 의로운 일을 할 때에 좋은 동조자가 되었다. 그리고 양민이나 빈민 등은 조직력과 용기가 모자라고 의식 수준이 낮아서 곧바로 행동에 뛰어들지는 않지만, 그들의 의로운 행동과 자비로운 구제에 박수를 보내고 고마움을 느끼는 항민이었다. 이들 원민과 항민 등은 끝내 그들을 착취하거나 억누르는 세력이 없는 이상국가 '율도국'의 국민으로 형상화된다. 이처럼 홍길동은 호민이었고 개혁 의지를 실현한 인물이었지만, 노비까지 포함하는 완전한 계급 해방을 주창하지는 않고 부분적인 개혁을 꾀했다. 곧 썩어빠진 관권은 타도했으나 통치체제인 왕권 자체는 뒤엎으려 하지 않았다는 약점을 안고 있다. 따라서 오늘날의 혁명이념과는 그 개념이 다른 것임을 알 수 있다.

그런데 『홍길동전』의 소재가 되었다는 칠서들의 행적도 호민과 비슷하다. 칠서들이 현실개혁에 뜻을 품기 시작한 직접적인 동기는 1608년, 곧 광해군이 왕위에 오른 해에 그들의 서얼허통의 요구가 묵살된 데에 있다. 광해군도 후궁의 몸에서 태어났으나 완고한 서얼금고를 마음대로 풀어줄 수 없었다.

서양갑을 중심으로 한 서류들은 조일전쟁 후에 서얼금고가 더욱더 가혹해지자 서얼허통을 요구하는 상소를 올렸다. 그때까지 서얼들을 동정하거나 가혹한 신분제도의 잘못됨을 파악한 사람들이 서얼허통을 내놓은 적은 있었으나 서얼들이 스스로 그렇게 한 것은 이들의 연명 상소가 처음이었다.

이 요구가 묵살되자 서양갑, 이경준, 심우영, 박응서, 이재영 등은 신분제도를 깨버리는 것은 오직 힘으로써만 가능하다고 판단했다. 모든 서얼들의 울분을 대표하여 이를 개혁하는 것은 의로운 일이라고 스스로 믿으면서 힘을 모아 모반을 일으키려고 했다. 그래서 여강(남한강) 가에 굴을 파고서 그곳을 본거지로 삼고 날마다 병서를 읽는가 하면 양곡과 병기를 저장하기에 온 힘을 썼다. 그들은 재정을 튼튼히 하려고 소금 장사를 하기도 하고, 염전을 일구기도 하고, 도둑질도 서슴없이 했다. 한편으로는 자기들을 동정하는 세력이나 자기들과 같이 현실에 불만이 가득 찬 무사나 구실아치 등과 남몰래 통하며 동조를 얻는 데에 힘을 기울였다. 이들은 서양갑을 우두머리로 하고 종성판관인 정협, 수문장이었던 박종인, 무사로 떠돌던 유인발 등을 행동의 주축으로 삼아 거사할 때를 노렸다.

마침 선조가 죽고 나서 명나라의 사신이 왔을 때에 첫 거사를 꾀했다. 서양갑과 허홍인이 명나라의 사신을 활로 쏜 뒤에 어지러운 틈을 타서 일대 변란을 일으키려 했다. 그러나 경비가 너무 삼엄하여 실패했다.

그 다음 김직재의 변고(대북파를 제거하려는 옥사)가 일어났을 때에 소북파 백여 명이 연루되자, 이경준이 앞장서서 거사에 나서려고 했다. 이때에 이경준은 홍의문에서 수문장을 호령하여 사대문에 격문을 붙이고 민심을 선동하여 군사를 일으키려 했다. 그러나 김직재의 변고가 생각했던 것보다 요란하고 빨리 끝났을 뿐만 아니라 경비가 삼엄하여 또 한 번 다음 기회로 미루게 되었다. 다음으로 무사 삼백 명쯤이 한밤을 틈타서 궁궐 안으로 쳐들어가고 한쪽에선 뇌물을 써서 궁 안의 하급관리를 온통 자기네 패거리로 바꾼 뒤에 이어서 대궐을 쳐 왕을 몰아낸다는 계획을 세우고 거사 날짜만을 노리고 있었다. 그러나 이때에 자금을 더 확보하려고 박응서가 문경새재에서 은상을 털다가 잡히고, 이어 박응서가 이이첨의 꾐에 빠져 모든 사실을 털어놓음으로써 이 계획은 탄로 났고, 칠서들과 그의 동조자들은 붙잡혔다.

서양갑은 큰 포부를 지닌 인물이었다. 그는 스스로 '세상을 뒤엎을 만한 영웅'이라고 여겼으며, 자기의 동지들에게 "남아가 죽지 않으면 다행이지만 죽는다 해도 큰 이름을 떨칠 따름이다"라고 말했다 한다. 그는 양반의 서자로서 서얼금고에 대해 늘 불만과 한을 품고 있었다. 그의 동지들, 곧 칠서들도 서양갑과 같은 처지에서 뜻을 같이했다. 서양갑은 뛰어난 지도력과 설득력을 가지고 모순에 찬 현실을 개혁하려 했다.

따라서 이런 서양갑과 그 패거리는 호민이 되고, 이들에게 포섭되어 동조하는 세력으로서 불우하고 현실에 대한 불만으로 가득 찬 무사와 구실아치 계급은 원민이 된다. 이들 불평세력을 허균은 동정하고 도와주었다고 한다. 1602년에 서양갑에게 보낸 편지인 듯한 글에서 "그대는 훌륭한 재주를 지니고도 나라의 법에 얽매여 포부를 펴보지 못하고 하찮은 월급을 받는 일이나 해주면서 떠돈다"고 했다. 또 이런 시도 있다.

제강공자(霽江公子)는 자하의 신선이라
이별 후 편지 소식 양쪽이 서로 아득했네.
지난해의 오늘 달밤을 생각하니
눈 속에서 말 나란히 하여 할미샘을 찾았다오.[49]

이런 마음에서 서양갑에겐 '석선'이라는 호를 지어주었으며, 또 이들과 늘 사귀면서 현실개혁을 토론하고 이들을 돕고 이론의 뒷받침을 해주었다. 그뿐 아니라 이경준에게는 '진룡미기 가호선명'(眞龍未起 假虎先鳴)[50]이라는 내용이 담긴 격문도 지어주었다고 한다.

이런 것으로 보아 홍길동이나 서양갑만이 호민이 아니라 허균 자신 역시 호민인지도 모른다. 그것은 허균이 칠서들을 도운 일에서뿐만 아니라, 그가 역적으로 몰려 죽을 때의 정황을 살펴보면 충분히 이해할 수가 있다.

허균은 모사를 일으킬 때에 낮은 계급의 불우한 사람들, 곧 미관말직, 아전, 서얼, 승려, 종 등을 제 손에 넣었다. 그들은 김개, 하인준, 김윤황 같은 사람들이었다. 또 앞장서서 일하는 행동대는 모두 무사와 승려 등이었다. 그때에 하급 무사는 능력이 있거나 없거나 결코 높은 벼슬을 얻을 수 없었고, 기껏해야 양반계급이나 관아의 심부름꾼에 지나지 않았다. 또 승려들은 유교를 숭상하고 불교를 억압하는 정책으로 말미암아 비록 조일전쟁 때에는 큰 공을 세웠지만 나라에 성을 쌓는 일 따위의 역사가 있을 적에는 어김없이 동원되었고, 도성도 마음대로 드나들지 못하는 등 억눌림을 받는 계급이었다. 허균은 현실개혁의 봉화를 들면서 이들을 선동하고 활용했다. 그리고 모사가 성공하면 이들에게 신분의 제약을 풀어줌은 말할 것도 없고, 높은 벼슬자리도 주겠다고 약속했을 것은 충분히 짐작되고도 남는다.

허균과 거의 같은 시대에 살다 간 프랑스의 장 보댕은 정치변화의 과정으로서 개혁과 혁명을 나누어 보았다. 이 이론은 그가 지은 『국가론』에서 맨 처음으로 나왔는데, 국체의 변혁을 혁명이라 말하고 정체의 변혁을 개혁이라고 했다. 다시 말해서 국체는 국가와 주권의 소재에 관한 정치권력 조직의 특성을 말하며, 정체는 이것과 관련이 없는 범위 안에서의 국가 조직의 특성을 말한다. 그러므로 혁명은 국가 주권의 소재에 변경이 생기는 것을 말하고, 개혁은 국가 주권의 소재에는 변동이 없고 다만 그 작동에서 변동이 있는 것을 말한다.

이 이론은 동양에서도 그 원칙적인 개념이 같다. 그것은 『주역』의 '탕무혁명'(湯武革命)이란 구절에서 나타난다. 중국에서 맨 처음으로 국가 주권의 소재를 바꾼 것은 고대 은나라의 탕왕과 주나라의 무왕이었다. 이 두 왕은 포악한 걸과 주를 치고서 역성혁명에 성공했다. 곧 이 혁명은 천명을 혁신한다는 뜻이다. 이 이론은 중국의 여러 고전에 등장한다. 우리나라에서도 중국의 이 천명혁신의 이론이 그대로 받아들여졌다. 그래서 고려나 조선이 세워지는 것은 혁명의 범주에 들고, 수많은 찬탈과 반정은 개혁이 된다. 이 '탕무혁명'을 정체까지 바꾼 것으로 이해하며 근대적 혁명 이론에 근접한 논리를 편 것은 정약용이었다. 정약용은 탕무혁명론을 민중의 의사에 따른 혁명으로 보았고, 우리나라에도 일어날 수 있다는 의미를 풍겼다. 어쨌든 동양의 혁명은 구체적으로는 국민 주권 이론과는 조금 다른 해석이다.

이에 비추어 볼 때에 허균이 「호민론」에서 호민을 왕건이나 이성계로 일컫지 않고 진훤이나 궁예에 견주고, 한 고조나 당 태종으로 일컫지 않고 황건적이나 황소라고 본 점에서 호민을 개혁가이기는 하나 창업주로는 보지 않았다고 할 수 있다. 이것이 호민이 지닌 성격의 한계이다. 그러나 그때에 왕을 대상으로 하여 이론을 펴는 것은 죽음과 직접 관련되기 때문에 은폐하는 수법으로 그 뜻을 전달하고 있다고 볼 수도 있다.

여기에 곁들여 말할 것은 이와 밀접한 관련이 있는 이른바 정통론이다. 동양에서 이 정통성 문제는 천명사상에서 나왔다. 천자는 하늘의 명을 받아 나왔음을 뜻한다. 그러면 하늘의 명을 받은 자는 누구이며 하늘의 명을 받지 못한 자는 누구인가? 구체적으로 말하면 은의 탕왕이나 주의 무왕은 천명을 받은 제왕이요, 하의 걸 임금이나 은의 주 임금은 천명을 받지 못한 제왕이다. 거기에서는 백성을 덕으로 다스리느냐 다스리지 못하느냐가 갈림길이 된다. 맹자는 또 걸 임금과 주 임금은 필부라고 갈파했다. 필부를 추방하는 것은 천명을 거스르는 것이 아니라 오히려 천명을 받드는 것이 된다고 했다. 유교정치에서 덕은 제왕의 첫째가는 요건이고, 따라서 정통을 받은 제왕은 둘이 아니고 하나이다.

이에 대해 소식은 『정통론』에서 다음과 같이 썼다.

> '정'(正)이란 천하의 바르지 못한 것을 바르게 하는 것이요, '통'(統)이란 천하가 하나로 되지 못한 것을 하나로 합하는 것이다. 불행히도 천자의 실상은 있으면서 그 직위는 없거나 천자의 이름은 있으면서 그 덕망이 없는 두 사람이 천하에 함께 서 있다면 천하가 어떻게 바루어질 것이며 어떻게 하나가 되겠는가?

이것은 『춘추좌씨전』에 있는 말을 인용하며 풀이한 것인데, 『정통론』은 중국에서 한나라 초부터 송나라 때에 이르기까지 많은 논쟁을 불러일으켰다. 그리하여 중국의 요와 순, 수와 당 등을 정통으로 보고 스스로 제왕이라 일컬으면서 제멋대로들 날뛰었던 남 · 북조시대와 삼국시대를 정통에서 빼버렸다.

이런 경향은 우리나라에서도 비슷했다. 유가 사학자들은 신라와 그 뒤를 이은 고려와 조선은 정통으로 보고, 고구려와 백제 그리고 발해는 이 정통에서 빼버렸다. 이것은 김부식 같은 사대사관에 젖은 사가들에게서 영향을 많이 받았음을 알 수 있다. 쉽게 말해서 합법성을 어떻게 인정받느냐 또는 조작하느냐에 달려 있다고 하겠다. 그러므로 반역도들은 말할 것도 없고 개혁자까지도 그들의 개혁의지의 방향에 관계없이 이 정통성의 언저리에서 추방되어왔다. 그들이 바로 황소나 궁예 같은 인물이었다.

허균도 이 이론을 그대로 받아들이고 있음이 「호민론」에서 드러난다. 다시 부연하면 그는 호민을 한 고조나 고려의 태조로 보지 않고, 황건적이나 진휜으로 보았던 것이다. 여기에서 호민이 지닌 진정한 혁명가로서의 한계성이 나타난다. 그러나 전제군주 시대에 아무리 이치에 맞는 논의라도 왕이 꺼리고 싫어하면 죽음이 따를 수밖에 없었던 것을 헤아리면, 허균이 규정한 '호민'의 한계성도 이해가 될 것이다.

아무튼 호민의 적대세력은 어디까지나 썩어빠진 관권이나 독재 군주이지, 정당한 관권이나 바른 군주는 아니었다. 그 적대세력은 제멋대로 편리한 정치 수단이나 방법으로 민중의 살 길을 위협하고 억누르는 세력들이었다. 그러했으므로 백성을 혹사하고 제 배만을 불리려 하는 세력들에 저항하여 호민이 일어나게 된다.

그러면 바른 군주는 어떤 사람일까? 그것은 국가와 국민을 어떤 대상으로 보느냐에 달려 있다. 오늘날에도 국가와 국민을 실체로 보느냐, 도구로 보느냐에 따라 그 통치자의 성격이 독재자냐 민주정치가냐로 나뉜다. 자기의 권력을 강화하려고 국가와 국민을 적절하게 동원하려는 군주는 국가와 국민을 도구로 보는 것이요, 자기의 권력과는 상관없이 국가와 국민의 원대한 권익을 통치의 궁극 목적으로 삼는 군주는 국가와 국민을 실체로 보는 것이다. 이런 관점에서 호민의 적은 바로 국가와 국민을 도구로 보는 군주나 그 세력들이다. 그러므로 막연하나마 허균이 말하는 호민의 성격은 오늘날 정치가의 유형으로 따져서 '스테이츠먼'에 해당된다고 볼 수가 있다.

다음의 「몽둥이와 쇠스랑을 들고 일어서는 백성들」[51]은 위의 이론을 뭉뚱그려 설명한 글이다.

◎「몽둥이와 쇠스랑을 들고 일어서는 백성들」

천하에서 가장 두려운 것은 오직 백성뿐이다. 백성은 물이나 불 또는 호랑이보다도 더 두려운 것이다. 그런데도 윗자리에 있는 사람들은 제 마음대로 이들 백성을 업신여기고 모질게 부린다. 도대체 어찌하여 그러는가?

무릇 조그마한 일이 이루어진 것을 함께 즐거워하느라 늘 눈앞의 이익에 얽매이고 시키는 대로 따라서 법을 받들고 윗사람의 부림을 받는 자를 항민이라 한다. 이들 항민은 별로 두려운 존재가 아니다.

다음으로, 모질게 빼앗겨서 살이 발리고 뼈가 부서지며 집에 들어온 것이나 땅에서 소출되는 것을 몽땅 빼앗기면서 끝없는 욕심을 채워주느라 걱정하고 탄식한다. 이렇게 윗사람을 탓하는 자는 원민이다. 이 원민들도 반드시 두려운 존재는 아니다.

다음으로, 자기의 모습을 푸줏간에 감추고 다른 마음을 품고서 남몰래 세상 돌아가는 틈새를 눈을 부릅뜨고 흘겨보다가 시대의 변고가 나면 다행히 여겨 자기의 소원을 풀어보려는 자는 호민이다. 무릇 이들 호민이야말로 참으로 두려운 존재이다. 호민은 나라의 틈을 엿보고 형세가 편승할 만하기를 노리다가 팔을 흔들며 들판에 올라서서 한 번 소리를 크게 지른다. 그러면 저 원민들은 소리만 듣고도 모여들어 모의 한 번 하지 않았어도 그들과 같은 소리를 외치기 마련이다. 이에 항민들도 또한 살길을 찾아 호미와 따비와 창자루를 들고 쫓아와서 무도한 놈들을 죽인다.

진나라가 당한 것은 진승과 오광이 있었기 때문이고 한나라가 어지러워진 것도 황건적 때문이었으며 당나라 때에는 왕선지와 황소가 기회를 틈타서 일어났다. 이 때문에 끝내 나라가 망하고야 말았다. 이 모두가 백성을 너무 혹사하고 착취하여 제 배만 불리려고 한 허물에서 생긴 것이고 호민들이 그 틈을 탄 것이다.

무릇 하늘이 사목(司牧)[52]을 세운 것은 백성을 잘 돌보라고 한 것이지 한 사람이 위에서 방자하게 눈을 부릅뜨고서 제 마음대로 메워도 차지 않는 구렁 같은 끝없는 욕심을 채우라고 한 것은 아니다. 이런 짓을 저지른 진나라, 한나라 이래의 여러 나라가 입은 화는 마땅한 결과이지 결코 불행스런 일이 아니다.

이제 우리나라는 그렇지 않다. 중국과 달라서 땅이 넓지 않고 험준하면서 인구도 적다. 또 백성들이 못나고 좀스러워서 기특한 절개와 의협스런 기질이 없다. 그리하여 보통 때에 비록 뛰어난 인재가 나와도 세상에 등용되는 일이 없었다. 하지만 난을 만나서도 호민과 사나운 군사가 졸개를 데리고 난리를 일으켜서 나라의 근심거리가 된 적이 없었으니 그것은 다행이라면 다행이겠다.

그렇더라도 오늘날은 고려시대와는 그 사정이 다르다. 고려 때엔 백성들에게서 받아들이는 것에 한도가 있었고, 모든 이익을 백성과 함께 나누어 가졌다. 장사하는 사람에게는 그 이익을 주고, 공장(工匠)에게도 혜택을 베풀어주고, 또 수입을 헤아려 지출을 하여서 나라가 저축을 할 수가 있었다. 그래서 갑자기 큰 병란이나 국상이 있어도 따로 백성에게서 거두지 않았다. 말기에 와서도 오히려 삼공(三空)[53]을 걱정해 주었다.

오늘의 우리는 그렇지 못하다. 변변치 못한 백성에게 거두어들이는 것으로 제사를 받드는 일이나 윗사람을 섬기는 범절은 중국과 같이 하고 백성들이 세금을 다섯 몫을 내면 공가에 돌아가는 것은 겨우 한 몫쯤이고 그 나머지는 간악한 무리들이 제 배를 채운다. 또 나라에는 모아둔 것이 없어서 나라에 무슨 일이 있으면 한 해에 두 번씩이나 거두어들이고 고을의 원님들은 이를 빙자하여 덧붙여서 키질하듯 빗질하듯 깡그리 긁어간다. 그리하여 백성들의 근심과 원망이 고려 말기보다 훨씬 더 심하다. 이러한데도 윗사람은 마음 편하게 두려움을 알지 못하니 우리나라에는 호민이 없는 탓이다. 불행히도 진훤과 궁예 같은 사람이 나와서 몽둥이를 휘두르면서 민중을 충동질한다면 근심과 원망에 가득 찬 민중들이 어찌 따르지 않는다고 보장할까? 황소의 난 같은 것을 발을 개고 기다릴 수는 있을 것이다.

이런 때에 민중을 다스리는 사람이 이런 두려운 형상을 밝게 알아 느슨한 활시위를 바로잡고 어지러운 수레바퀴 자국을 지운다면[54] 겨우 유지할 수는 있겠다.

민본사상과 내정개혁

허균은 정치의 마지막 목표를 어디까지나 민중을 근본으로 한 민중의 복리에 두고 있다. 그래서 내정개혁의 이론도 좋은 정치를 위한 것이며 민중의 복리를 얼마만큼 이뤘느냐에 따라 좋은 정치가 판가름난다는 것이다. 이 복리에는 먹고사는 것만이 아니라 권리와 평등도 포함되는데, 다만 그 뜻이 오늘날의 뜻과는 조금 달랐을 뿐이다. 이것을 뭉뚱그려 민본주의라 부른다.

민본주의는 허균의 독창적인 주장은 아니다. 본디 민본주의는 천명사상에서 나왔다. 천명사상은 고대 중국에서 생겨 유학자들이 이론화했고, 유교 가치관의 중심사상이 되었다. 천명은 덕이 있는 민본정치를 할 수 있는 통치자에게만 내린다. 따라서 백성의 뜻이 곧 하늘의 뜻이며 백성의 뜻을 받들어 민본정치를 잘한 왕은 요와 순으로 대표된다. 이 천명 · 위민의 바탕 위에서 이루어진 민본주의는 우리나라의 통치자나 정치가 등이 중하게 여긴 통치철학 또는 정치철학이었다.

조선의 건국이념을 확립한 정도전은 "무릇 군주는 나라에 의존하고 나라는 백성에 의존한다. 그러므로 백성은 나라의 근본이며 군주의 하늘이다. 그래서 『주례』에서는 백성의 호적을 군주에게 바칠 때에 군주는 절을 하면서 받았다고 했으니, 이것은 자기의 하늘을 중히 여기기 때문이다. 임금이 된 사람이 이러한 뜻을 안다면 백성을 사랑하는 것도 마땅히 지극해야 할 것이다"[55]라고 했다.

허균은 「유재론」에서 "하늘이 인재를 낼 적에 귀한 집안에 태어났다고 하여 그 준 것을 풍부하게 하지 않았고, 천한 집안에 태어났다고 하여 그 준 것을 인색하게 하지 않았다"라고 했으며, "하늘이 인재를 냈는데도 사람이 스스로 버리면 이것은 하늘을 거스르는 것이다"라고 했다. 또 「호민론」에서는 "천하에서 가장 두려운 것은 오직 백성뿐이다. 백성은 물이나 불 또는 호랑이보다도 더 두려운 존재이다"라고 했다. 곧 첫째 말은 천명을 말한 것이고, 둘째 말은 천명을 거역한 것을 말한 것이며, 셋째 말은 백성이 나라의 근본임을 말한 것이다.

이런 민본의 밑바탕 위에서 정치의 마지막 목적인 백성을 위한 두 가지 정책을 내놓고 있다. 이것은 정치와 행정이 제대로 나누어져 있지 않았던 시대상황에서 나온 이론이기도 하다. 하나는 정부기구와 관원의 수효를 줄여야 한다는 것이고, 다른 하나는 관리를 후하게 대우해야 한다는 것이다. 첫째 것은 물론 중앙정부의 구성 형태와 집행 과정을 말하면서 행정의 능률을 주장한 것이고, 둘째 것은 중앙정부의 원활한 집행을 위해 벼슬아치의 대우를 주장한 방법론이다.

첫째 것에서 그는 '관람원다'(官濫員多)[56]의 폐단을 말했다. 곧 정부기구가 지나치게 복잡하고 쓸데없는 관원이 많다는 것이다. 정부기구가 지나치게 복잡하면 권력이 여러 갈래로 분산되어 명령계통이 서지 않고 또 존중받지 못해 지위가 흔들리고 비능률적이 된다. 관원이 많아지면 정부의 재정이 낭비되고 또 일은 일대로 잘 집행되지 않는다.

그러면 그때의 현실은 어떠했을까? 허균은 다음과 같이 지적했다.

종실(宗室)의 사무를 관리하는 데에는 종실의 사람 하나만으로도 충분한데 종친부, 의빈부, 종부시 따위의 기구를 두고 있으며 재정은 호부(戶部)가 관장해도 아무 불편이 없을 텐데 제용감, 상의원, 사섬시 같은 기구를 두고 있다고 했다. 또 심지어 군자감이 있음에도 같은 일을 맡은 풍저창, 광흥창 따위의 창(倉)을 두고 있고 의약과 관계된 일은 세 곳에서 관리한다고 구체적인 사례를 낱낱이 들었다. 그래서 한 사람이 처리할 시무를 어떤 곳에서는 열서너 사람, 어떤 곳에서는 예닐곱 사람이 맡고 있고, 그리하여 능력 없는 사람들이 자리를 지키고 있을 뿐만 아니라 관리가 알맞은 자리에 배치되지 않아 자기가 하는 일이 무엇인지도 모르고, 맡은 일이 어떻게 돌아가는지조차 모른다는 것이다. 그 까닭은 바로 당나라의 직제를 우리의 실정에 맞도록 고치지 않고 그대로 본받은 탓이며, 이래서 나라의 일은 나날이 어지러워지고 기강은 나날이 땅에 떨어진다고 했다.

그러나 허균이 지적한 '관람원다'는 중앙 관서를 두고 이른 말이다. 선조와 광해에 걸쳐 중앙 관서는 서반(西班, 무관의 별칭)을 합하여 백스무 군데였다.[57] 조선조 건국 초기에 나라의 바탕을 다지려고 일흔 개쯤 되던 고려의 관서를 크게 늘리면서 당나라의 옛 제도를 채택했다. 그 뒤에 시대가 바뀌면서 필요에 따라 새로운 기구를 늘려갔지만, 쓸데없는 기구는 없애지 않았다. 이러한 중앙 관서에 견주어 외직은 필요한 기구조차도 늘리지 않았다. 그 원인은 중앙집권체제와 문관 중심의 내직을 존중한 데에 있다.

지방의 방백과 수령이 힘을 기르거나 반역을 꾀할까 두려워서 그들의 권한을 최소한으로 줄이고 중앙에서 그 권한을 거머쥐었다. 그러다 보니 지방 행정은 소홀해지게 되었고 유능한 관리는 중앙 관서에 몰렸으며, 충실한 관리보다는 좋은 자리를 차지하려는 현관(顯官, 좋은 벼슬자리)을 찾는 풍조가 만연했다. 이 현관 욕구는 엽관운동을 낳았고 엽관운동은 문중과 지역과 학통과 파당에 따라 자기 세력을 확대하여 심으려는 자들 때문에 더욱더 심화되고 음성화되었다. 이런 실정에서 중앙 관리의 자리는 늘 넘쳤고 자리다툼이랄 수도 있는 당쟁과 사화가 끊임없이 일어났다.

조선조 건국 초기부터 철종 때까지 이런 제도는 약간의 변동은 있었지만 그래도 변함없이 유지되었다. 그리하여 품계에 드는 관리는 수천 명에 지나지 않았다. 이것은 많은 수효가 아니었고 현관을 지망하는 과거 응시자에게는 좁은 문이기도 했다.

그런데 왜 허균은 쓸데없는 기구와 인원이 많다고 했을까? 그것은 품계에 든 관리는 특수한 임무 말고는 일선 사무에 종사하지 않았기 때문이다. 일선 사무는 거의 아전이나 구실아치 등의 이름으로 불리는 중인계급이 맡았다. 이들 중인계급은 엄격한 신분의 구분으로 품계에 드는 벼슬에는 별로 나가지 못했다. 그러니 관리들은 대체로 중인이나 그 아랫사람에게만 모든 일선 사무를 맡기고 하는 일 없이 세월만 보내는 형편이었다. 그래서 그런 벼슬아치들은 "구실아치만 멀거니 쳐다보고 갑자기 자기가 맡은 직무를 물으면 망연히 대답할 바를 모른다"[58]고 한 것이다. 이런 까닭에 관원을 줄여도 실효를 거두지 못할 것이므로 쓸데없는 기구를 줄여야 하고 그것이 '관람원다'의 폐단을 근본으로부터 막는 방법이라고 했다.

이것은 능률 행정을 말한 것이다. 능률 행정을 펴는 중요한 방법으로 허균은 '관원후록', 곧 관원에게 후한 급료를 줄 것을 주장했다. '관원후록'은 다음 세 가지를 이루는 것이다.

첫째로, 청렴을 권장하고 이권을 탐내지 않게 하려는 것이다. 곧 생활하는 데에 불편이 없을 만큼 녹봉을 주면 자기 직분에 충실하게 되고 백성과 이권을 다투지 않으며 따라서 뇌물을 받지 않아도 된다. 또 부모를 섬기고 자식을 기르기에 모자람이 없어 마음 놓고 자기의 포부를 펼칠 수가 있다. 둘째로, '상명하종'(上命下從)을 원활히 하고 부패를 막으려는 것이다. 곧 가정생활에 모자람이 없으면 일할 의욕이 생겨 시키는 대로 충실히 섬기고 일하며 구태여 눈치나 살피면서 옳지 못한 방법으로 재물을 모을 욕심을 내지 않는다. 셋째로, 녹봉을 넉넉히 주면 창의성과 뜻을 세우게 된다는 것이다. 먼저 백성을 위해서 무엇을 할지를 잘 살펴서 원칙을 정하고 그 원칙을 좇아 스스로 백성을 위해 할 바를 생각하고 자기의 능력에 맞는 일을 찾으려고 애쓰게 된다. 다시 말해서 생활에 어려움이 없어야 자기의 의지에 거스르지 않는 뜻을 세울 수가 있다.

그러면 허균이 이처럼 넉넉히 주기를 바란 그때의 하급 관리의 봉록은 어떻게 주어졌을까? 「후록론」(厚祿論)에서 그는 관리들이 받는 녹봉으로는 생활하기가 어려워 청렴을 아무리 강조해보았자 부정을 저지를 수밖에 없다고 했다. 그리고 예로부터 내려오는 관원 녹봉을 밝혔다. 신라 때에는 일품이 한 해에 쌀 사백 석이었고 고려 때에는 그 절반인 이백 석쯤이었다. 고려 때에는 신라 때보다 기구가 많았기 때문에 녹봉도 줄어들었다. 조선조에 들어와서는 정부기구가 신라 때보다 세 곱이나 늘어나 녹봉도 자연히 신라 때에 비해 3분의 2가 깎였다. 조일전쟁 이후에 잠깐 중단되었던 녹봉을 다시 주면서 그나마도 앞서의 반밖에 주지 않았고 말도 야박하게 깎아 담아, 관리들은 이 녹봉으로 열흘이나 한 달밖에 살 수 없었다. 이런 현실 속에서 관리들의 부패는 극도에 이르렀다. 더욱이 당파 싸움 때문에 행정은 마비되고 기강은 흐트러졌으며, 조일전쟁 직후엔 전화의 잿더미 위에서 잇달아 흉년이 들고 역질까지 돌아 백성의 고생은 더 심해졌다. 부패한 관리도 자연히 그에 따라 더해갔다.

허균은 그것을 「후록론」에서 다음과 같이 말했다.

> 그런데도 벼슬아치들의 생활은 호화롭고 사치스러워 절제를 모르기가 훌륭한 임금이 있던 예전보다 열 배나 더하다. 그들은 연약한 백성과 이권을 다투고 또 어쩔 수 없이 뇌물을 받는다. 이리하여 예의염치가 펴지지 못하고 풍교는 날로 떨어지며 사부는 부끄러움을 모르고 백성은 위를 두려워하지 않는다……. 이는 모두 사림을 권장하는 도가

행해지지 않아 그렇게 된 것이다. 슬픈 일이다.

이런 벼슬아치의 부패와 비능률적인 행정 계통을 올바르게 고치는 길이 후한 녹을 주는 것임은 앞에서 말한 바와 같다.

허균은 거기에 들어갈 재정을 짜내는 방법을 두 가지로 설명했다. 먼저 소극적인 방법으로, 필요 없는 관리에게 나가는 돈을 줄이고 윗사람이 스스로 시범을 보인다. 그리고 적극적인 방법으로, 쓸데없이 겹치는 기구를 대거 줄여서 그 남은 돈으로 충당한다.

앞에서 말한 것을 다시 요약하면, 첫째로 '관람원다'의 폐를 지적하고 이를 고칠 것을 논한 것은 능률 행정과 절용주의를 표방한 것이고, 둘째로 부패 방지책으로서 관원의 최저생활을 보장하고 그에 따라 '후록'을 주장한 것은 관원의 복지를 말한 것이다. 이것이 이루어져야 나라의 재정이 충실해지고 관리는 백성을 위해서 자기가 맡은 일에 최선을 다하게 된다는 것이다. 이 민본 · 위민을 말로만 떠들어서는 아무런 의미가 없다. 물론 허균이 말한 정치사상으로서의 민본은 원시 유교사상에 바탕을 둔 소박한 개념에 지나지 않는다.

역사학자 한우근은 「근세유교정치의 성격」이란 논문에서 이 민본사상이 애민사상에 뿌리를 두기는 했으나 다음과 같은 한계를 지니고 있다고 지적했다.

유교정치의 이념이라고 할 수 있는 덕치나 민본사상은 '백성을 위해서'라는 성격을 지닌 것일 수 있으나, 그 한계는 '민중의' 그리고 '민중

에 의한' 정치가 아니었다는 점에 있다.[59]

이는 어떤 점에서 바르게 지적한 것이다. 민본주의는 위에서 일방으로 은혜를 베푸는 내리먹이는 이념이고 근대 민주주의는 밑에서 위로 뜻이 전달되어 반영되는 이념인 점에서 그러하다.

허균의 민본사상의 밑바탕도 이런 한계성에서 벗어나지 못했을 뿐만 아니라 유학 사상가들과 마찬가지로 근대 정치사상으로까지 발전시키지는 못하고 있다. 그러나 백성을 위한다는 점에서 허균의 민본사상은 뜻이 깊다.

엄밀한 의미에서 허균의 국방정책, 신분계급의 타파, 그리고 인재등용 및 붕당배척의 이론도 내정개혁에 속한다. 그러나 위의 몇 가지 정책적인 이론은 장을 바꿔서 설명하겠다.

다음의 「기구와 관원을 줄여라」[60]는 제도의 효율을, 「녹봉을 넉넉하게 주라」는 행정의 원활함을 도모하라는 이론이다.

◎「기구와 관원을 줄여라」

하 · 은 · 주 이래로 정부기구가 넘치고 관리의 수효가 많기로는 당보다 더한 나라가 없었다. 기구가 넘치면 권력이 분산되어 지위가 존상되지 않고, 관원의 수효가 많으면 녹이 많이 낭비될 뿐만 아니라 일도 집중되지 않는다. 이와 같이 해서는 잘 다스릴 수가 없다. 당나라의 치적이 좋지 않았음은 이런 까닭에서였다.

우리나라의 관제는 당나라를 그대로 본받아서 더욱 넘치기도 하고 쓸데없는 관원도 많다. 중국과 같이 나라가 커도 권력이 분산되고 녹을 낭비하는 데에서 오는 걱정이 있었는데 하물며 작은 나라에서야 말할 것이 있겠는가?

나는 감히 먼 것을 인용하지는 못하고 명나라 관제를 가지고 말하겠다.

명나라가 남경과 북경에 설치한 것은 오부와 육부였는데, 오부는 군정을 다스리고 육부는 여러 가지 일반 정무를 다스렸다. 그리고 종인, 찰원, 대리, 통정, 태상, 태복, 광록, 홍로 같은 기관과 국자감, 첨사부, 한림, 육과, 상보, 중서 같은 관아가 저마다 그 일을 맡아보았다.

금의위는 임금을 모시고 도성의 경비를 맡아보았고 흠천, 태의, 상림원, 오성, 병마는 예부와 병부에 딸려 있었을 뿐이었다. 아문(衙門)은 이것뿐이고 관원도 또한 필요 없는 것이 없었으므로 천하의 일을 다스릴 수가 있었다.

우리나라는 그렇지 못하다. 의정부, 육조, 삼사, 시종들의 기구 말고도 아문과 관원의 수효가 넘치고 필요 없는 것이 이루 말할 수 없이 많다. 종척을 관리하는 데에는 종친의 사람 하나면 넉넉할 텐데도 종친, 의빈, 종부 같은 관사가 있고, 재정은 호부가 관장하는 것만으로도 넉넉한데 제용, 상의, 사섬 같은 관사가 있고, 궁중의 술과 음식을 맡는 관은 광록 하나만으로도 충분한데 내자, 내섬, 예빈, 사도, 사재감, 사온 따위의 관사로 나누어져 있다. 형조가 있으면 장례원을 따로 둘 필요가 없고, 군자감이 있으면 풍저, 광흥의 두 창을 따로 둘 필요가 없다. 종묘의 악은 제사를 위하여 있는 것인데 태상은 버려두고 따로 장악원을 세웠으며, 제사 짐승을 잡는 일은 하나만 있으면 되는데 전생과 사축의 두 기구를 두었다. 심지어 환관을 두 관사에 나누어 맡겼고, 의약을 세 곳으로 나누어 맡겼으며, 이 밖에 복잡함을 낱낱이 다 들기조차 어렵다. 그리고 한 관사에서 관원 하나면 될 것도 모두 두 자리를 두거나 많으면 열서넛, 적어도 예닐곱 명쯤은 되었다.

이런 여러 기구에서는 저마다의 소견을 고집한다. 이를테면 임금을 모시는 일을 두고 내섬시가 내자시보다 더 잘하려고 하고, 예빈시는 사재감의 일을 침범하고자 하여 다투며 지혜를 자랑하고 서로 전교를 받아내니, 해당의 일을 맡은 조(曹)에서는 받들어 행하는 데에 어리둥절해한다. 이 때문에 일이 능률적으로 되지 않는다. 관청의 책임 관원도 하나하나 제대로 가려 뽑지 않아서 용렬하고 비루하고 재주 없는 자들이 자리를 채우고 있다. 이런 자들은 구실아치만 멀거니 쳐다보는 가운데 일이 이루어진다. 갑자기 자기가 맡은 일을 물으면 망연히 대답할 바를 모른다. 그래서 지위가 존상되지 않는다.

이리하여 나라의 일은 날로 어지러워지고 기강은 날로 땅에 떨어진다. 이로 인하여 권한은 뿔뿔이 흩어져 하나에서 나오지 못하고, 이로 인하여 녹의 낭비가 많아 제대로 공급되지 못한다. 힘써서 경영하여도 날로 쇠망하는 데로 달리는 것은 모두 관원이 많기 때문이다.

지난번에 논의를 벌이는 자가 쓸데없는 관원을 없애고자 여러 차례 아뢰었으나 끝내 시행되지 못했다. 하지만 이는 한갓 필요 없는 관원만 보았지 기구가 많은 것이 큰 환란이 됨을 알지 못한 것이다. 기구를 통합하면 필요 없는 관원은 저절로 줄어든다.

우리나라는 중국에 견주면 한낱 변두리 지방일 뿐이다. 그런데 중국의 호광성 같은 하나의 성에도 녹을 받는 자는 칠백 명쯤인데, 우리나라는 관원이 지나치게 많아서 수천 아문이나 되니 중국의 다섯 배나 되는 셈이다. 이렇게 권한이 갈라지고 녹이 많이 낭비되는 것은 하나도 이상할 것이 없다. 나라를 다스리는 자가 당나라 제도를 택하기를 경계하고 명나라의 관제를 본받으면 거의 제대로 되지 않을까 생각된다.

◎「녹봉을 넉넉하게 주라」

예기(禮記, 중국 고전인 오경의 하나)에 "진심을 담아 신의로 대접하고 녹을 넉넉하게 줌은 선비를 권장하려는 것이다"라고 했다. 이 구절이야말로 의미심장하다. 윗사람이 된 자가 그 아랫사람에게 녹봉을 넉넉하게 내려주지 않는다면 선비된 사람들이 어떻게 권장되어서 청렴한 기풍을 길러 이익에 부끄러운 짓이 없게 하랴.

이 때문에 옛날 나라에 벼슬하던 군자는 녹봉이 풍족하여 녹봉으로 아내와 자식을 돌보기에 충분해서 욕구를 채울 수 있었다. 그래서 백성들과 이익을 다투지 않고 뇌물 받는 짓이 없어도 부모를 봉양하고 처자를 양육하는 물품이 저절로 넉넉하였다. 여유가 넉넉하여 한가하고 편안한 틈을 내어 그들이 쌓아둔 포부를 펼칠 수 있어, 공적도 없이 녹봉만 먹는다는 꾸짖음을 벗어날 수 있도록 했고 염치를 뚜렷이 세워서 풍교를 돈독하게 하였다. 예전 거룩했던 시대에는 거의 이런 제도를 실시하였다.

그렇더라도 군자라는 사람은 결코 많지 않았고 제 몸만 불리는 자들이 너무도 많았다. 임금이 나를 후덕하게 대우해주시니 마땅히 내가 임금에게 보답할 것은 어떻게 해야 할지를 마음 쓰게 된다. 그런데 정승의 자식들도 텃밭에 부추를 심으며 살라는 가르침의 말은 들리지 않고 황금이나 쌓아둔다는 나무람만이 자주자주 치솟듯이 들렸다. 자기의 말채찍 꾸미기는 그만두지 않으면서 절도와 절제는 할 줄 모르니 선비들이 자신을 다스림이 저열하다.

주역에 "위에서 임금이 백성들이 어떻게 먹고사는지 그 스스로 양육됨을 보고, 예부터 아래에서 백성들이 저마다 먹고살기 위하여 음식을 구하는 것은 스스로 양육함을 보는 것이다"라고 했다. 따뜻하고 배부르기만 뜻을 삼고 불쑥 곡식창고와 재물부서에 종사하면서 "너의 명철과 지혜를 버려두고 나의 욕심만을 본다"는 것은 군자에게 바라는 바가 아니다.

옛날의 제도를 자세히 알 수 없으나 공자의 손자 자사가 노나라 고을 원이 되었을 때 공자는 곡식 구백을 주었고 맹자가 제나라 높은 벼슬아치가 되었을 때의 녹봉 또한 십만이었다. 제나라와 노나라는 제후의 나라였지만 이와 같이 녹봉을 넉넉하게 주고 염치를 기르게 하였으니, 고대 삼대 때의 녹봉이 많았음을 알 만할 것이다.

한나라의 녹봉도 넉넉했고 하급 벼슬아치들을 가장 우대했으니 또한 잘한 일이었다. 송나라도 선비 양성에 더욱 뜻을 두어 녹봉을 모두에게 튼실하게 주었고 돈도 또한 충분히 주었으며 하급 벼슬아치들을 우대해서 청렴한 기풍이 세워졌고 외직을 우대해서 외관을 깔보는 걱정이 없어지고 퇴관한 늙은이에게 대우를 잘하니 어진 이를 대우하고 기로(耆老)를 독실하게 존숭하는 뜻이 보였다. 역대의 연혁이 같지 않으나 녹봉을 넉넉하게 주어서 선비들을 권장하였음은 같았다.

지금 우리나라에는 벼슬아치의 녹봉은 줄이면서 그들의 청렴만을 독려하고 있으니 천하에 이런 이치는 없었다. 신라 시기 1품 벼슬의 녹봉은 한 해에 삼백 석이었다. 고려 시기에는 그 절반이었는데 대체로 신라보다도 벼슬자리를 많이 설치한 탓이었다. 우리 왕조에서는 벼슬자리가 세 배로 늘어나 녹봉을 깎지 않을 수 없었다. 3분의 2를 깎으니 녹봉은 모자라기만 했다. 사대부를 섬기고 양육함에 있어서 곤궁하여 청렴할 겨를이 없었다.

임진란 뒤에는 달마다 주는 요미(料米, 쌀로 주는 월급)로 다시 녹을 받게 하면서 또 예전의 절반으로 줄였고 그 말의 수량도 깎으니 받은 이는 열흘도 버틸 수 없었다. 그들이 받드는 제사의 규모와 살아 있는 사람을 봉양하고 죽은 이를 장송할 물품들은 여느 때보다 줄인 것이 없고 의복과 말을 꾸리고 음식은 사치스러워서, 공덕이 높던 임금 시절보다 절제하지 못함이 열 배나 되었다.

그래서 벼슬아치들은 어쩔 수 없이 연약한 백성들과 이익을 다투고 어쩌지 못하여 뇌물마저 받는다. 그래서 예의염치가 펴지지 못하고 풍교는 날로 야박해진다. 그렇건만 사대부들은 아무렇지도 않게 여겨 부끄러운 줄을 모른다. 백성들은 윗사람을 두려워하지 않고 뇌물을 바쳐서 벼슬을 얻고 죄를 가볍게 다루는 자들이 줄지어 있다. 이는 모두 선비를 권장하는 제도를 시행하지 못해서 이 꼴이 되었다. 이 또한 가슴 아픈 일이다.

그러면 어떻게 해야 바로잡을 수 있을까? 쓸데없이 들어가는 관의 비용을 줄이고 윗사람이 공손하고 검소한 모습을 보여 통솔하여야 바로잡을 수 있다고 생각된다.

청의 침략에 대비하는 방책

국방문제에 관한 허균의 이론은 「병론」(兵論)과 「서변비로고서」(西邊備虜考序)에 주로 밝혀져 있다. 「관동불가피란설」(關東不可避亂說)은 지리 여건을 헤아려 적이 쳐들어왔을 때에 피난 갈 곳을 말한 것이다.

「병론」에서는 적을 어떻게 막을 것인가, 곧 어떻게 적을 막아 나라가 자립하고, 임금이 저절로 높여지고, 백성이 편안히 베개를 베게 할 것인가 하는 국방의 기본정책을 뭉뚱그려서 밝히고 있다. 「서변비로고서」에서는 외침의 역사 사실을 들고 아울러 왜, 말갈, 여진[61]과의 안팎의 정황을 밝히면서 갖가지 사정으로 미루어 보아 앞으로 우리나라에 쳐들어올 적은 서쪽의 여진이라고 지적했다. 이 글은 서쪽 적의 침입에 대비하는 방책을 담은 「서변비로고」의 서문인데, 서문만 전해지고 유실되었다.

임진왜란 때에는 별다른 방비책 없이도 나라를 보존했으나 그들이 다시 쳐들어오지 않은 것은 우연에 지나지 않으며 말갈이나 여진도 이와 마찬가지라고 했다. 허균은 나라의 방비를 이런 우연에 기댈 수는 없다고 했다. 또 군대는 적고 그 적은 군사조차도 쓸 수가 없는 군정의 난맥상을 다음 몇 가지로 지적했다.

첫째로 재상의 아들이나 유사(儒士) 같은 특권층에게는 병역의 의무가 없다는 것, 둘째로 평민이나 천민들만 지는 병역의 의무도 뇌물을 바쳐 병적에서 빠져나가기 때문에 실제로 군사의 수효가 아주 적다는 것, 셋째로 그나마 있는 군사도 훈련이 안 된 군사라는 것, 넷째로 유능한 장수가 없다는 것, 다섯째로 현지의 장수를 믿지 못해 견제하면서 무능한 장수만 기용한다는 것이다.

그때에 군정의 문란한 모습은 막바지에 이르렀다. 무능한 일선 지휘관은 나태와 안일 속에서 놀고 즐기기에만 빠져 있었고, 중앙에서는 이시애와 이징옥의 난이 일어난 뒤에 현지 지휘관을 믿지 못해 임기를 2년으로 제한하고 권한도 제대로 주지 않고 늘 감시했다.

이런 현실을 개혁하려고 허균은 고려의 국방정책을 본받아서 다음과 같은 방법을 쓰자고 했다. 곧 공사의 천한 노예는 말할 것도 없고 재상의 아들이나 유사 따위의 모든 특권계급에게도 병역을 의무로 지우고, 일선 장수들에게 많은 권한을 주고 그들을 중앙 정부에서 신임하여 안심하고 일할 수 있도록 하며, 병사들에겐 평소에 후한 옷과 음식을 주면서 교련을 쌓으면 위급한 현실을 벗어날 수 있다고 했다. 그리고 이런 군정에 충실했던 고려는 외적의 침입을 여러 차례 물리쳤다고 했다. 또 반역을 꾀할까봐 일선 지휘관을 믿지 못해 견제하고 임금이 의심하는 마음을 품는 것은 나라를 망하게 하는 것이라고 했다. 병사를 잘 다스리고 장수를 잘 거느리는 것은 나라를 강하게 하는 기본 요건으로서, 이는 오로지 임금에게 달려 있다고 하면서 궁극의 책임을 전권자인 임금에게 돌렸다.

「병론」에서는 현실적인 국방의 대강령을 밝힌 데 비해 「서변비로고서」에서는 구체적인 국방정책을 내놓으면서 외적 침입의 역사적 원인과 지정학적 조건, 그리고 현실로 닥쳐온 대비책에 관해 의견을 폈다.

아아, 우리나라는 산과 바다 사이에 외져 있으면서 땅덩이는 좁으며 동쪽 남쪽은 왜구와 이웃이 되고 북쪽은 말갈과 경계가 되며 서쪽에는 삼위(三衛, 여진의 세 갈래)의 여진이 강 밖에 바짝 닿아 있다. 그런데 두렵게도 낡아빠진 무기와 게을러빠진 군사와 규율이 없는 아래 일꾼을 데리고서는 방어하려고 해도 그 힘이 미칠 수 없게 된다.

이것은 우리나라가 지리적으로 반도라는 불리한 여건에 놓여 있고 세 면에 강한 외적과 이웃하고 있는데도 국방정책이 늘 소홀함을 개탄한 것이다. 이어서 이런 세 면의 적과 우리나라와의 역사 관계를 다음과 같이 밝혔다.

북쪽은 이성계가 조선조의 터전을 잡은 곳이어서 예로부터 방비를 튼튼히 해왔다. 그래서 적이 침략해도 언제나 가볍게 물리칠 수가 있었다. 게다가 북쪽 오랑캐들의 여러 세력은 규모가 작은데다가 그들 세력끼리 연결과 단합이 안 되어 있었고, 침입하는 도둑들도 큰 세력이 못 되었다. 그래서 작은 규모의 군사행동으로 일정한 지역만을 빼으려고 했지 큰 규모의 군사행동은 일으킬 수가 없었다.

그리하여 그들이 이백 년 동안 쳐들어왔지만 함경도의 일부 변경을 빼고는 짓밟히지 않았다. 남쪽의 왜는 우리와 큰 바다를 경계로 하고 있고 물길로 멀리 떨어져 있기 때문에 우리나라에 쳐들어올 의사는 별로 없었다. 그것은 지나치게 힘이 들기 때문이었다. 다만 대마도의 왜구가 가운데에 끼어서 그들의 이익을 위하여 날뛸 뿐이었다. 조일전쟁도 대마도의 충동질 때문에 저질러진 것이다. 이런 큰 전쟁은 천년에 한 번 있을까 말까 한 사건이다. 그러기에 물산이 모자라는 대마도에 무역을 터주고 곡식을 공급해주기만 하면 왜구는 별로 걱정거리가 되지 못한다.

문제는 서쪽에 있다. 서쪽의 천연 요새는 압록강과 연평령뿐이다. 겨울에 압록강에 얼음이 얼면 평지와 마찬가지여서 쉽게 건너올 수가 있고 연평령도 또한 험준한 요새가 아니어서 쳐들어오기가 그리 어렵지 않다. 이 뒤로는 대정강에서 사현까지 적을 막을 만한 천연 요새가 없다. 그래서 외적은 강을 건너서 열흘쯤 만에 평양까지 들이닥칠 수가 있다.

이런 정황으로 미루어 그는 여진이 틀림없이 쳐들어올 것이라고 보았다.

또 「관동불가피란설」에서는 "남쪽의 적은 내침치 않을지라도 북쪽 오랑캐가 동북면 일대에 침을 흘리고 있다. 정주 · 평산의 북쪽을 고려 때처럼 차지한다면 적들이 영동 아홉 고을에 나타나는 것도 고려 때와 똑같을 것이다. 이들이 어찌 두렵지 않겠는가"라면서 여진의 침입을 예언했다.

허균은 이렇게 주변의 정세와 지리 조건을 밝히고, 그런데도 우리나라에 군정이 제대로 시행되지 않는 것은 걱정스러운 일이라고 했다. 더욱이 여진과 가까이 있는 평안도와 황해도 일대의 고을들은 다음과 같은 세 가지의 암담한 현실에 놓여 있다고 했다. 첫째로, 수령들은 누대나 화려하게 꾸미고 사치나 일삼고 사무는 태만히 하여 방비를 든든히 할 줄을 모른다. 둘째로, 장수는 세월이나 보내며 임기가 끝나기를 기다려 중앙이나 다른 곳으로 갈 생각만 한다. 셋째로, 문서도 제대로 살피지 않고 조련도 하지 않으며 성곽은 황폐해져 있다. 또 기물은 녹슬고 군량은 바닥나 있다. 여기에다 관리들이 저지르는 폐단이 심하여 민생은 수탈에 시달려서 압록강 주변의 여섯 고을 주민들이 열에 여덟아홉은 내지로 피해오는 실정이므로 적이 쳐들어오면 장마에 흙담 무너지듯 할 것이라고 했다.

허균은 그 무렵의 많은 사람들이 이런 상황에도 불구하고 갑자기 일이 일어나면 명나라가 도와주지 않겠느냐고 생각하고 있으나, 명나라의 처지로 보아 그것은 지극히 비현실적이고 불가능한 일이라고 비판했다. 명나라는 조일전쟁과 국내 사정, 곧 파주의 난 때에 지나치게 힘을 소모했고 나라 안팎에 환란이 끊이지 않는데다 이를 바로잡을 능력이 없었던 것이다. 이런 중에 여진이 만주 일대의 여러 부(部)[62]를 꺾어 강해져서 중국의 북방을 침입할 것이라고 허균은 내다보았다.

이런 정세를 살펴본 허균은 우리나라가 이들이 침략하기에 가장 손쉬운 곳이므로 이들이 틀림없이 쳐들어올 것이고 또 명나라의 구원은 어림없는 오산이라고 거듭 지적했다. 그리고 서쪽의 이들이 침입할 것이라는 예언을 뒷받침하려고 이 지방의 부족들이 우리나라에 쳐들어왔던 예로부터의 사실을 밝혔다. 요가 세 번, 거란이 한 번, 몽고가 여섯 번, 홍두적이 두 번 쳐들어왔는데 이들은 한결같이 압록강을 건너왔다.

그는 이런 위급한 정세를 외면하고 집권층이 눈앞의 이익만을 위해 날뛰면서 '명나라가 구해준다'는 말을 곧잘 떠드는 현실이 통탄스럽다고 했다. 그리하여 그는 중국에 사신으로 드나들면서 압록강 일대 국경 지방의 지형을 살펴보고 그곳 퇴직 관리들의 의견을 참작하여 그 방비책을 이렇게 말하고 있다. 먼저 그 중심 되는 방비책은 첫째로 현지의 책임자는 인재를 뽑아 병무의 권한을 주고, 둘째로 양반과 천인을 막론하고 군에 예속시키며, 셋째로 책략 있는 자를 뽑아 군량을 풍부히 주어 성보를 수선하게 하고, 넷째로 요새지에 파수막을 설치하고 삭주, 구성, 안주 같은 곳에 중무기를 갖춘 병사를 주둔시킬 것 등이었다.

이런 국방책을 펴게 된 동기를 그는 이렇게 썼다. "만일에 병란이 있으면 강화도에서 맞설 수도 있고, 그것도 여의치 않으면 안동으로 피난할 수 있다고 말한다. 이는 우리가 가는 곳에 적도 갈 수 있음을 모르는 말이고 또 적이 우리가 간 곳을 듣고는 잘되었다고 틀림없이 소매를 걷어붙이고 따라올 것이니 이런 벼슬아치들이 꾀를 씀이 어찌 슬픈 일이 아니랴?"[63]

아무튼 허균은 앞의 네 가지 당면한 정책을 중심으로 하여 고려 때의 서북쪽의 침입 사례, 서북쪽의 지리와 여건, 그때의 군정 현황을 살펴보고 그 종합 대책으로 「서변비로고」 두 권을 엮었음을 알 수 있다. 그러나 불행히 이 글의 본문이 없어져서 자세한 내용은 알 수가 없고 서문만으로 그의 국방정책의 한 면을 엿볼 뿐이다.

이렇게 여진의 침입을 예견하고 방비책까지 내놓은 허균이 1618년에 죽고 난 뒤, 여진의 중요한 세력인 후금과 명과 조선은 삼각꼴의 새로운 형세를 이루었다. 허균의 탁월하고 예언자다운 국방정책을 알려면 그가 죽고 난 뒤에 여진(뒤에 청 제국 건설)이 침입한 과정을 살펴보면 된다.

1616년에 건주 좌위의 누르하치는 장백산에서 송화강과 목단강 유역에 이르는 여러 부를 통일하며 나라 이름을 후금이라 하고 왕위에 올라 태조라 했다. 후금 태조의 세력이 강해지자, 명은 군사 47만 명을 동원하여 이를 정벌하려 했으나 도리어 1619년에 후금 군사 6만 명에게 지고 말았다. 이를 사르후 전투라고 한다. 후금 태조는 사르후 전투에서 명에게 이긴 뒤, 계속하여 심양과 요양을 빼앗고 요동 부근을 거의 차지했다. 이 사르후 전투에 조선은 명의 징발을 받아 원군이라는 이름으로 군대를 보냈다. 조선의 원군은 남쪽에서 쳐들어갔으나 미처 싸움을 시작하기도 전에 명이 패배한 것을 보고 항복했다. 이것은 광해군의 은밀한 양면외교에 따라 미리 계획된 것이라고도 한다. 그 뒤에 조선은 후금의 강한 힘을 두려워하면서도 아무런 대책도 없이 멀리서 형세만 보고 있었다.

한편으로 사대 모화주의자들은 조일전쟁 때에 도와준 명의 은혜와 사대의 마음을 버릴 수가 없어 압록강 언저리에 똬리를 튼 명의 장군 모문룡을 받아들이면서 몰래 명군을 돕고 있었다. 후금 태조(누르하치)의 뒤를 이은 청의 태종은 강대한 명의 공략을 앞두고 뒤의 적을 정벌하려고 1627년에 조선을 공격했다. 별다른 방비책도 세우지 않고 있던 조선은 후금 군대를 맞아 싸움 한번 못 해보고 서울을 내놓고 강화도로 피난했다. 마침내 강화를 요청하여 굴욕적인 형제의 맹약을 맺고서야 겨우 전면적인 화를 면할 수 있었다. 이것을 정묘호란, 곧 1차 조청전쟁이라 한다. 이런 뒤에도 조선은 후금이 오랑캐의 겨레요 부모(명나라를 가리킴)의 원수라는 명분과 함께 명에 대한 사대의식을 버리지 못해 후금에 무릎을 꿇지 않았을 뿐만 아니라 태종이 1636년에 청의 제위에 올랐을 때에도 축하하는 사신을 보내지 않았다. 이에 태종은 청과 조선이 군신의 관계를 맺자고 사신을 보냈으나 조선에선 척화파들이 반대하여 이를 거절했다.

이에 청 태종은 쫓겨난 광해군의 원수를 갚는다고 1637년 12월에 스스로 20만의 군대를 이끌고 무인지경으로 쳐들어와 서울을 차지했고, 인조는 한때 남한산성에서 맞섰다. 그러나 1638년 1월에 침략당한 지 기껏 한 달쯤 만에 항복하고 청의 속국이 되고 말았다. 이어 청의 공덕비를 한강 가의 삼전도에 세워 나라를 다시 세워준 은혜에 감사하고 세폐를 바치고 소현세자와 봉림대군 및 척화파의 중신들을 볼모로 내주는 등의 치욕을 겪었다. 이를 병자호란, 곧 2차 조청전쟁이라 한다.

조일전쟁 때에는 명나라가 국력을 기울여 조선을 도왔으나, 이 조청전쟁 때에 명나라는 구원병을 보내기는커녕 오히려 구원을 받을 절박한 정세에 놓여 있었다. 1차 조청전쟁은 허균이 죽은 지 아홉 해 만에 일어났고, 2차 조청전쟁은 열여덟 해 만에 일어났다. 이 두 전란은 허균의 예언이 그대로 맞아떨어진 것이었다. 곧 침입의 당사자가 여진이고,

명의 구원병이 없을 것이며, 쳐들어올 경우에 속수무책으로 당할 수밖에 없을 것이라는 예언이 맞아떨어진 것이다. 또 겨울에 압록강을 건너올 것이고 침입하고서 겨우 열흘쯤 만에 평양이 함락되고 한 달 만에 서울이 짓밟힐 것이며 강화도나 다른 곳에서도 맞설 수 없을 것이라는 구체적인 지적까지도 한 점 틀리지 않고 적중되었다.

두 번에 걸친 조청전쟁은 조일전쟁과 함께 우리나라의 이대 전란으로 일컬어진다. 막연하기는 했으나 조일전쟁을 예언한 이는 이이요, 조청전쟁을 예언한 이는 허균이다. 그러면 이이는 어떻게 일본의 침입에 미리 대비하자고 했던가? 이이가 주창한 양병론(養兵論)은 1575년에 올린 「만언봉사」(萬言封事)와 1583년에 올린 「시폐육조」(時弊六條)에 주로 나타난다. 이이는 「만언봉사」에서 군정의 어지러운 모습과 폐단을 다음과 같이 밝혔다.

첫째로, 변방의 장병들이 백성의 재물을 빼앗는 것이다. 병사로부터 만호(萬戶)에 이르기까지 녹봉을 제대로 주지 않아, 이들은 백성의 재물을 빼앗고 하급 직급을 돈을 받고 마구 판다는 것이다. 또 사졸들이 변방에 있는 것이 고생스러워 면포를 바치고 수자리를 면하기 때문에 군적은 비어 있고, 또 면포를 바치다보니 사졸의 집안 살림은 파탄을 맞게 된다고 했다.

둘째로, 수군과 육군의 병사들이 살던 곳에서 멀리 떠나 복무하기 때문에 풍토에 익숙지 않아 병이 생기고, 또 장수들의 학대와 지방 군졸의 따돌림에 사기가 떨어져서 굳세지 못하다는 것이다. 이들은 적을 막기는커녕 오히려 돌봄을 받아야 하는 사졸이라고 했다.

셋째로, 군적은 이름뿐이지 텅 비었다는 것이다. 이 군적에는 거지도 들어 있고 닭과 개 같은 가축의 이름까지도 올라 있다고 했다. 이에 새로 군적을 만든다고 해도 근본 대책이 없이는 또다시 빈 군적이 되고 말 것이라고 했다.

넷째로, 군사 관련 부역의 어지러움이다. 부역을 지명받은 백성은 면포로 대신 내게 하고 일정한 시일 안에 면포를 내지 않으면 이자까지 받는다고 했다.

이이는 "이 네 가지 폐단을 지금 개혁하지 않으면 몇 년 뒤에 비록 훌륭한 자가 개선하려고 하여도 어떻게 해볼 도리가 없을 것이다"라고 했다. 이이는 이 네 가지 폐단의 개선책을 다섯 조목으로 나누었다. 그리고 "오늘날의 사태가 이와 같이 급박하니 십 년이 지나지 않아 환란이 닥칠 것이다"라고 예언했다.

이 「만언봉사」는 그가 우부승지로 있을 때 잇따른 재해에 위급함을 느끼고 그 개선책의 하나로 올린 것이다. 이와 달리 「시폐육조」는 이이가 병조판서로 있을 때에 군정의 실정을 낱낱이 알아보고 부국강병책으로서 내놓은 것이다.

「시폐육조」의 내용은 첫째 어질고 유능한 선비를 쓸 것, 둘째 군과 백성을 보양할 것, 셋째 재용을 충족히 할 것, 넷째 변두리 지방을 견고히 할 것, 다섯째 전투에 필요한 말을 준비해둘 것, 여섯째 교화를 밝게 할 것 등이다. 이 여섯 가지 가운데 둘째에서 다섯째까지가 군정과 직접 관계되는 국방정책이다. 둘째에서 그는 유능한 장수를 기용하고 군적을 정리하여 모자라는 것을 채워야 한다고 했다. 셋째는 군량이 없으면 전쟁을 할 수가 없다는 것이다.

여기에서 나라가 궁핍한 원인으로서 먼저 수입이 적고 지출이 많은 것, 세금을 바르고 공평하게 받지 않는 것, 제사가 번거롭고 실속이 없는 것 등을 들었다. 넷째는 중심을 지키려면 변방을 굳건히 하지 않으면 안 된다는 것이다. 그러려면 현지의 감사에게 군사를 다스릴 수 있는 권한과 환경을 마련해주어야 한다는 것이다. 그때에 감사 같은 외직은 반란을 꾀할까봐 임기를 2년으로 했고 또 임지에 식구를 데려가지 못하게 했다. 식구를 중앙에 두는 것은 볼모의 성격을 띠고 있었다. 다섯째는 보병만을 두어서는 기동력이 없어서 적을 막을 수가 없다는 것이다. 그때에 군마는 기록으로만 올라 있고 실제로는 비어 있었으며, 있는 말도 전혀 조련이 안 되어 야생마와 같았다. 끝으로 이런 정책들을 효과적으로 수행하려면 교화를 돈독히 해야 한다고 주장했다. 곧 훈련과 무기와 군량만이 적을 효과적으로 막을 수 있는 요소가 아니며, 어디까지나 정신무장이 되어 있어야 한다는 것이다.

이런 양병설을 주창한 이이는 1583년 3월에 왕에게 직접 십만양병설을 주청했다. 그러나 조정의 신하들은 태평한 시대에 꼭 필요하지도 않은 군사를 기르는 것은 쓸데없는 소모라고 극렬히 반대했다. 그래서 이이의 십만양병설은 끝내 결실을 보지 못했다. 하지만 이이가 죽고 나서 여덟 해 만에 조일전쟁이 일어났다.

아무튼 이이는 조일전쟁을 예언했고, 허균은 조청전쟁을 예언했다. 두 사람은 한국의 역사에서 쌍벽을 이루는 국방정책가요 예언자였다. 그러나 두 사람의 예언은 그 내용이 조금 다르다. 첫째로 이이는 병조판서 같은 관련 있는 벼슬자리에 있으면서 군정의 폐단을 이야기했지만 허균은 그런 벼슬자리에 있지 않았다는 점이요, 둘째로 이이는 군정의 어지러운 모습을 보고 추상적으로 환란을 걱정했지만 허균은 구체적으로 침입할 적을 가리켰다는 점이요, 셋째로 이이는 내정개혁의 성격을 띤 국한된 이론을 폈으나 허균은 나라 안팎의 정세를 살펴보고 그 판단 아래 적의 침입 경로까지 예견한 것이다. 그런데도 이이의 양병설은 높이 평가하면서 허균의 여진침입설은 전혀 평가의 대상조차 되지 않았다.

허균의 또 다른 국방이론은 「관동불가피란설」에 보인다. 이것은 국방이론이라기보다는 병란을 당했을 때 어떻게 해야 안전하게 피난할 수 있는가 하는 것이다. 그는 이 글에서 앞에서도 말했듯이 북쪽의 내침을 전제로 하고 있다. 일본의 침입을 염두에 둔 가설이 아니었다.

그때 사람들은 영동과 영서지방을 가장 알맞은 피난처로 생각하고 있었다. 영동은 지리적으로 구석진 곳인데다 곡식과 해산물과 소금 따위가 풍부하지만, 적은 별로 탐탁지 않게 여기는 곳이기 때문이고, 영서는 산이 험준하고 물도 험하고 깊숙하여 적이 와서도 오래 머물 수 없는 곳이기 때문이라는 것이다. 이에 대해 그는 다음과 같이 그 부당함을 밝혔다.

영동은 땅덩어리는 좁고 사람은 드물다. 그래서 풍년이 들면 곡식이 흔하지만, 조금만 흉년이 들어도 굶주림을 면치 못한다. 임진란 때에 이곳으로 피난한 사람들은 몇 달을 못 지내고 모두 굶어죽었다. 영서는 비록 험준하기는 하지만 서울과 가까워서 임진란 때 피난민이 떼지어 몰려왔는데, 적들은 이곳에 나라의 재물이 몰려왔다고 하여 모질게 수색하여 열에 예닐곱이 화를 당했다.

그래서 가장 좋은 피난처는 적들이 가도 아무 이익이 없다고 생각할 곳이라고 했다. 이를테면 임진왜란 때의 수원 같은 곳이 그런 데라고 했다. 수원은 서울에서 가깝기 때문에 모든 백성들이 화를 피해 다른 곳으로 갔다. 따라서 백성이 이런 곳에는 없을 것이고 재물도 없을 것이라고 생각하여 적이 들어가지 않아 아무런 피해가 없었다. 그러므로 미리 생각하지 말고 그때를 당하여 형세를 보아 허허실실을 활용해야 한다.

이런 주장을 담은 「관동불가피란설」은 그때에 난리가 나면 관동과 영서지방으로 몰리는 폐단을 보고 이를 경계한 것이다. 따라서 이것은 국가 차원의 정책이 아니고 일종의 보신책이기는 하나, 그런데도 국방 정책과 관련된 뜻을 지닌다.

허균은 『홍길동전』에서 단편적이나마 그의 이론을 실천하는 모습을 보여주었다. 홍길동은 조선에서 서자로 벼슬을 받는 소원을 이루고 남경의 제도로 들어간다. 여기서 홍길동은 농업에 힘쓰고 군법을 정련한다. 그리고 힘을 기르고 난 뒤에 율도국을 쳐서 이긴다.

모든 영웅을 모아 무예를 익히며 농업에 힘쓰니 병정양족(兵精糧足, 병사는 굳세고 양식은 풍족함)한지라…… 제인을 불러 왈, 내 이제 율도국을 치고자 하니 그대들은 진심하라 하고 즉일 진군할새, 길동이 스스로 선봉이 되고 마숙으로 후군장을 삼아 정병 오만을 거느려 율도국 철봉산에 다다라 싸움을 돋우니, 태수 김현충이 난데없는 군마가 이름을 보고 대경하여 일변 왕에게 보하고 일지군(一枝軍, 한 무더기의 군사)을 거느려 내달아 싸우거늘, 길동이 맞아 싸워 일합에 김현충을 베고 철봉을 얻어 백성을 안무하고, 정철로 철봉을 지키게 하고, 일군을 휘동하여 바로 도성을 칠새, 격서를 율도국에 보내니 했으되, 의병장 홍길동은 글월을 율도왕에게 부치노니, 대저 임금은 한 사람의 임금이 아니요 천하 사람의 임금이라. 내 천명을 받아 기병하매 먼저 철성을 파하고 물밀듯 들어오니, 왕은 싸우고자 하거든 싸우고, 불연즉 일찍 항하여 살기를 도모하라 했더라.

이 대목은 홍길동이 능동적으로 다른 영토를 정벌하는 모습을 보여준다. 다른 국문소설에서는 한민족이 다른 나라를 정벌하는 주제는 하나도 찾아볼 수가 없다고 해도 지나치지 않다. 이렇게 볼 때에 국방문제에 대한 허균의 관심은 능동적인 면까지 지니고 있다. 이것은 또 그가 반역을 꾀할 때에 북에서 호적이 쳐들어오고 남에서 왜구가 노략질하고 있다고 민심을 충동질한 사실과도 서로 통한다.

다음의 「군사를 기르는 것이 나라를 지키는 길이다」[64]와 「서쪽 오랑캐를 대비하는 방안」,[65] 「관동은 피난 갈 곳이 못 된다」[66]는 허균의 국방문제를 살피는 데에 중요한 참고가 되는 글이다.

◎「군사를 기르는 것이 나라를 지키는 길이다」

천하에 군사가 없는 나라가 있는가? 없다. 나라에 군사가 없으면 무엇으로 포악한 침입을 막을 것이며 포악한 침입을 막을 수단이 없으면 나라는 어떻게 자립을 유지하고 임금은 어떻게 스스로 높임을 받으며 백성은 어찌 하루라도 베개를 높이 베고 편안히 잘 수 있으랴. 그러나 천하에 군사가 없는 나라가 있다. 군사가 없고서도 오히려 몇 십 년을 아무 탈 없이 보전한 나라는 예나 지금이나 없는데 우리나라가 바로 그런 나라이다.

그렇다면 포악한 침입을 막을 수단도 없으면서 오히려 이만한 나라를 보전한 데에는 특별한 방책이라도 있었을까? 그렇지 않다. 아무런 방책도 없었고 그저 우연일 뿐이다. 왜 우연이라고 말하느냐? 왜구는 물러간 뒤에 우연히 다시 들어오지 않았고, 누르하치는 우연히 우리나라를 침입하지 않았고, 복로(卜虜)[67]는 우연히 북쪽 변방을 시끄럽게 하지 않았다. 우리나라는 걱정할 것이 없어서 세월을 구경이나 하면서 헛되이 보냈다.

군사가 없다는 것은 병사가 전혀 없다는 뜻이 아니고 병사가 적어서 싸울 수가 없다는 뜻이다. 병사가 적은 것은 군정을 제대로 수행하지 않은 탓이요, 그마저 싸울 수가 없는 것은 장수가 적당한 사람이 아니기 때문이다. 참으로 군정을 엄하게 하고 장수를 잘 택하여 윗사람이 그를 두텁게 신임하고 전권을 맡기면 훈련이 잘된 십만 군사가 남북으로 이리 뛰고 저리 뛰어 치고 공격하는 위엄을 떨칠 것이다. 이런 방책은 세우지 않고 오로지 도망갈 꾀만 쓰는 것은 무엇 때문이냐?

고려 때에는 군정이 가장 엄격히 다스려졌다. 조정의 신하 중에서 아직 높은 벼슬아치가 아닌 사람은 친군(親軍, 서울 경내에 있는 군대)에 소속되었고, 재상의 아들도 으레 군직을 받았고 조정에 소속된 유생들도 종군토록 했다. 안팎의 정규 군사는 공사의 천예를 가리지 않고 모두 병적에 매였다. 장령은 중앙의 대신 이하 담당 부서로부터 통솔되었고 온 나라의 크고 작은 여러 장수가 모두 친히 거느리는 군사를 두었다. 평상시에 옷과 음식을 넉넉하게 주어 교련시켜서, 일이 터지면 장수와 졸병이 서로 잘 맞아 팔이 손가락을 부리는 것과 같았으며 백만의 군사도 하루아침에 마련할 수가 있었다. 그리하여 사납기가 소손녕(蕭遜寧) 같고, 음흉하기가 금산금시(金山金始) 같고, 모질기가 살례탑(撒禮塔) 같고, 많기가 모거경(毛居敬), 유사(劉沙), 관선생(關先生)[68] 같은 자들도 모두 맞이하여 물리쳤다.

오늘에도 땅덩이가 고려 때에 견주어 더 늘거나 줄지 않았고 백성의 수효도 더 보태지거나 줄어들지 않았다. 그런데도 군사가 없다고 하면서 무서워 벌벌 떠니 참으로 알지 못할 일이다.

오늘날의 군사에는 벼슬아치나 재상의 아들이나 조정의 유생들은 소속되지 않았을 뿐만 아니라, 종이나 천민들도 모두 병적에서 빠지려고 하며 병사를 맡은 벼슬아치나 구실아치들이 군사들이 써야 할 물자를 이리저리 발겨가서 골수가 이미 다 빠져버린 상태이다. 평상시에 후하게 양육해도 난리를 만나 죽음으로 적을 막으라는 책임을 지우면 혹 도망가서 목숨을 구하는 자가 있는 법인데 하물며 모질게 부려먹다가 죽을 곳으로 몰아넣을진대 뿔뿔이 흩어질 것은 뻔하다.

장수를 택할 때에도 반드시 백성을 잘 다스리는 자를 써야 한다. 백성을 다스리는 법과 병사를 다스리는 법도 반드시 같지가 않은데, 하물며 백성을 다스릴 줄도 모르면서 한갓 윗사람이나 잘 섬기는 자를 장수로 택해서야 되겠는가? 그렇기에 이런 무능한 자들이 한번 장수가 되면 난을 만나 손발을 어디다 둘지 모르고 적을 바라보기도 전에 먼저 무너지는 것이다. 그놈이 그놈이어서 모두 이 모양이었다.

아아, 이런 장수가 이런 군사를 거느리고 있으니 군사가 없다고 해야 옳은 것이요, 이 나라가 나라를 유지하게 된 것도 또한 우연이다. 그럼, 어떻게 해야 이런 폐단을 고치겠는가? 고려 때의 병제를 채택하면 군사가 강해질 수 있고 장수를 잘 택할 수 있게 되어 나라가 나라답게 될 수 있겠다.

그러나 그것만 가지고 되는 것은 아니다. 많은 군사를 거느리고 변방에 오래 있었던 장수치고 사람들의 헐뜯음과 임금의 의심을 받지 않은 자가 드물다. 군사를 강하게 훈련시키고 군예(軍隸, 정병이 아닌 일꾼)를 잘 단속하고 군율을 엄하게 하되 위와 아래가 서로 친해서 적국이 두려워하는 자라도 한번 임금의 의심을 받는 꼬투리를 열게 되면 발뒤꿈치를 돌릴 사이도 없이 몸은 구렁에 빠지게 되고 따라서 나라도 위태롭고 망하게 된다. 그러므로 병사를 잘 다스리고 장수를 잘 거느려 나라를 강하게 할 수 있는 자는 오로지 임금뿐이다.

◎「서쪽 오랑캐를 대비하는 방안」

아아, 우리나라는 산과 바다 사이에 외져 있으면서 땅덩이는 좁으며 동쪽 남쪽은 왜구와 이웃이 되고 북쪽은 말갈과 경계가 되며 서쪽에는 삼위(三衛, 여진의 세 갈래)의 여진이 강 밖에 바짝 닿아 있다. 그런데 두렵게도 낡아빠진 무기와 게을러빠진 군사와 규율이 없는 아래 일꾼을 데리고서는 방어하려고 해도 그 힘이 미칠 수 없게 된다.

북쪽은 왕업을 일으킨 땅이다. 조종 때부터 국경을 견고하게 하고 성지를 수리하고 못을 파고는 온 나라의 재물을 기울여 그곳 군사를 먹였으며 훈련이 잘된 군사와 말을 몰아 그곳을 지켰다. 그래서 위급한 일이 있어도 쉽게 막을 수 있었다. 북쪽 오랑캐들은 척후의 군사들이 드문드문 있어서 더러 노략질을 하더라도 큰 세력으로 땅을 다투는 것은 아니었다. 그러므로 이백 년 동안 침입을 하기는 했지만 나라는 큰 피해를 당하지 않았다. 그리고 남쪽 왜구는 큰 바다가 경계가 되어 물길이 멀어서 그 본 나라는 침략할 뜻이 없었다. 그런데 대마도의 왜구가 그 사이에 끼어 있으면서 꾀를 쓰고 위협을 해서 이익을 노리는 땅이 되었다.

도요토미 히데요시를 꾀어 명나라를 친다면서 조선의 길을 빌리려 한다는 것도 평조신(대마도 도주)이 병합하기를 바라는 꾀에서 나왔다. 그래서 1백 만 군사로 멋대로 쳐들어와 강토를 유린한 것은 그 또한 천 년에 한 번 있을까 말까 한 일이지 어찌 해마다 이런 일이 있겠는가? 곧 대마도 왜구는 장사를 해서 쌀을 가져가는 정도일 뿐이다. 그래서 남쪽의 방비는 근심할 게 없는 형국이다.

그러나 지금 가장 크고 또 심각한 걱정거리는 바로 서쪽 같은 곳이다. 서쪽의 요새는 압록강 언저리와 연평령 한 마루만 있을 뿐이다. 겨울에 강물이 얼면 평탄한 육지나 다름이 없어서 마음대로 건널 수도 있고 고갯마루도 툭 트여 있어서 쉽게 말을 마구 달려 넘을 수 있다. 이 마루를 넘어 수레 둘이 나란히 달려 쉽게 들어올 수 있다. 대정강에서 사현에 이르기까지는 막을 곳이 없다. 도둑떼가 압록강을 건너면 열흘도 안 돼 평양 아래에 도달할 수 있을 것이다.

더군다나 오래 태평세월이 되어서 평안도 황해도의 고을들은 옷이나 누대만을 단장하고 장막을 사치스럽게 해서 중국 사신을 즐겁게 하는 것만으로 일을 만들 뿐 변방을 굳건하게 지키는 게 무슨 까닭인지도 까맣게 모르고 있다. 그곳 문관출신이나 무관출신의 장수들은 세월이나 즐기고 임기만 기다리고서 옮겨갈 마음만 먹고 기다리고 있다. 그들은 문서의 결재도 대충대충 하고 부하를 부리는 것도 없애버려 성곽은 무너지고 도랑은 막혔으며 무기는 녹슬고 군량은 바닥이 나고 백성의 삶은 가렴주구에 시달려 강변 여섯 고을 사람들이 내지로 옮겨온 게 열에 여덟아홉이나 된다.

이는 급한 변란이 있으면 흙담 무너지듯 할 형세이다. 하지만 우리가 구차하게 의지할 곳은 명나라뿐인데 명나라도 오랑캐 우두머리가 사납고 꾀 많음을 걱정하고 있다.

그들의 세력이 날로 커지고 여러 부족이 연달아 꺾여 합해지니 몇 년 뒤에는 요동지방도 누란(累卵)의 위험에 처할 것인데 우리 서쪽의 작디작은 땅덩어리는 유린을 당하지 않는다고 보장할 수 없으며 명나라가 도와준다고 말할 수도 없다. 내가 일찍이 우리 역사를 보면서 상고해보니, 요(遼)나라가 세 번 침입해왔고 거란이 한 번, 몽골이 여섯 번, 홍건적이 두 번이었는데 모두 서쪽 요새에서 침입해왔다.

고려 시대에는 장수와 군졸은 단련이 잘되고 강해서 침입해오면 거뜬히 물리쳤다. 이는 참모를 하는 신하의 책략과 용맹한 군사의 힘으로 외부 침략을 막아낸 것이었다. 하지만 나라를 다스리는 사람들이 사전에 방비를 튼실하게 하여 유린당하지 않는 형세를 만들어 대비했기 때문이다. 그래서 오백 년 동안 바깥 수모로 조정이 망하지는 않았던 것이다.

지금 나라를 다스리는 사람들이 과연 고려가 계획한 것을 제대로 계획하고 있는지를 나는 모르겠노라. 그러나 장수를 바르게 뽑지 않고 군사를 제대로 훈련하지 않고 아래 일꾼도 단속하지 않으면서 조정에서 팔짱을 끼고 농담 짓거리로 세월을 보내다가 더러 일이 커질까 걱정을 하면 "명나라가 위에 있다"고 하거나 "하늘이 틀림없이 송나라를 도울 것이다"라고 하면서 어쩔 수 없다고 묻어버린다(송나라가 금의 침입으로 남쪽으로 쫓겨간 일).

아아, 우리 조정이 고려에 비하여 땅덩이가 더 줄어든 것도 아니요 인구가 줄어든 것도 아니며 저 도둑 무리 또한 여진(금나라를 뜻함)이나 몽고(원나라를 뜻함)보다 강해진 것도 아니다. 나타나지 않은 형세를 잘 보고서 계책을 세울 줄 모르는 것이니 이는 다름이 아니다. 형정(刑政)이 밝지 못하고 기강이 서지 않은 까닭에 높은 벼슬아치들은 늘 안일에 빠져서 눈앞의 길들여진 것에만 익숙해져 있는 탓이다. 어찌 통곡하지 않는다고 말할 수 있으랴? 나는 오늘까지 서쪽 변두리를 드나든 지 열두 해가 넘으면서 일찍부터 그곳 산천의 형세를 몸소 보아 잘 알고 있다. 또 늙은 군교와 물러난 병졸들에게 여러 정황을 헤아려 실례를 들어 물어보았더니 모두들 그렇게 말했다.

현관(縣官, 고을 벼슬)은 진실로 한 길의 경비와 역사(役事)를 덜어서 어진 재사를 가려 병사 일을 맡긴 것이다. 그러니 양반과 천인을 가릴 것 없이 젊은이는 군대에 예속시키고 늙은이와 아이는 군사들의 생활을 돕게 한다. 책략이 있는 사람을 가려 주변의 고을에 보내 그 자금을 넉넉하게 주어 수리하는 일을 맡기고 고개 마루나 좁은 요새에 관문을 설치하여 지키게 한다. 삭주, 구성, 안주 등의 고을에 진(鎭)을 설치하여 날랜 군사를 주둔시키고 보루를 만들어 보완하게 하고 군량미를 넉넉하게 갖추고서 칼을 갈고 갑옷을 입고 앉아서 늘 적이 쳐들어올 것에 대비하여 긴장을 늦추지 않으면 저들의 정병이 수만 명이라 하더라도 어찌 함부로 침략해올 수 있겠는가? 지금 이런 생각을 하지 않고 부질없이 '위급한 일이 있으면 강화도를 믿을 수 있다' 하고 또는 '안동으로라도 피난갈 수 있다'고 한다. 아니로다. 내가 갈 수 있다면 저들도 갈 수 있다. 게다가 이런 말을 저 도둑들이 들으면 반드시 마음을 편안하게 먹고 소매를 떨치고 일어나 빠르게 달려올 수도 있음을 헤아려야 한다. 그러니 고기나 잘도 먹어대는 높은 벼슬아치들의 꾀가 어찌 슬프지 않겠는가?

나는 모자란 선비이니 감히 내 분수 밖의 일을 따질 수 있겠는가? 그러나 근심이 깊은 사람은 주도면밀하다. 내 마음에 근심이 있으니 여러 가지 생각에 한 가지 얻을 수 있는 게 없겠는가? 이에 고려에서 서쪽 국경을 방비하던 사적을 찾아내서 앞에 싣고 여지(輿地, 산천 등

형세를 적은 지도)에 기록된 산천의 형편과 관수(關守)의 험이(險易), 나아가 오늘날의 병졸과 군량미의 많고 적음을 갖추어 기술해서 두 권으로 엮고 「서변비로고」라 이름붙였다. 이를 상자 안에 넣어두고 알아줄 사람을 기다리노니 세상의 군자가 읽어보고 채용해준다면 나의 주장이 실행에 옮겨질 것이다. 이렇게 된다면 나의 근심도 봄날에 눈 녹듯 풀어질 것이리라.

◎「관동은 피난 갈 곳이 못 된다」

지금 피난을 꾀하는 이들은 식구들을 거느리고 갈 곳을 생각하면서 으레 말한다.

"영동의 아홉 고을은 멀리 산과 바다 사이에 있고 땅에서 곡식이 많이 나고 또 물고기와 소금이 풍부하여서 찾아가는 사람이 굶주릴 걱정이 없고 땅이 또 구석져서 꼭 빼앗으려고 다툴 만한 곳이 못 된다. 따라서 피난하기에는 가장 좋은 곳이다. 그 다음으로는 영서만한 곳이 없다. 산은 험하고도 높고 물은 구불구불하고 그윽해서 도둑이 와서도 오래 머물 수가 없지만 사람들이 숨어 있기에는 알맞다. 호남과 영남은 왜구와 가깝고 함경도와 평안도는 오랑캐와 가까워 평소에 배가 뒤집히는 것과 같은 근심거리가 있고 배 속의 형세에서 사면의 적을 맞이할 우려가 있는 곳이다. 모두 믿을 수가 없다."

이에 내가 말한다.

"아니다. 아니고말고. 이것은 모두가 이치에 밝지 못하고 형세를 살피지 못하는 데서 오는 잘못이다. 영동과 영서는 모두 내가 잘 아는 고

장이어서 매우 익숙하다. 그 거취와 형편을 내 자세히 말해보리라. 영동은 땅이 좁고 인민이 적어서 풍년이 들면 곡식이 천하고 조금이라도 가뭄이 들면 금세 굶주린다고들 소리친다. 지난번 임진란이 일어났을 적에 충주·원주 두 고을 사람들이 서로 강릉으로 모여 먹어대다가 몇 달이 못 되어 손님과 주인이 모두 곤핍하여 나무껍질을 벗기고 조개를 주워 굶주림을 겨우 때웠다. 그것마저도 못 먹으면 서로 베개를 나란히 하고 죽었다. 이제 만일에 난리가 난다면 충주·원주 두 고을 사람들만 모여들어 먹어댈 것이 아니라 온 나라에서 모여들 터이니 내가 생각하건대 그들 주인과 손님이 모두 굶어죽게 될 것은 틀림이 없으리라. 남쪽의 왜구는 오지 않을지라도 북쪽의 오랑캐는 본디부터 동북쪽에 침을 흘리고 있으니 만일에 고려 때와 같이 정주·평산 이북을 차지한다면 도둑의 배가 아홉 고을에 출몰하는 것이 고려시대와 같을 것이다. 참으로 두렵지 아니하랴? 하물며 모든 벼슬아치와 문물이 영남에만 몰려든다면 도둑이 오는 길이 바닷길로 가장 가까우니 더욱이나 피난하기에 좋은 곳이 아니다. 이것은 그 이치가 매우 밝고 그 형세가 매우 간단한 것이다. 영서지방은 산이 비록 험하나 서울과의 거리가 며칠 길밖에 안 된다. 임진란 때에 떠돌던 사족들이 모두 이곳에 모여들었으므로 도둑들이 '여자와 보물이 모두 이곳에 모였구나' 하면서 매우 가혹하게 들쑤시고 베어내서 열에 예닐곱은 칼 아래에서 목이 달아나고 창끝에서 능욕을 당했다. 오늘날은 행장을 꾸려서 이곳으로 가는 사람이 서울 사람만이 아니라 호남·호서 사람까지 이런 생각이 있을 것이니, 오는 사람이 많으면 그만큼 빨리 화를 부를 것이다. 하물며 희양 일대는 오랑캐들의 문호이고, 충주 · 원주는 왜가 드나드는 길목임에는 더 말할 나위도 없다. 고려 때의 거란의 침입과 임진란 때의 일이 좋은 거울이라 하겠다. 그런데도 너나 할 것 없이 고집 세고 겁이 많은 자들이 모두가 같은 말이니 이 또한 이치에 밝지 못하고 형세를 알지 못하는 허물이다."

피난을 꾀하는 사람이 말한다.

"그렇다면 어디로 피난해야 하는가?"

내가 말하였다.

"신씨 형제의 일을 보지 못하였는가? 수원의 바닷가에서 살다가 왜구가 들어왔다는 소문을 듣고 식구를 거느리고 북쪽으로 피난했다. 왜구가 회령을 포위하는 변을 만나 이루 말할 수 없이 고생했다. 다음해에 겨우 돌아와 보니 옛 토지와 집이 전과 조금도 다름이 없었다. 그래서 피난 간 것을 후회했다. 이는 수원이 서울과 가까워서 사람들이 도둑이 서울에 들어오면 먼저 서울 근방의 고을을 노략질할 것이라 생각하여 수원에 살던 사람은 옮겨가고 피난 가는 사람은 그곳으로 가지 않기 때문에 도둑으로서도 이로울 것이 없어서 수원에 가지 않는 것이다. 이로울 것이 없으면 가지 않는 것이 도둑의 마음이다. 만일에 이로울 것이 없는데도 고을고을마다 꼭꼭 들쑤신다면 도둑도 수고롭지 아니하랴. 이런 까닭에 피난을 가고자 하는 사람은, 그곳에 살던 사람이 옮겨가고 도둑을 피하여 사람이 오지 않는 곳을 골라서 가야 안전하여 아무 탈도 없을 것이다. 물이나 바다나 그 형세를 살펴서 할 것이지, 어찌 미리 요량해둘 것인가?"

그가 말하였다.

"그대의 말이 그럴듯하다. 북쪽의 도둑에 대하여는 내 들었거니와 남쪽의 왜구를 피하는 것은 관동이 좋을 것이다."

내가 말하였다.

"임진란 때에 왜구가 갑자기 관동으로 내려왔을 적에 사람들이 피할 곳이 없어서 적의 노략질을 겨우 며칠 겪었는데도 죽은 사람이 매우 많았다. 만일에 적어도 열흘쯤 더 머물러 있었더라면 사람이 모두 고기 토막처럼 결딴났을 것이 분명하다. 하물며 사람이 많이 모여들어서, 도둑이 반드시 이로울 것이 있다고 생각함에랴. 관동의 형세를 알고서 그 이치를 따져 살펴보는 사람으로는 나만한 이가 없을 터인데 나를 믿지 못하는 사람은 의혹되었도다."

묻던 사람은 옳다는 표정을 하고 물러가더라.

신분차별의 타파

근대 전에는 어느 국가나 사회든 신분제도가 지배계층의 권익을 위해 동원되었다. 이 신분제도는 계급 사이에 뛰어넘을 수 없는 간극과 미움을 불러일으켰으며 하층계급은 언제나 억눌림과 수탈을 당했다. 인권은 근대 개념일 뿐 근본적으로 존재하지 않았다. 그래서 신분차별 또는 계급문제는 근대국가가 이루어지기 전에 가장 중요한 사회문제였다. 한국도 마찬가지였다. 조선에서는 인도처럼 계급이 잘게 나뉘어 있지는 않았고 유럽 중세와 같은 노예제도를 운용하지는 않았으나, 두어 가지 특성을 지니고 있었다. 그것은 서얼금고와 여자의 개가금지(改嫁禁止)[69]였다. 이 두 가지는 다른 봉건사회의 신분차별에서 볼 수 없는 조선의 특수성이었다. 아무튼 허균이 살던 조선 중기에는 이 두 가지와 함께 천민의 인권 제한이 가장 중요한 사회모순으로 떠올랐다.

적서의 차별과 그 여파

『경국대전』(經國大典)에 재가(再嫁) 금지의 법과 함께 '서얼 영세 금고법'을 끼워넣으면서부터 이 문제가 불거져 나왔다는 것은 앞에서 이미 말했다. 서얼과 그 자손 그리고 개가한 여자의 자식은 영영 벼슬길에 나가지 못하게 했는데, 이들은 세월이 지날수록 수효가 많아졌고 또 그 수효에 비례해서 불만과 갈등도 높아졌다. 일부다처의 가족제도 아래에서 서류의 수효가 적손의 수효보다 훨씬 더 많았을 것임은 쉽게 짐작된다.

이런 가운데서 이이 등의 허통 건의가 있었고 조일전쟁 이후 더욱더 금고가 가해진 일이 있었다. 그 뒤 1603년에 은이 바닥나서 나라의 재정이 큰 위협을 받게 되자, 호조에서는 은 3천 냥 이상을 캐거나 바치는 서얼에게는 벼슬길에 나갈 자격을 주고 천민들에겐 신분을 면해주며 군보(軍保)[70]에겐 역을 벗게 해주고 6품의 영직(影職)[71] 벼슬을 주자고 건의했으나 허용되지 않았다.

이렇게 잇달아서 정책의 쟁점이 되었던 서얼 차별에 대해 허균은

"고금은 멀고도 오래고 천하는 넓지만, 서얼 출신이라고 해서 어진 선비를 버리고, 어미가 개가한 자손이라고 해서 재능 있는 자를 등용하지 않는다는 말은 듣지 못했다. 또 우리나라만이 그런 자손에게 영영 벼슬길을 막고 있다"[72]고 했다. 그는 "한 사람의 재능은 바로 하늘이 준 것이어서 귀한 집 자식이라고 해서 재능을 풍부히 주는 것도 아니고, 천한 집 자식이라고 해서 재능을 인색하게 주는 것도 아니다"[73]라고 했다. 그렇기에 옛날의 어진 이들은 인재는 초야에서도 구하고 낮은 군졸 중에서도 뽑고 항복해온 적장 중에서도 뽑고 더러는 도둑 무리에서 뽑는 수도 있고 더러는 창고지기를 뽑기도 해서 저마다 알맞은 자리에 썼다고 강조했다. 이런 기본 위에서 허균은 적서 차별을 없앨 것을 주장했다. 「유재론」에서는 그것을 실리와 인도주의의 두 면으로 나누어 설명했다.

실리로 따지면 우리나라는 땅이 좁고 인구가 적어 인재가 드물기 때문에 인물 본위로 등용해야 하고, 자기 재능에 따라 알맞은 자리에서 나라의 이익과 백성의 행복을 위해 일할 수 있게 해야 하며, 그리하여 불만세력을 없애야 사회의 안정을 바랄 수 있다는 것이다.

또 인도적인 면에서 따지면 하늘이 재주를 냈는데도 사람이 그것을 버리면 하늘을 거스르는 것이고, 하늘을 거스르고서는 천명을 바랄 수 없으며, 원망을 품은 지아비와 지어미가 사회에 꽉 찼으니 사회의 화평을 바랄 수 있겠느냐는 것이다.

이런 바탕 위에서 적서 차별의 철폐를 주장한 허균은 "곡식을 받아들이고 벼슬을 주고 서얼을 허통해야 한다는 등의 이이의 다섯 가지 개선책을 받아들이지 않아 조일전쟁이 일어나도 조정은 아무런 대책을 세우지 못했고 백성의 협조를 얻을 수가 없었다"고 지적했다. 그는 그 전의 정치가들이 서얼 허통의 이유로 내세운 양반의 후손이라거나 쌀을 바친다거나 역사에 종사한다거나 하는 것에는 별다른 말이 없고 다만 허통의 논거로서 인물 위주의 인재 등용만을 내세워 그것을 인도적인 면과 실리적인 면으로 설명했다.

이 문제는 소설 『홍길동전』에서도 중요한 주제가 되고 있다.

근본이 천생(賤生)이라 길동이 매양 호부호형(呼父呼兄)하면 문득 꾸짖어 못하게 하니 열 살 넘도록 감히 부형을 부르지 못하고…….

이것은 작품의 주제를 밝히는 대목이다.

나는 어찌하여 일신이 적막하고 부형이 있으되 호부호형을 못하니 심장이 터질지라. 어찌 통한치 아니하리오…….

이것은 길동이 자기의 신분을 한탄하고서 이런 모순된 제도를 개혁하려는 큰 포부를 품고 검술을 공부하는 대목이다.

대개 하늘이 만물을 내심에 오직 사람이 귀하오나 소인에 이르러서는 귀하옴이 없사오니 어찌 사람이라 하오리까?…… 소인이 평생 서러운 바는 대감 정기로 당당하온 남자 되었사오매 부생모육지은(父生

母畜之恩)[74]이 깊었거늘, 그 부친을 부친이라 못하옵고 그 형을 형이라 못하오니 어찌 사람이라 하오리까?

이것은 길동이 자기의 통탄스러운 신분을 맨 처음으로 아버지에게 말하는 대목이다.

길동은 서자로서 이런 집안의 제약에 저항하고 사회의 차별에 반기를 들면서 이것을 제 힘으로 깨보려고 가정을 뛰쳐나간다. 이때에 그는 아버지로부터 '호부'의 허락을 받음으로써 일차적인 성공을 거둔다.

길동은 집을 나온 뒤에 변화무쌍하고 종횡무진한 활동을 벌여 모순된 사회에 저항한다. 그는 의적이 되어 사회를 어지럽히게 된 동기를 그의 형에게 다음과 같이 밝힌다.

대저 대감께서 당초의 천한 길동을 위하여 부친을 부친이라 하고 형을 형이라 했던들 어찌 이에 이르리꼬?

곧 길동이 저항하는 것은 자기의 책임이 아니라 제약과 차별을 한 집안이나 사회나 제도 탓이라는 것이다.

소신이 죄악이 지중하옵거늘 도리어 천은을 입사와 평생 한을 푸옵고 돌아가오나 영결전하 하오니 복망성상(伏望聖上)[75] 만수무강하소서……. 천비소생(賤婢所生)[76]이라, 문으로 옥당(玉堂)[77]이 막히옵고 선전(宣傳)[78]에 막힌지라. 이러므로 사방에 관부에 폐를 끼치고 조정에

득죄하옴은 전하 알으시게 하옴이러니, 신의 소원을 풀어주옵시니, 전하 하직하고 조선을 떠나가오니…….

길동은 끝내 제약받는 자기의 신분을 스스로 벗기었다. 서류로서는 엄두도 못 냈던 병조판서의 관직을 내던지고 자기의 행동이 모순된 제도를 최고 통치자인 임금에게 알리려는 것이었음을 솔직히 밝혔다. 마침내 길동은 집안과 나라에서 받는 차별적인 제약을 없애고 서류의 소원을 풀었다. 길동이 자기의 영달과 자기의 살길만을 얻으려고 반기를 든 것이 아님은 그가 병조판서를 받고서도 그런 본보기만을 남긴 뒤에 그것을 버리고 이상국가인 율도국을 세우는 데에서 볼 수가 있다. 율도국은 적서 차별이 없음은 말할 것도 없고 양민과 천민을 가리지 않고 아무런 신분의 제약이 없는 사회였다.

이에 대하여 정주동은 다음과 같이 말했다.

길동이 병판을 받았다는 것은 서류들에게도 능력에 따라 출사할 수 있다는 희망과 힘을 주었으며 나라에 대해서는 서류라도 인재를 택용해야 한다는 경고를 발한 것이다. 길동이 꼭 병조판서에서 영달을 누리려는 것보다 이러한 목적이 더 컸던 것이며, 군은(君恩)에 감축한 것은 자기 일개인의 영달보다 서류에게도 적자와 같이 은전이 내린 데 대하여 서류를 대신하여 군은에 감축한 것이다.[79]

허균은 이 서얼문제를 한 개인에서 집안, 사회, 국가 그리고 이상사회로까지 넓게 관련시켜 그 철폐를 주장했음을 알 수가 있다. 또 그는 이 소설에서 서얼은 사회제도 자체의 모순, 곧 처첩제도의 결과임을 뚜렷이 밝히고 어느 개인이나 집안에 복수하는 수법을 떠나서 근원적인 책임을 사회제도 자체에 묻고 있다. 물론 이 소설의 주인공이 양반의 후예이고 양반계급을 인정한 점에서 한계성이 드러나지만 천민이나 빈민이 중요한 위치를 차지하는 인물로 등장했고, 또 그들에게 아무런 신분의 차이를 두지 않은 점에서 허균의 평등의식이 나타난다. 이처럼 허균은 그의 책에서 서얼 허통을 주장했을 뿐만 아니라 실제 생활에서도 서류들과 친분을 두텁게 맺고 그들을 도와주기도 했다.

첫째는 칠서들과 손잡고 그들의 거사를 도운 사실이다. 1601년에 칠서들이 서얼금고를 없애달라고 상소를 올린 뒤에 그것이 묵살되자 그들은 거사를 꾸몄는데, 허균은 그 일을 돕고 그들과 교류했다. 이때는 허균이 황해도 도사에서 쫓겨나 야인으로 소일할 때였다. 이때에 어릴 적 친구로서 서류인 이재영과 처의 서외삼촌 되는 심우영을 통하여 이경준을 만났고 이어 서양갑, 박응서 등과 사귀게 되었다. 이 칠서들이 여강(남한강) 가에 굴을 파고 거사를 꾀하고 있을 때에 허균은 공주목사로 있으면서 이들을 격려하며 도와주었고 또 함열, 부안 같은 곳에서 정배생활이나 낙백생활을 하고 있을 동안에도 이들과 자주 교류하고 접촉했다고 한다.

이렇게 허균이 칠서들의 거사계획에 끼어든 것은 두 가지 관점에서 볼 수가 있다. 곧 하나는 계급제도를 타파하고 모순된 사회제도와 정치제도를 개혁하며 지배계층의 권리와 이익의 독점에 저항하는 그의 개혁의지에서 나온 것이요, 다른 하나는 실의와 좌절 속에서 원통해하는 유능한 서류들에 대한 동정심에서 나온 것이라고 볼 수 있다. 아무튼 그가 서류들의 거사에 뜻을 같이한 것은 이론을 행동으로 옮긴 본보기라고 할 수가 있다.

다음에 그는 서류들과의 교우관계에서도 그런 모습을 보여주었다. 그는 스승인 손곡 이달이 서류였음을 가슴아파했다. 이달은 서류로서 세상 돌아가는 것을 한탄하며, 짐짓 속된 예의를 벗어던지고 살던 불우한 시인이었다. 이에 허균은 "속된 무리들이 미워하고 질투함이 한이 없었다"[80]고 했고, "평생을 몸 눕힐 곳도 없었고 사방으로 떠돌아다니며 걸식했다"[81]고 동정했다. 그는 손수 이달의 시를 모아 시집을 엮어 짓기도 했고 이것을 명나라 사신 주지번에게 소개하여 중국에서 그 시집을 펴내도록 하기도 했다. 또 어릴 때의 친구인 이재영과 처족인 심우영의 불행을 동정하고 그들의 생활까지도 돌봐주었다. 서류들에게 허균은 다시없는 동정자로서 처지를 이해하고 활동에 도움을 주었다. 이재영과 심우영을 포함하여 많은 서류들이 언제나 허균의 집에 마음대로 드나들었으며 그림자처럼 붙어다녔다. 이런 것은 그의 동정심과 감상적인 모습을 보여주지만 한편으로 '서얼방한'(庶孽防限)을 몸소 깨는 행동으로 볼 수도 있다. 이런 교우관계에서 「유재론」과 『홍길동전』이 나왔고, 마침내 칠서들의 거사를 돕는 데에까지 이르렀다.

천민과 개가에 대한 동정

노비를 중심으로 한 천민들은 앞에서 말한 것처럼 조선이 건국되고 많은 수효가 양민이 되었으나 16세기에 들어서면서 그 수효가 부쩍 늘어났다. 공천(公賤, 국가 소속)은 정부기관의 인적 자원이 되었고 사천(私賤, 개인 소속)은 양반과 토호의 이권의 대상이 되었다. 『증보문헌비고』의 호구고에 따르면 1484년에 국가기관에 소속된 노비는 모두 26만 1,984명이었다. 사천은 양반과 토호 한 집에 서너 명이었다고 하므로, 천민은 전체 인구의 3분의 1쯤이 되었던 셈이다. 공천은 갖가지 법규 때문에 한낱 물건에 지나지 않았고 말이나 소처럼 주인이 마음대로 사고파는 물건이었다. 이들은 사람으로서의 모든 자유와 권리를 빼앗겼고 이들을 죽이고 살리는 것을 주인이 멋대로 해도 별다른 규제가 없었다. 또 사천은 공물의 대상이 되었고 상속되었다. 노비가 아들을 낳으면 노비의 주인은 말이나 소가 새끼를 낳은 것보다 더 값진 재산으로 쳤다. 이들이 자기 신분을 벗어나려면 나라에 공을 세우거나 상당한 재산을 바쳐야 했고 특별한 경우에 후한 주인을 만나 특사를 받는 길밖에 없었다. 그러나 그것은 실제로 거의 불가능한 일이었다.

조일전쟁 때에 노비를 뺀 천민들에게 곡물을 받거나 하급 군직을 주어 양민으로 만드는 정책을 한동안 편 적도 있지만 조일전쟁이 끝난 뒤에 곧 폐지되고 말았다. 그 뒤 이들 천민의 신분을 가엾게 보아 풀어주려고 한 정책은 하나도 없었다. 다만 나라의 재정을 채워야 할 때나 환난을 만났을 때에 활용해먹는 대상일 뿐이었다.

또 여자의 권리도 여필종부(女必從夫)와 부창부수(夫唱婦隨)[82]라는 가혹한 유교윤리 아래서 짓밟혔다. 여자는 의사를 발표하거나 자기의 지위를 주장할 자유가 없었음은 말할 것도 없고 칠거지악(七去之惡)[83]으로

꽁꽁 묶여 있었으며, 어머니와 아내로서의 제한되고 예속된 지위가 있었을 뿐이고 사람으로서 누릴 지위를 잃었다. 더구나 여자 종은 기생과 마찬가지로 상전의 노리갯감이 되었고 신분이 낮은 여자는 정조를 지킬 자유마저도 없었다. 또 첩을 얼마나 많이 가졌느냐가 그 남자의 사회 지위와 재산 정도를 나타내주는 잣대가 되기도 했다. 따라서 일부다처 제도를 묵묵히 받아들이면서 처와 첩은 남자의 횡포를 그대로 받아들였다. 이것은 중세기 전의 사회에서는 어디나 마찬가지였겠지만 조선 사회처럼 갖가지 유난스런 제약을 가한 곳도 드물다.

이런 천민문제와 여권문제에 대해 허균은 구체적인 논리를 펴기보다 소박하고 막연하나마 그 나름의 생각을 가지고 있었으며 그것을 행동에 옮겼다.

「유재론」에서 그는 하늘이 재주를 낼 때에 누구에게나 고르게 냈다고 하면서 이들을 옹호했고, 「정론」에서는 이들에게 일정한 곡물을 받고 벼슬을 주자는 주장을 지지했다. 또 「유재론」에서는 하늘이 사람을 차별하지 않았다는 논리를 통해 인간의 평등을 단편적으로 주장했다. 또 "원망을 품은 사내와 홀어미가 나라의 반을 차지하고도 화락한 사회 분위기를 이루려는 것은 어림없는 일"이라고 하면서 이런 차별과 제한이 하늘을 거스르는 것임을 분명히 밝혔다.

이런 그의 주장은 교우관계에서도 잘 나타난다. 그는 권필, 조위한 같은 불우한 시인들이나 서얼들 말고도 평민 출신 화가인 이정과 이징, 천인인 유희경, 승려인 해안과 옥준, 기생인 계생과도 가까이 지냈다. 이정은 평민 출신의 화가로서 옳지 않은 것과는 타협하지 않는 꿋꿋한 사람이었다. 이정은 어느 재상이 그림을 그려달라고 청하자 두 마리의 소가 솟을대문 안으로 재물을 가득 싣고 들어가는 그림을 그려주었다가 매를 맞아 죽을 뻔했던 사람이다. 허균은 불우한 이정을 아끼고 도왔다. 허균은 이정을 두고 "비록 가난하여 남의 집에 빌붙어 얻어먹고 살았으나 의리 아니면 하나도 취하지 않았고, 마음에 들지 않으면 아무리 권세 있고 지위가 높아도 더럽게 여겼다"고 기렸다. 또 그가 죽자 "모두 버리고 어디로 가는가. 내 속세에 어울리지 못하여 세상의 쭉정이 되었을 제 그대만이 나와 흉금이 통하여 일찍이 사귀어 단짝이 되었다네"[84]라고 애달파했다. 평민 서자 출신인 이징과도 따뜻한 정을 나누고 그의 재주를 아껴주었다. 천인인 유희경과도 시와 술로 남다른 교분을 나누며 천민의 처지를 동정했다. 또 그의 애인인 부안 기생 계생과 그의 정부이자 「원부사」의 작자인 무옥에게 늘 인격적인 대우를 했고 그들의 재주를 아끼고 불우한 처지를 동정했다. 계생에겐 참선을 하라고 권하면서 참선은 몸과 마음을 수양하는 데에 도움을 줄 것이라고 했다. 그 무렵의 통념으로는 이해하기 어려운 여성관을 보여준 셈이다.

그는 "남녀의 정욕은 하늘이 준 것이요, 예법 행검은 성인의 가르침이다. 하늘이 성인을 냈으니 내 차라리 성인의 가르침은 어길지언정 하늘이 내린 성품은 감히 어기지 않겠다"[85]고 했다. 이것은 사람의 본능을 높이 본 분방한 말이지만, 여자를 노리개의 지위에서 남자와 똑같은 사람의 지위로 끌어올리는 출발점을 만들었다. 그리고 그때의 윤리의식으로 보면, 여성에게도 억압되고 폐쇄된 본능의 돌파구를 열어주는 대담한 발언이었다. 이에 대해 김동욱은 "이런 발언을 할 수 있다는 것이 허균의 위대한 점이지만 당시 사람들은 이를 경박자의 발언으로밖에 돌리지 않았던 것이다"[86]라고 했다.

허균은 또 고고한 서얼과 천민의 전기를 쓰기도 했다. 그가 쓴 다섯 사람의 전기, 곧 「엄처사전」, 「손곡산인전」, 「장산인전」, 「남궁선생전」, 「장생전」 등에 나오는 주인공은 탁월한 인재들이면서도 출신이 미천해서 방랑과 걸식과 은둔으로 세상을 마친 비극적인 인물들이다. 또 시를 가려 뽑은 『국조시산』(國朝詩刪)이란 책에 반역자, 천예, 여성의 시들을 실음으로써 인물의 귀천을 가리지 않았고, 시를 평론한 책인 『성수시화』(惺叟詩話)에서도 신분을 따지지 않고 여성인 허난설헌과 옥봉, 술법가인 전우치, 승려인 삼료, 기생인 계생, 천예인 유희경 등을 다루었다.

위에서 서얼과 천민과 여성에 대한 허균의 생각과 행동을 살펴보았다. 그러나 여기에서 두 가지가 문제되고 있음을 지나쳐버릴 수가 없다. 하나는 서얼 허통을 주장하면서 양반계급을 인정한 것이고, 또 하나는 일부다처 제도를 인정한 것이다.

첫째로, 허균은 『홍길동전』에서 주인공 홍길동이 양반의 후예임을 애써 밝혔다. 이것은 서얼 허통을 주장한 이들이 하나같이 가장 합리적이고 타당한 근거로 내세운 것이다. 하지만 홍길동은 그 때문에 특권의식을 가졌던 것은 아니고, 또 그런 신분의 제약이 없는 사회 곧 율도국을 세웠다는 점에서 허균의 서얼 허통을 제한된 것으로 볼 수는 없다. 다만 그때의 통념에 젖은 일반 독자층에 대한 계몽 효과와 설득력을 가지려고 그런 주제를 설정했다고 생각된다. 또는 사회소설이나 계몽소설의 성격을 가진 『홍길동전』이 문학으로서의 주제 설정에는 미숙했던 탓으로 볼 수도 있다. 이것은 신분제도를 비판한 「유재론」을 읽어보아도 이해가 간다. 「유재론」에서 그는 천부인권만을 내세웠지 양반계급을 달리 인정하지는 않았다. 더구나 서류 중에서도 양반의 후예계가 신분이 더 높다는 것을 인정하지는 않았다.

둘째로, 그가 일부다처 제도를 부정하거나 비판한 글은 찾을 수가 없다. 다만 여성의 개가를 지지하는 말을 했을 뿐이다. 『홍길동전』에서도 서얼제도가 중요한 주제가 되고 그것을 타파하는 것으로 결론을 내리면서도 처첩제도에는 별다른 회의나 비판을 하지 않았다. 또 허균은 다른 모순과 비리에는 불같이 도전하면서도 이 제도는 스스로 인정하는 행동을 했다. 곧 허균 자신도 일부일처를 지키지 않고 첩을 거느렸던 것이다. 허균의 책 중에서 많은 부분이 없어졌기 때문에 이 문제에 대한 그의 정확한 생각은 전달할 수가 없다.

아무튼 적서 차별을 반대하고 평등의식을 강조한 그의 생각과 행동은 대체로 모순된 사회제도를 개혁하려는 의지로 볼 수 있고, 또 그의 인도정신의 표현으로 볼 수도 있다.

이름 있는 유교 가정에서 태어나 그 시대에 글재주를 떨치고 높은 벼슬을 지낸 사람으로서, 더구나 신분계급 제도가 철저한 봉건체제 아래에서 다른 신분계층과 깊이 사귀는 것은 큰 모험이었다. 그럼에도 자기의 특권을 접어두고 다른 계층을 두둔한 것은 선구자다운 그의 면모를 보여주는 것이다. 그렇기에 유교 가치관에 맹목적으로 젖은 그때의 선비들은 언제나 허균이 점잖지 못하고 예의가 바르지 못하다고 하여 그를 호되게 나무랐으며, 그가 파직된 까닭도 대부분이 거기에 있었다.

그러나 허균은 자기의 성행을 단속하지 않았고, 나아가서 시유(時儒)의 비난이 있거나 파직을 당할 때에도 '한 점 동요도 없다'고 말했다.

「인재를 고루 써라」[87]는 신분 차별에 대한 그의 의견을 밝힌 글이다.

◎「인재를 고루 써라」

나라를 다스리는 사람과 하늘이 준 직분을 다스리는 사람은 재능이 없어서는 안 된다. 하늘이 인재를 내는 것은 본디 한 시대의 쓰임을 위해서이다. 그래서 하늘이 사람을 낼 때에 귀한 집 자식이라 하여 풍부하게 주고 천한 집 자식이라 하여 인색하게 주지는 않는다. 그래서 옛날의 어진 임금은 이런 것을 밝히 알고 인재를 더러 초야에서도 구하고 더러는 군졸 중에서도 뽑고 더러 항복한 오랑캐 장수 속에서도 뽑았으며 더러 도둑 중에서도 끌어올리고 더러 고지기를 등용키도 했다. 이들은 다 알맞은 자리에 등용되어 재능을 한껏 펼쳤다. 나라가 복을 받고 치적이 날로 융성케 된 것은 이 방법을 썼기 때문이다.

중국같이 큰 나라도 인재를 빠뜨릴까 걱정하여 늘 그 일을 생각한다. 잠자리에서도 생각하고 밥 먹을 때에도 탄식한다.

어찌하여 숲속과 연못가에 살면서 큰 보배를 품고도 팔지 못하는 자가 수두룩하고 영걸찬 인재가 하급 구실아치 속에 파묻혀서 끝내 그 포부를 펴지 못하는 자가 또한 많은가? 정말 인재를 모두 얻기도 어렵거니와 모두 거두어 쓰더라도 재능을 다하게 하기가 또한 어렵다.

우리나라는 땅덩이가 좁고 인재가 드물게 나서 예로부터 걱정거리였다. 더구나 조선조에 들어와서는 인재등용의 길이 더 좁아져서 대대로 명망 있는 집 자식이 아니면 좋은 벼슬자리를 얻지 못하고, 바위 구멍과 떠풀 지붕 밑에 사는 선비는 비록 뛰어난 재주가 있어도 억울하게 등용되지 못한다. 과거에 급제하지 못하면 높은 지위를 얻지 못하고, 비록 덕이 훌륭한 사람도 과거를 보지 않으면 재상 자리에 오르지 못한다.

하늘은 재주를 고르게 주는데 이것을 명문의 집과 과거로써 제한하니 인재가 늘 모자라 걱정하는 것은 당연하다. 고금은 멀고도 오래고 천하는 넓지만 첩이 낳은 아들이라 해서 어진 사람은 버리고 어미가 두 번 시집갔다고 해서 그이들의 재주를 쓰지 않는다는 말은 듣지 못하였다. 우리나라만이 천한 어미를 가진 자손이나 두 번 시집간 자의 자손을 벼슬길에 끼지 못하게 한다.

조막만하고 더욱이 양쪽 오랑캐 사이에 끼어 있는 이 나라에서 인재를 제대로 쓰지 못할까 두려워해도 더러 나랏일이 제대로 될지 점칠 수 없는데, 도리어 그 길을 스스로 막고서 "우리나라에는 인재가 없다"고 탄식한다. 이것은 남쪽 나라를 치러 가면서 수레를 북쪽으로 내달리는 것과 무엇이 다르겠는가. 참으로 이웃 나라가 알까 두렵다.

한 사내 한 여편네가 원한을 품어도 하늘이 마음이 언짢아 오뉴월에 서리를 내리는데, 하물며 원망을 품은 사내와 원한에 찬 홀어머니가 나라의 반을 차지하는 바에야 화평한 기운을 불러오기는 어려우리라.

옛날에 어진 인재는 보잘것없는 집안에서 많이 나왔다. 그때에도 지금 우리나라와 같은 법을 썼다면, 범중엄(范仲淹)이 재상 때에 이룬 공업이 없었을 것이요, 진관(陳瓘)과 반양귀(潘良貴)는 곧은 신하라는 이름을 얻지 못했을 것이며, 사마양저(司馬穰苴)나 위청(衛淸) 같은 장수와 왕부(王符)의 문장도 끝내 세상에서 쓰이지 못하였을 것이다.[88]

하늘이 냈는데도 사람이 버리는 것은 하늘을 거스르는 것이다. 하늘을 거스르고도 하늘에 나라를 길이 유지되게 해달라고 비는 것은 있을 수 없는 일이다. 나라를 다스리는 자가 하늘의 순리를 받들어 행하면 나라의 복된 운수는 맞이할 수 있을 것이다.

당쟁의 폐해와 이상적인 정치가

여기에서는 붕당이 현실정치에 미치는 폐해와 붕당의 패거리 때문에 바른 정치가가 늘 바른 정치를 펼 수 없다는 허균의 일반적인 정치관을 살펴보자.

붕당에서 일어나는 갖가지 논의와 폐단은 '당의', '당론', '당쟁' 따위로 이름이 지어진다. 그것은 붕당 또는 양반계급 사이의 권력투쟁이고 이런저런 패거리가 끼리끼리 어울려서 벌여대는 시비의 난장판이다. 이것은 자기의 생존과 연결되는 권력을 잡으려고, 그리고 그것을 유지하고 확대하려고 상대를 헐뜯어 몰아내고 자기 세력을 심으려는 데에서 싹이 튼다. 더욱이 자리는 한정되어 있고 새로운 권력 추구의 돌파구는 막혀 있으며 게다가 강력한 중앙집권체제 밑에서 정치 토론장이 없을 적에 붕당은 저절로 생겨난다.

다시 말해서 조선조의 붕당 또는 당쟁은 가족과 문벌 위주의 정치의

식에도 그 원인이 있지만, 벼슬자리가 한정되어 있고 영토 확장 같은 새로운 권력 추구의 돌파구가 막힌 데에도 큰 빌미가 있다. 따라서 그 한정된 자리에서 남을 몰아내고 자기 세력을 굳건히 하려면 패거리 정실 인사를 하게 되고, 지위를 얻지 못한 다른 세력은 상대를 공격하게 되므로 파당이 생긴다.

앞에서 이익은 붕당이 이해관계에서 생긴다고 밝혔다. 또 이건창은 "붕당이 생기는 까닭에는 여덟 가지가 있다. 첫째는 도학을 지나치게 중히 여긴 탓이요, 둘째는 명의(名義)를 지나치게 엄히 한 탓이요, 셋째는 글을 지나치게 번거롭게 한 탓이요, 넷째는 형벌을 지나치게 빡빡하게 한 탓이요, 다섯째는 사리 따지기를 지나치게 준엄하게 한 탓이요, 여섯째는 관직이 너무 맑은 탓이요, 일곱째는 족벌이 지나치게 성한 탓이요, 여덟째는 족벌을 지나치게 중히 여긴 탓이다"[89]라고 했다.

윤태림은 이에 대해 다음과 같이 말했다.

> 파벌과 당파란 어느 나라에든 있는 것이다. 도쿠가와 시대의 일본, 북송 시대의 중국, 30년전쟁 시대의 유럽은 그 극단의 예이다. 같은 사실, 우리보다 더한 사실이 남의 나라 역사에도 있지만, 그것을 모르는 체하고 한국의 것만을 우리 자신이 욕하고 있다.[90]

곧 독일의 30년전쟁은 구교와 신교가 서로 갈라져 저마다 외국의 힘에 등을 대고 30년에 걸쳐 국토를 짓밟은 싸움이었고 독일 역사의 가장 큰 비극이었음을 인정하지 않는 사람은 없을 것이다. 그러나 이것을 중거로 하여 독일 민족은 당파성을 타고난 사대주의적인 민족이라고 하는 사람은 별로 보지 못했다. 또 일본에는 조슈벌이니 사쓰마벌이니 하는 것이 뿌리가 뽑히지 않고 지금까지도 영향을 미치고 있다. 학벌과 재벌과 문벌은 그들이 아직도 씻지 못하는 병폐이다. 그러나 일본인을 가리켜 파벌심과 사대주의 사상이 짙은 민족이라고 말하는 사람은 별로 없다.

아무튼 파당은 권력을 추구하는 정치사회에서는 어디에나 있을 것이다. 다만 그 파쟁의 정도가 문제된다. 파쟁은 권력을 잡고 그것을 멋대로 휘두르는 간신배가 날뜀으로써 싹이 튼다. 간신배는 권력을 자기만의 이해에 결부시키고 또 개인의 영달 수단으로 삼기 때문에 절대로 권력을 놓지 않으려고 온갖 비열하고 옳지 않은 수법을 다 쓴다. 조선시대에는 무오사화 후의 거듭되는 사화 속에서 간신배의 농간이 잇따랐고 이에 붕당의 조짐이 보였다. 그러다가 그것이 심해지기 시작하여 선조 때에는 매우 치열해졌다. 허균은 이 붕당이 본격화된 시기, 곧 선조 때와 광해군 초기에 살았다.

허균은 "국론이 두 갈래로 갈라지기 시작하면서부터 사사로운 논의가 매우 치열하게 일어나서 더러 저것으로 이것을 헐뜯고 더러 이쪽을 높이면서 저쪽을 배척한다. 이 따위가 시끄럽게 일어나 갈라져서 그 옳고 그른 것이 정해지지 않는다. 이것은 모두 사사로운 마음으로 모든 일을 듣고 보아서 그렇게 된 것이다. 누구를 탓할 것인가?"[91]라고 했다.

그는 이 붕당을 「소인론」에서 음붕(淫朋)이라고 새로운 용어를 써서 표현했다. 허균은 그때의 정치가를 군자와 소인으로 나누었고, 군자는 이상적인 정치가로, 소인은 권력을 잡고 흔드는 간신으로 보았다. 그는 군자와 소인을 개체로 파악했고, 붕당은 개체가 아닌 변칙적인 정치세력으로 보았다. 허균은 황희와 허주, 유성룡과 이이 같은 이를 군자 정치가로 보았고, 김안로와 윤원형, 유영경 같은 사람들을 소인 정치가로 들었다.

또 황희와 허주가 있을 때에는 "나라의 바탕이 채 다져지지 않아서 나랏일을 많이 고칠 수가 있었는데 두 신하는 왕도에는 힘쓰지 않고 너그럽게 진정시키는 것을 가장 높게 여겼다……. 나라가 신뢰로써 지금까지 유지되어온 것은 모두 세종 임금의 힘이며 두 신하도 잘 도왔다는 칭송을 받는다"[92]고 했다. 곧 황희와 허주는 뛰어난 인재는 아니었지만 묵직하고 강직한 성품으로, 임금이 잘못한 경우에는 그냥 따르기만 하지는 않는 정도의 인물이라고 평했다.

이에 견주어 유성룡과 이이에 대해서는, "임금이 아껴서 서로 믿은 사람은 이이였고 임금이 믿고 나랏일을 맡긴 사람은 유성룡이었다"고 했다. 곧 임금은 신하의 말을 믿고 신하는 임금이 함부로 하지 않을 것을 믿어서 위민정치가 원활히 될 수 있게 한 사람이 이이였고, 나라의 일을 맡기면 자기 능력을 다하여 그 일을 책임 있게 처리함으로써 책임정치를 펼 수 있었던 사람이 유성룡이었다고 했다.

그러나 황희나 허주와 달리 이 두 사람은 소인들이 지껄여대고 쪼아대서 그 능력을 제대로 발휘할 수 없었다고 평했다. 아무튼 황희와 허주는 인격의 바탕 위에서 정치를 했지만 이이와 유성룡은 인격의 바탕 위에 창의와 능력을 보탠 정치가였으며, 이들은 저마다 달랐지만 모두 군자 정치가였다고 본 것이다.

김안로는 효혜공주를 며느리로 맞아 중종의 사돈이 된 뒤에 온갖 농간을 부렸고, 왕의 종친이나 공경들도 정적인 것 같으면 축출하여 죽이는 등 종횡무진으로 공포정치를 일삼은 간신이었다. 윤원형은 중종의 계비 문정왕후의 동생으로 소윤의 우두머리였다. 그는 갖은 음모로 대윤을 숙청하는 을사사화를 꾸미고, 형 원로와도 권력다툼을 벌여 형을 몰아냈으며, 스무 해 넘게 재산을 모으고 권력을 지키는 데에만 골몰했던 간신이었다. 유영경은 북인에서 소북 그리고 탁소북이 되어 영의정에 오르는 동안에 당파를 일삼고 반대파 없애기에 골몰했다. 그는 광해가 왕위에 오른 뒤에 영창대군을 옹립하려 했다는 탄핵을 받고 죽임을 당한 인물이다. 허균은 이들을 가리켜 "이른바 간신배들이 있었는데, 김안로가 농간을 부리고 윤원형이 권력을 휘두르고 근래에 유영경이 또한 전권을 휘두르고자 했다"[93]고 지적했다. 이들이 소인 정치가의 본보기이다.

그러나 이런 권간(權奸)보다 더 무서운 것이 붕당이라 했다. 권간이 물러가면 예전으로 돌아갈 수 있지만, 붕당은 지속성을 가져서 한 사람이 물러가는 정도로는 해결될 수 없다고 했다.

그러면 정치행위의 표현으로서 군자와 소인은 어떻게 다를까? 허균은 「소인론」에서 다음과 같이 보았다.

군자와 소인은 '정사(正邪), 시비(是非), 공사(公私)'[94]로 구분된다. 곧 모든 행위에서 군자는 '정(正), 시(是), 공(公)'으로 표현되고, 소인은 '사(邪), 비(非), 사(私)'로 표현된다. 그리고 이 세 가지 표현을 직접 판단하고 받아들이고 배척하는 것은 위에 있는 자, 곧 임금이다. 민중이나 역사는 그 표현된 행위의 결과와 영향을 보고 느껴서야 판단하고 배척하지만, 임금에게는 이들을 판단하고 배척할 권한과 아울러 바르게 이끌 책임이 있다. 그렇기에 현명한 군주는 소인 정치가를 멀리하고 군자 정치가를 가까이한다고 했다. 이 말은 곧 모든 정치의 결과는 궁극적으로 임금의 책임이라는 뜻이다. 신하가 농간을 부리거나 그 농간 때문에 나라가 해를 입고 백성이 불행해지는 정치 환경이나 풍토를 허용한 것은 임금의 책임이다. 이 책임이 밝혀지지 않으면 군자와 소인의 기준은 모호해지고 또 전제 치하의 최고 통치자인 임금의 지위가 문제된다. 어쨌거나 소인은 마땅히 없어져야 할 정치세력이다.

그럼, 또 소인과 음붕은 어떻게 구별될까?

이에 대해 허균은 「소인론」에서 다음과 같은 논리를 폈다. 소인은 자기 개인의 이익만을 탐하여 권력을 잡고 휘두른다. 어디까지나 그 행위의 목적은 개인의 영달에만 있다. 그렇기 때문에 무리를 지어 권세를 잡는 것이 아니라 혼자서만 전권을 쥐고 흔든다. 이래서 모든 잘못의 책임이나 영향은 전권을 쥔 한 사람에게만 미친다. 따라서 나라 전체에 미치는 해독은 적고 나라 전체의 기강은 덜 흔들리며 전권자인 소인만을 몰아내면 모든 것이 제자리로 되돌아가기가 어렵지 않다. 또 지난날의 소인은 학식은 분별력이 있을 만하고 행실은 세상을 속일 만하고 재능은 변고에 대처할 만하다고 했다. 그래서 이들이 권세를 잡고 있어도 세상 사람들이 마음속을 헤아리지 못하면 이들은 제멋대로 하고 싶은 일을 했다. 이들은 얼핏 군자와 구분할 수 없을 지경이었지만 나라에 미치는 화가 참혹했다.

이에 견주어 음붕은 개인의 이익을 탐하는 점은 소인과 같지만 파당을 짓고 떼거리로 남을 배척한다. 음붕은 자기 파당이 아니면 무턱대고 배척하고 자기 파당이면 어떤 잘못이 있더라도 옳다고 편든다. 그래서 여론이나 국론은 네 조각, 다섯 조각으로 갈라진다. 게다가 파당은 권력을 저마다 나누어서 가지고 그렇게 갈라진 무리들이 또 새로운 파당을 짓는다. 이래서 파당은 모든 정치세력의 밑바닥까지 얼기설기 얽히게 되고 이해에 따라 이리 몰리고 저리 몰린다. 그러므로 우두머리 한 사람을 몰아내봤자 그 뿌리가 뽑히지 않고 끝내는 기강을 바로잡을 수 없게 된다. 또 이런 음붕은 재능이나 행실이나 학식이 없으면서도 오로지 벼슬을 탐하여 좋은 자리만 눈이 벌개서 쫓아다니고 그러고도 군자인 체, 청렴한 체, 벼슬자리가 마치 밥 얻어먹는 자리이기나 한 것처럼 날뛴다고 했다. 따라서 음붕의 해독은 소인이 제멋대로 권력을 휘두르는 해독보다도 크다고 했다.

허균이 군자와 소인을 구분짓고 음붕의 해독을 말한 이 「소인론」을 쓴 때는 광해군 초기라고 짐작된다. 곧 광해군이 즉위하고 이이첨 등의 대북파가 권력을 잡아 갖가지 파당이 생겼던 때를 말한다. 그는 그때를 소인도 없고 군자도 없는 시대라고 했다. 군자가 나타나면 그 군자의 행적에 비춰져서 소인의 행색이 저절로 나타나게 된다. 마치 해가 쨍쨍 내리쬐어야 응달이 있음을 알게 됨과 마찬가지의 이치이다. 윤원형 등이 날뛰던 그때에는 군자가 없었기 때문에 소인이 누구인지도 구별할 수가 없었고, 게다가 교묘한 은폐와 두 겹 세 겹의 연막전술 때문에 그

그릇됨과 올바름을 가릴 수가 없었다. 그래서 소인의 무리, 곧 간신배들이 세력을 잡을 때보다 음붕이 날뛰는 오늘날이 나라에 해가 더 크다고 했고, 심지어 소인이라도 국권을 잡고 뒤흔든다면 오래지 않아 음붕을 뿌리 뽑을 희망이라도 있겠다고 표현했다.

이렇게 음붕, 곧 붕당의 폐해를 들어 밝힌 허균은 1613년의 칠서지옥 때에 대북파의 우두머리인 이이첨에게 출사를 부탁하여 대북파에 몸을 담기도 했다. 그리고 대북파의 동조세력은 되었으나 이이첨이 권력을 휘두르던 그때에 허균 스스로 붕당에 앞장서지는 않았다. 그의 아버지 허엽은 동인의 우두머리로 활약했고, 그의 형 허봉도 동인의 줏대 세력으로, 서인계열이었던 이이를 탄핵했다가 유배되기도 했다. 그의 매부인 우성전은 동인에서 갈라진 남인의 우두머리였고, 그의 스승인 유성룡도 남인이었다. 그러나 허균은 대북에 몸담기 전에는 문중의 당인 동인에 끼지 않았음은 말할 것도 없고 서인 쪽인 이이를 높이 평가하고 그의 정책을 지지하는 모습도 보여주었다.

아무튼 음붕의 폐해를 밝히고서 당파가 다른 유성룡과 이이를 군자 정치가로 일컬었으며 이 두 사람이 포부를 펴지 못하고 원활한 정책을 펼 수 없었던 것은 당파 때문이라고 지적했다. 그는 유성룡이 스스로의 정치적 포부를 펴지 못한 것은 그 재능이 미치지 못한 것이 아니라 세상의 헐뜯는 논란이 해코지를 한 탓이다"[95]라고 했고, 이이도 "이들 무리가 심하게 헐뜯어서 그 몸이 용납되지 못한 것이 당연했다"[96]고 했다. 그리고 마침내 유성룡과 이이 같은 군자 정치가를 압박하여 나라를 어찌할 수 없게 만들었다고 밝혔다.

어떤 학자는 조선조의 파쟁은 저절로 생긴 것으로서 피할 수 없는 것이었다고 한다. 그러나 그것이 정치무대에서 삼백 년쯤 횡행했던 데에는 또 다른 문제가 있었을 것이다. 아무튼 여기에서는 이런 당쟁의 원인이나 결과를 논하려는 것이 아니므로, 음붕의 폐해를 밝힌 허균의 의견을 소개하는 데에 그친다. 다음의 「인재를 옳게 써야 한다」[97]는 글에서 음붕에 대한 허균의 기본 의견을 살펴볼 수 있다.

◎「인재를 옳게 써야 한다」

예로부터 제왕은 정치를 하면서 혼자서 하지 않았다. 반드시 도와주는 신하가 있었다. 도와줄 훌륭한 신하를 얻으면 천하와 나라의 일을 잘 다스릴 수가 있었다. 이것이 뚜렷이 나타난 경우가 있었다. 요, 순, 우, 탕이 임금이 되었을 적에 고요, 익, 직, 이윤 같은 어진 신하의 도움이 없었더라면 그 빛나는 정치는 없었을 것이다. 하물며 요즈음 세상에서랴?

뒷세상의 임금들은 비록 정치를 잘해보려 원하지만 그들을 도울 알맞은 신하가 없음을 걱정한다. 신하가 될 사람은 포부가 옛사람 못지않으면서도 "내가 밝은 임금을 만나지 못할까", "일을 펴다가 중간에 쫓겨나지나 않을까" 하고 걱정한다. 그러니 정치가 예만 못하고 다스림이 더욱더 나빠지는 것이 괴이쩍을 것이 없다. 어찌 인민의 불행이 아니겠는가?

우리나라가 비록 구석지고 작으나 임금도 있고 신하도 있으며, 백성도 있고 사직도 있다. 정치를 다스리는 자가 참으로 삼대(三代)[98]를 본받는다면 저 요·순의 빛나는 정치를 이루는 것이 어찌 어려우랴.

일찍이 세종께서 황희와 허주를 신임한 것을 보면 알 수 있겠다. 저 황희와 허주는 선비도 아니요 재능 있는 신하도 아니면서 특별히 묵직하고 곧음을 가지고서 임금의 잘못까지 따르기만 하지는 않는 정도였다. 세종 때에는 나라의 기틀이 채 마무리지어지지 않아서 나라의 일을 많이 고칠 수가 있었는데 두 신하는 왕도(王道)[99]에 힘쓰지 않고 한낱 부드럽게 진정하는 것만을 일삼았다. 이래서야 어찌 "옳은 것은 옳다"고 칭찬하고 "그른 것은 그르다"고 깨우쳐서 순임금과 우임금의 빛나는 정치를 도운 익(益)과 직(稷) 같은 신하가 되겠는가?

그러나 나라가 신뢰받아 지금까지 유지되어온 것은 모두 세종 임금의 힘이며 두 신하도 잘 도왔다고 칭송한다. 만일에 고요(皐陶), 익, 직 같은 신하가 도와서 정치를 다스렸다면 어찌 그 공덕과 이름이 이 정도이겠는가?

아아, 선왕(先王, 선조를 일컬음)께서 정치를 다스린 것은 밝았다고 할 만하다. 그때 임금을 돕는 신하가 적지 않았으나 아껴서 서로 믿은 사람은 이이였고 신임해서 나라 일을 책임지운 사람은 유성룡이었다. 두 사람은 참 선비이며 유능한 신하라 할 만하다. 임금이 일을 맡겨 책임지고 이루라는 뜻은 지극했는데 끝내 능력을 한껏 펴지 못한 것은 그 재주가 미치지 못한 것이 아니라 세상의 논의가 이러쿵저러쿵 떠들어대서 방해했기 때문이다.

유성룡이 난리를 만나 온갖 정력과 지혜를 다했어도 더러는 이루고 더러는 실패한 것은 그때의 형세 때문이었다. 그가 이순신을 등용한

한 가지 일은 나라를 일으킨 큰 계기였는데도 유성룡에게 입방아를 놀리던 자들이 이순신까지 아울러 벌을 주었으니, 나라에 해됨이 이루 말할 수가 없었다.

이이가 곤경에 처한 것은 논의를 벌이는 자들이, "공안(貢案)[100]을 고치는 것은 온당치 못하다", "여러 고을에 정원 밖의 군사를 더 두는 것은 마땅치 못하다", "곡식을 받고 벼슬을 주는 것은 좋지 못하다", "서얼들에게 벼슬길을 열어줌은 옳지 못하다", "성과 보루를 고쳐 쌓는 것은 합당치 않다"고 까불어댔기 때문이다. 왜병이 몰려든 뒤에 조정에서 도둑을 막고 백성을 편케 하는 방법을 떠들썩하게 찾아보고 마련해보았지만 모두 이 다섯 가지에 지나지 않았던 것은 무엇이뇨? 아마도 이이의 선견지명은 이미 수십 년 앞을 내다본 것이어서, 비록 위의 몇 가지 정책을 펴는 것이 태평할 때에는 진실로 대수롭지 않은 것인 줄 알지만 닥쳐올 환란을 미리 막는 방책이므로 어쩔 수 없이 고쳐야 할 것인지라 이에 뭇사람이 꺼리는 것을 무릅쓰고 감히 말한 것이다. 속된 선비들은 옹졸한 생각에 묶여서 "소란스럽다"고 하고 "타당치 못하다" 하며 떠들썩하게 씹어댔으니 그들 몸이 용납되지 못하고 나라는 어찌해볼 수 없게 된 것은 마땅하다 하겠다.

그런데 지금 논의를 벌이는 자들은 애써 이이를 배척하는 데에 젖먹던 힘까지 남김없이 쏟으면서도 오히려 이 다섯 가지를 시행하는 데에는 생각을 둘 줄 모르니 기가 막혀서 웃을 일이로다. 선왕께서 온 정력을 기울여 잘 다스리려 할 때에 두 신하가 알뜰히 그들의 가슴속에 쌓아둔 포부를 펴서 위에서는 좇아주고 아래에서는 잘 받들어서 다른 의논이 없었더라면 꼭 밝은 운수는 돌이키지 못했을지라도 바깥 도둑은 막을 수 있었을 것이다. 그런데도 벌떼처럼 무섭게 일어나 쏘아대, 반드시 밀어내고서야 그만둔다. 이를테면 황희와 허주가 이런 때를 당했더라면 필시 두 임금을 섬겼다[101]고 지목을 받아서 하루도 편안히 조정에 있지 못했을 것이나, 어찌 세종 때와 같이 온화한 모습으로 부드럽게 세상일을 진정했겠는가?

뒷세상에 좋은 정치가 없는 것은 이런 것 때문이라 하겠다. 그렇다면 어떻게 하면 좋을까? 내 말하노라. 아래 살피는 것을 밝게 하고 신하에게 맡기는 것을 신의로써 하는 것, 이 두 가지면 다 될 수 있을 것이다. 그 마지막에는 임금이 확고한 신념과 굳은 결단을 내리면 되는 것이다.

4장

허균이 생각하는 학문

— 허위와 진실

허균은 유학에서 이단이라고 생각하는 학문들을 끊임없이 읽고 연구했다. 그리하여 그 자신은 유자이면서도 이단으로 눈총을 받았고 또 그 때문에 많은 압박과 지탄을 받았다. 그러면서 여느 유학자들이 하는 이기(理氣)니 사단칠정(四端七情)이니 하는 이른바 성리학[102]의 글을 전혀 쓰지 않았고 주자왈(朱子曰)로 시작되는 주희의 학설을 거의 인용하지도 않았다. 그는 어떤 눈으로 이단을 접하고 생각했을까? 여기에서는 유학과 함께 그때에 이단이라고 일컬어졌던 양명학, 불교, 도교, 서학, 민속신앙을 나누어 살펴보겠다.

유교

그는 유교 집안에서 태어나 유학을 공부한 유자였다. 그때에는 벼슬길에 나서려면 유학이 가르치는 교양과 수양이 없어서는 안 되었다. 그뿐 아니라 교양인으로서 명망을 얻고 지식을 흡수하는 과정에서도 유학은 그 기본 바탕이 되었다. 그러므로 그도 어릴 때부터 이를 열심히 공부했고 그 결과 벼슬길에 오를 수가 있었다. 이런 까닭에 그가 스스로도 유자라고 일컫는 것은 너무도 당연한 일이다.

그는 「학론」에서 유학을 '우리의 학문'이라고 표현했으며 「이나옹을 산으로 보내면서 주는 글」에서도 유학을 '우리의 가르침'이라고 했다. 휴정의 시문집인 『청허당집』의 서문에서는 스님이 돌아가시자 그의 비문을 나에게 부탁했다고 말하고 "나는 세속의 선비이다. 나와 불교와는 전혀 맞지 않으니 어찌 그의 행적을 넉넉히 그릴 수 있으랴"고 했다. 또 사명당의 비문에서는 "제가 비록 유가의 무리이기는 하나 아우와 형의 교분으로 사귀어 스님을 가장 잘 알고 있는 터……"라고 했다. 또 불교와 유교를 견주어 보는 글에서도 이와 같은 표현을 자주 쓰고 있다. 조선시대에는 국가와 사회가 유학을 기본으로 하고 있었기 때문에 그것은 그때 사람들이 모두 쓰는 표현이었다. 이를테면 오늘날 우리가 '우리의 민주주의'라고 표현하는 원리와 똑같다. 이 말대로 그는 유자임에 틀림없다. 그러면 유자로서 그는 유학을 어떤 눈으로 보았을까? 그것이 그의 유교관을 살피는 데에 중요한 핵심이 된다.

옛적에 학문하던 사람은 자기 몸만 착하게 하려고 하지 않았다. 대개 이치를 깊이 공부해서 온 천하의 변화에 대응하고 도를 밝혀서 뒤에 나오는 학문의 길을 열어주어 천하와 뒷세상으로 하여금 우리의 학

문이 높일 만하고 도의 맥이 나로 말미암아 땅에 떨어지지 않게 되었음을 뚜렷이 알리려 했다.[103]

이는 두 가지를 말한 것으로, 하나는 '자기 몸을 위한 공부'〔爲己之學〕이고, 또 하나는 '남을 위한 공부'〔爲人之學〕이다. 곧 "자기 몸만을 착하게 한다"는 것은 '자기 몸을 위한 공부'요, "천하와 뒷세상에 남김이 있게 한다"는 것은 '남을 위한 공부'이다. 이 둘은 유학의 공부에서 요체가 된다. 허균은 '남을 위한 공부'를 중시했다. 다시 말해서 고답적인 형이상학에 지나치게 빠지는 것을 경계하고, 한 걸음 나아가 자기 몸도 제대로 닦지 못하면서 남을 위한다는 그때의 거짓 학자들에게 경고를 발했다. 허균의 「학론」에 따르면 "참 선비가 세상에 쓰이게 되면 중국 고대의 이상적인 제왕이었던 요·순의 치적과 중국 삼대의 어진 제왕이었던 우·탕·문무의 공업이 나타나고, 세상에 쓰이지 못하면 공자·맹자의 교훈과 송나라 때에 성리학을 확립시켰던 주돈이·정자·장재·주자의 학설이 이루어진다. 비록 천만년이 흐른다 해도 사람들이 이들에게 다른 의논을 내지 않는 것은 다름이 아니라 그 뜻이 공평무사하기 때문이다"라고 했다. 그러므로 명망과 이욕을 초월한 공평무사한 학자를 희구했다. 따라서 포부 있는 사람에게는 기회를 주어야 한다고 전제하고, 영리를 초월했다고 말하면서 큰 포부가 있는 체하지만 명망을 낚으려고 벼슬길에 나서지 않는 사이비 도학자들을 꾸짖었다. 이어 진정한 도학자들에게 그들의 뜻을 펴게 한다면 요·순의 시대마저 만들 수 있다고 했다.

여기에서 두 가지 기본 성격이 드러나는데 하나는 도학정치요, 또 하나는 이상정치이다. 도학정치는 유학의 근본이념, 곧 인(仁)과 덕(德)을 바탕으로 한 왕도정치이다. 이 왕도정치의 이상적인 표본은 요 · 순의 정치이며, 유교의 이상은 옛것으로의 끊임없는 회귀이다. 요 · 순의 정치는 법이 아닌 교화로, 강압이 아닌 자발로 모든 것이 이루어진다. 이 요 · 순의 이상을 끊임없이 추구하다보면 새로운 창조적 발전이 가로막히게 된다. 다시 말해서 임금에게 인과 덕만을 강조하게 되고 임금의 전제정치를 막는 법을 만드는 등의 제도의 보장에는 소홀해지는 것이다. 그리하여 한번 어진 임금이 나타나면 모든 정치가 잘되어가지만 한번 폭군이 나타나면 아무런 제재도 가할 수 없이 나락으로 떨어지고 만다. 이것이 바로 유교의 복고사상의 결함이었다.

이상은 현실에서 쉽게 찾아지는 것이 아니다. 그렇다고 막연히 미래의 어디쯤에 초점을 둘 수도 없다. 과거의 이상사회도 곧 요 · 순 시대의 사람들이 동경하여 만들어둔 가상의 작품인 것이다. 아무튼 허균은 다른 사람들, 곧 조광조나 이이 같은 사람이 그랬듯이 요 · 순의 이상사회를 주장했다. 다만 그것이 언제나 현실에 뿌리박고 있는 점이 두드러진다. 『홍길동전』의 '율도국'도 그가 추구한 이상사회의 하나라고 하겠다.

그리하여 그는 현실을 그르치는 거짓 학자들을 매도했다. 그 구체적인 논거의 하나가 『성소부부고』에 실린 김종직에 대한 논평이다.

천하에 사사로이 이록(利祿)을 차지하고도 명망을 훔친 자가 있는데 세상에서 군자라고 한다면 사람들이 믿겠는가?…… 비록 도덕과 인의에서 나왔더라도 거짓됨을 면할 겨를이 없을 텐데, 하물며 이록과 명망 두 가지를 차지했음에라. 이미 그 이록을 차지하고 그 명망을 도둑질해서 한세상을 속이고서 스스로 그 영화와 녹봉을 누린다면 진실로 슬기와 생각을 다하여 맡은 일에 충실해야 그 잘못을 조금이라도 메울 수 있을 것이다. 그런데도 도리어 "영화와 녹봉은 나의 뜻이 아니다" 하면서 능청스럽게 한갓 좋은 벼슬을 누려 그 몸을 바친다면 그 죄는 죽임을 당해도 용납되지 않을 것이다.

김종직은 문예가 한창 진흥하던 조선 성종 때에 살았던 학자로서 영남학파의 우두머리였다. 또 우리나라 예학의 첫째로 꼽혔으며 우리나라 유학의 큰 줄기인 정몽주의 학통을 잇고 큰 선비라는 추앙을 받았다. 따라서 많은 학자들이 그의 문하에서 나왔다. 허균은 김종직을 거짓 학자의 표본으로 꼽았다. 적어도 진정한 학자는 이록과 명망을 넘어서야 한다는 것이며 한번 나라에 봉사하려 했으면 온 힘을 기울여야 했는데도 이를 위장하거나 이에 소홀했음을 지적한 것이다. 이것이 곧 '자기를 위한 공부'와 '남을 위한 공부'의 갈림길이다. 김종직은 이 둘을 다 놓치고도 둘을 다 차지한 것처럼 생각하고 있다는 것이다.

이와 같이 허균은 유교를 거의 현실정치나 정치가와 결부시켜서 보았다. 그가 공자와 맹자 또는 주자를 '남을 위한 공부'의 보기로 든 것은 그들의 성리학적인 면을 말하려고 한 것이 아니고 다만 마음가짐이나 실천과 관련지어 그 방향을 제시한 것에 지나지 않는다.

그는 또 「이나옹을 산으로 보내면서 주는 글」에서 다음과 같이 말했다.

이른바 불교의 책은 성품과 마음을 논하는 데에서 비록 이치에 가깝다고는 하나 진실로 우리의 유교와는 모든 것이 서로 반대된다. 그들의 환견(幻見)[104]과 공설(空說)[105]은 갖가지 하늘의 이치와 어긋난다. 진주를 빌려 말하면 모두 씨조개에서 나왔는데도 유교에서는 진주가 탯줄이 빚어내 나왔다 하고 불교에서는 진주가 탯줄에 붙어서 들어 있었다 한다. 아마도 유교는 근본을 하늘에 두고 불교는 자기 마음[106]에 둔 까닭인가 한다.

이것은 유교의 실천윤리에 바탕을 두고 불교를 비판한 것이다. 아마도 초기 불교 입문의 시기에 불교의 책을 읽고 회의하고 있는 말인 듯하다. 또 불교를 믿었다고 탄핵을 받아 파면되고서 「최분음에게 주는 편지」에서는 다음과 같이 말했다.

때때로 젊은 시절에 배웠던 송나라 유학자의 글을 꺼내 불교의 마음에 관한 설을 비교해보았다. 같고 다른 견해와 그 거짓됨과 참됨이 서로 나누어지게 됨을 애써 따져 변석하고 논변하니 스스로 얻은 바가 있었다. 그리하여 글을 지어 그 뜻을 밝혔는데 내가 부처에게 아첨했다는 것은 반드시 이것을 두고 한 말일 것이다.

이것도 유교를 공부하면서 동시에 불교를 학문으로 공부했다는 점을 밝힌, 변명을 겸한 글이다. 이 두 가지는 모두 그가 삼십대에 쓴 글로 보인다. 그러므로 그의 참된 의견을 살펴보는 데에는 도움을 주지 못한다. 그러면서도 이런 정도 말고는 성리학 또는 양명학에 관한 그의 의견을 뚜렷이 밝힌 내용이 보이지 않는다. 이것은 그가 유교를 주로 정치철학이나 실천도덕으로 보아 현실 위주로 해석하고 있었음을 엿볼 수 있다. 다시 말하면 이른바 순수학문에 반기를 들고 현실참여의 학문에 그 가치를 둔 것이다. 순수라는 이름으로 현실의 비리는 외면하고 산림에 묻히는 선비를 썩은 무리로 보며, 현실에 적극적으로 참여하는 자, 현실의 잘못을 고치려는 자, 사회의 비리에 도전하는 자를 참 선비로 보려는 것이다.

그러면 이런 유학의 분위기가 그에게 어떤 작용을 했을까?

앞에서 살펴본 대로 그때는 유학이 교조성을 띠고 나타난 시기였다. 유학을 닦지 않으면 교양인이 될 수 없었고 학자가 될 수 없었고 벼슬길에는 더군다나 나갈 수가 없었다. 그리고 유학을 배우지 않은 사람은 한낱 무지렁이에 지나지 않았다. 그렇다면 다른 학문이 있었던가? 있었다면 불교와 도교였다. 처음부터 불교와 도교를 익혔던 사람은 지배층에 끼어들지 못하게 막고 이단으로 쳤지만, 유자도 그것을 공부하거나 빠져들면 이단으로 찍어 지배층에서 몰아냈다. 그리고 같은 유학 중에서도 공자 · 맹자 그리고 정자 · 주자의 학설만을 강요했고, 이에서 벗어나면 그것도 또한 이단으로 생각했다. 이에 대해 장유는 『계곡만필』(谿谷漫筆)에서 다음과 같이 말했다.

중국의 학술에는 여러 갈래가 있어서 우리의 바른 학문도 있거니와 불교도 있고 도교도 있으며 정자·주자를 배우는 사람도 있고, 육상산을 배우는 사람도 있어서 길이 하나가 아니었다. 우리나라에서는 알고 모르고를 따질 것 없이 책을 끼고 글을 읽는 사람은 정자·주자만 월 줄 알았지 다른 학문이 있는 줄은 모른다.

또 『퇴계집』의 전습록논변[107]에서 이황은 다음과 같이 갈파했다.

왕양명이 감히 방자하게 우리 주자를 배척하고 함부로 그럴듯한 여러 말을 인용하여 억지로 끌어붙이고 조금도 거리낌없으니 그 학문의 어그러짐과 마음의 병통을 볼 수 있다.

같은 유학자인 왕양명의 학설이 주자와 다른 점이 있다고 하여 이단으로 보았던 것이다. 이런 학문 풍토에서도 허균은 불교와 도교에 깊이 빠졌다. 그러므로 허균은 유학도이기는 하나 정통 유학도가 아니었으며, 따라서 어쩔 수 없이 유학도가 되었으나 유학만이 그의 학구의 대상은 아니었다고 볼 수 있다.

한편, 국문학자인 정주동, 김진세 같은 사람들은 그가 유교도임을 증명하는 논거로 다음과 같은 몇 가지 점을 들고 있다. 이를 종합하면 대개 다음과 같다.

첫째로, "허균은 유자란 모름지기 이치를 깊이 연구하여 천하의 변에 따르게 하고 도를 밝혀 자손과 후세로 하여금 그 존숭함이 전승되도록 하여야 한다 했고, 요·순·우·탕의 태평성대와 공·맹의 가르침, 그리고 정호·정이·장재·주희 등이 천만 세가 지나도록 끊이지 아니함을 이상으로 함은 그의 유교에 대한 태도를 잘 말해준다"고 했다.

그러나 이것은 앞에서 말한 바와 같이 현실의 부조리를 들먹거리면서 이상을 추구하여 말한 것이므로 그 논거를 유교에서 끌어들였다고 해서 유학도라고 할 수는 없다.

둘째로, "허균은 도연명을 포함하여 이태백, 소동파의 세 선생을 평생 동안 흠모했다. 이것은 '군자는 도를 꾀하지, 먹는 것을 꾀하는 것이 아니다'라고 하여 속세의 부귀공명과 현우귀천을 초월하고 안빈낙도하려는 청빈절의의 존중을 말하는 것이니, 이것도 또한 그가 유학도의 한 사람임을 말하는 것이라 하겠다"라고 했다.

도연명을 흠모함은 속세를 떠나 자연에 묻혀 사는 청빈사상을 흠모함이다. 이것은 유교 덕목에서 높이 본 것이기는 하지만 유학도와는 아무런 관계가 없고 오히려 불교나 도교와 관계가 깊다고 하겠다. 또 이런 생각은 어느 시대에나 있었던 은둔사상의 하나이다.

셋째로, "그는 당쟁에도 휩쓸려 있었다. 당쟁의 폐단을 이야기하면서도 자신이 그 속에 말려들어간 것은 그만큼 그가 유교사상에 물들어 있었기에 유교의 속성이던 당쟁에서 빠져나올 수가 없었던 것이다"라고 했다.

당쟁은 결코 유교의 속성이 아니다. 유교를 믿는 지배층에서 가지 쳐 나온 것이기는 해도 유교의 본질이나 그 속성과는 아무런 관련도 없다. 유교도의 지배층에서 나온 것이라고 하여 유교의 것이라고 볼 수는 없다. 또 허균이 한때 당쟁에 말려들긴 했지만 당쟁 그 자체를 극렬하게 비판했다. 그리고 정통 유학자인 중국의 구양수나 우리나라의 이이도 붕당의 폐해를 격렬하게 지적했다.

넷째로, "어머니에게 효성의 도리를 다했고…… 자기의 경망한 행동을 감싼 선조대왕을 잊지 못하는 충성이 늘 붙어다녔으며, 『홍길동전』에서도 임금과 아비와 형제를 대하는 데에 충효와 우애 같은 윤리의 선을 벗어나지 않았다"고 했다.

이런 윤리는 이름만 다를 뿐이지 지극히 인간적인 윤리임에 틀림없다. 불교에도 이런 면이 있고 예수의 말에서도 이런 말은 얼마든지 찾아낼 수 있다. 유교에서 강조했던 실천윤리의 하나라고 하여 이를 주창한 사람은 모두 유학도라고 보는 것은 지나친 편견이라고 하겠다.

그리고 허균이 중국에서 과거를 보아 재주를 겨루지 못했음을 한탄했다거나, 맏아들을 왕으로 내세워야 한다고 주장했다는 점까지 그가 유교도인 근거로 내세우고 있다. 이런 평들은 모두 원시유교의 본질이 무엇이고 유교의 한계와 폐단이 무엇인지를 가리지 못했거나 그 분위기를 잘 파악하지 못한 데서 나왔다. 허균은 유교의 교양을 쌓았으나 어디까지나 반유교적인 행동과 학문 태도로 일관했음을 깊이 살펴보아야 한다. 말을 바꾸면 유교도 받아들이되 다른 학문도 이와 마찬가지로 받아들였다.

다음과 같은 보기에서도 이런 모습이 나타난다. 허균은 우리나라의 여러 훌륭한 시들을 모아 『국조시산』이라는 책을 만들면서 이이의 다음과 같은 시를 넣었다.

이 몸의 전생은 김시습이었는데

오늘날에는 가낭선(賈浪仙)이 되었구나.

이것은 바로 불교의 윤회설을 담고 있다. 불교에서는 사람의 목숨이 끊임없이 윤회하여 다시 태어난다고 본다. 이이 자신이, 세상을 버리고 절을 찾아 떠돌아다닌 김시습을 자기의 전생이라고 보고 세상의 선악을 보며 통곡하다가 물에 빠져 죽은 가의(賈誼)를 자기의 금생이라고 비긴 것이다. 그런데 허균이 이이를 모략하려고 이 시를 거짓으로 지어 책에 실었으니 이 책을 없애야 한다고 허균이 죽은 지 백 년 뒤에도 선비들이 들고 일어났다. 그뿐 아니라 이 책을 간행한 전라도 관찰사 박태순은 좌천되는 처지에 빠지게까지 되었다.(숙종실록 26년 2월 신묘조) 허균은 그의 형 허봉이 비록 이이를 공격하다가 귀양살이를 갔지만, 「유재론」, 「소인론」 등에서 이이를 가장 훌륭한 인물의 하나로 꼽고 있다. 그러므로 이이가 불교를 믿고 있다고 모략하려고 이 시를 실은 것이 아니라 이이가 학문에 편견을 가지지 않았음을 보여주려고 실은 것 같다. 그는 유학으로 획일화된 의식이나 학문의 분위기를 애써 배격했고, 스스로 유학만을 학구의 대상으로 삼지도 않았다.

다음은 그의 양명학에 대한 견해가 어떠했는지 알아볼 차례이다. 양명학은 명나라 초기에 크게 유행하고 있었다. 왕양명은 사상적으로는 '지행합일'(知行合一)로 지식의 바탕에서 행동과 실천을 중요시했고, 윤리적으로는 오륜을 부정하면서 붕우유신(朋友有信)의 횡적 관계만을 인정했으며, 사회적으로는 사농공상(士農工商)을 직분으로 보아 동일시했다. 이런 것은 모두 주자의 이론에 반대되는 것이다. 양명을 추종하는 세력은 우파와 좌파로 갈렸는데 허균은 좌파계열인 이탁오(李卓吾)의 글을 읽고 왕양명과 함께 자신의 저술 『한정록』에 소개했다. 허균은 왕양명의 명훈(名訓)인 "일분(一分)의 사람 욕심을 없애면 일분의 하늘 이치를 얻는다"를 소개했다. 이는 왕양명의 저술을 읽은 증거가 될 것이다. 한때 허균의 제자였던 이식은 허균이 양명학과 기미가 통한다면서 아들을 경계하는 「시아대필」(示兒代筆)이란 글에서 이렇게 쓰고 있다.

> 내가 그의 말을 들으니 "남녀의 정욕은 하늘이 준 것이요, 윤기의 분별은 성인의 가르침이다. 하늘이 성인을 일등으로 높였으니 나는 하늘을 따르지 감히 성인을 따르지는 않겠다"고 했다. 그의 무리들은 이 말을 외우면서 지극한 이론이라고 여겼다. 이것은 진실로 이단사설의 극치인데 허균이 처음 말한 것이 아니다. 노자 · 장자 · 불경의 글에 모두 그런 뜻이 있고, 육상산 · 왕양명이 비록 기미는 감추고 드러내지 않았으나 그 글을 잘 읽어보면 저절로 한 맥으로 줄기가 닿는 곳이 있다.(『택당집』 잡저)

곧 허균의 말은 노자 · 장자 · 불경 · 왕양명의 설과 통한다는 것이다. 그리고 양명학의 좌파계열인 안산농(顔山農)은 욕(欲)자, 하심은(何心隱)은 살(殺)로 법문종지를 삼고 변란을 일으키다가 죽은 것은 허균의 행동과 다를 바가 없다고 했다. 이로 보면 여기에서의 하늘과 정욕은 양명학에서 빌려온 것이며, 이규경이나 근래의 학자들이 이를 천주교와 연결시켜 말한 것은 틀린 것이 된다. 그리하여 허균과 그 동지들을 조선의 양명좌파로 꼽을 수 있는 것이다. 단지 양명학을 학문적으로 공부한 후기의 정제두 등의 강화학파는 양명우파로 꼽을 수 있다.

다음의 「참과 거짓」이라는 글에 그의 유학에 대한 태도를 잘 보여주는 내용이 담겨 있으며 「김종직을 따진다」에서는 유학자의 몸가짐에 대해 따지고 있다. 「벼루와 함께」는 짧은 글 속에 벼루의 효용을 담았다.

◎「참과 거짓」[108]

옛적에 학문하던 사람은 자기 몸만 착하게 하려고 하지 않았다. 대개 이치를 깊이 공부해서 온 천하의 변화에 대응하고 도를 밝혀서 뒤에 오는 학문의 길을 열어주어 천하와 뒷세상으로 하여금 우리의 유학이 높일 만하고 도의 맥이 나로 말미암아 땅에 떨어지지 않게 되었음을 뚜렷이 알리려 했다. 이것을 선비가 가장 먼저 해야 할 일로 생각하여 그들이 이것으로 뜻을 삼았으니 공평무사하지 않았겠는가?

요즈음 세상의 이른바 학문하는 이들은 우리 유학이 높임을 받을 만한 일을 하지도 않고 또 자기의 몸만이라도 착하게 하려고도 하지 않는다. 입으로 지껄여댄 것과 귀로 들은 것을 되는대로 주워모아 겉으로 말을 번지르르하게 꾸며대고 몸가짐을 그럴듯하게 꾸며 거드름을 피우는 것에 지나지 않는다. 그러면서 스스로 일컫기를 "나는 도를 밝힌다", "나는 이치를 깊이 공부한다"고 떠들어 한때의 모든 사람들이 보고 듣는 것을 어지럽게 한다. 그리고 그들이 살아가는 것을 끝까지 살펴보면 높은 명망이나 낚아챌 뿐이요, 참 이치를 높이고 도를 뒷세상에 전하는 실제 일에는 곁눈질이나 흘금흘금 하다보니 조금도 엿본 것이 없는 듯하다. 이것은 그들의 뜻이 사사로운 일에 마음을 둔 탓이다. 그렇다면 공평과 사사로움이 불 보듯이 나누어지고 참과 거짓이 해 보듯이 뚜렷해진다.

어찌하여 요즈음 몇십 년 동안 말을 떠벌리는 자들이 꼭 "아무개는 훌륭한 학자이다", "아무개는 참 선비이다"라고 망령되이 서로 끌어올리고 치켜세우기에 겨를이 없는 것인가? 그것도 또한 의혹스럽다.

내가 일찍이 보아오니 이러하더라.

참 선비가 세상에 쓰이게 되면 요·순의 치적과 우·탕·문무의 공업이 나타나고, 쓰이지 못하면 공자·맹자의 교훈과 주돈이·정자·장재·주자의 학설이 이루어진다. 이들이 비록 천만년이 흐른 뒤에라도 사람들이 다른 의논을 내지 않는 것은 다름이 아니라 그 뜻이 공평무사하기 때문이다.

지금의 거짓 선비는 헛된 말과 실없는 얘기를 늘 늘어놓으면서 걸핏하면 이윤·부열·주공이 한 일을 스스로 할 수 있다고 떠들어댄다. 그러다가 조정에 쓰이게 되어서는 손발을 어디다가 둘 줄도 몰라 쩔쩔매다가 벌렁 넘어져서 스스로 수습하지도 못한다. 그리하여 그 시대에는 비웃음을 받고 뒷세상에서는 입방아에 오르내린다. 조금 약은 자들은 이와 같이 될 것을 미리 점치고는 명망에 금이 갈까 해서 벼슬길에 나오라고 해도 곧바로 나서지 않고 사양하는 체하면서 자기의 못남을 감춘다. 이것도 또한 다름이 아니라 그 뜻에 사사로운 마음이 차 있기 때문이다.

아아, 거짓됨이 참됨을 어지럽히는 것이 막다른 골목에 이르게 했는데도 도리어 임금으로 하여금 '도학'을 싫어하고 쓸 만한 것이 없다고까지 믿게 했으니 이것은 거짓되고 사사로운 마음이 뱃속을 꽉 채운 자들의 죄이다. 어찌 참 선비가 그렇게 하도록 했겠는가?

우리나라에서는 이른바 도학의 선비가 더러 화를 입기도 하고 더러 그들의 포부를 끝내 펴지 못하기도 했다. 모르기는 하나, 그때의 임금이 그들의 도를 써서 시행했더라면 공업이 능히 옛사람에 견줄 수 있었을 것이며, 또 이 세상을 요·순의 때처럼 만들 수도 있었을 것인가?

나라의 논의가 두 쪽으로 갈라지면서부터 사사로운 의논이 불꽃처럼 일어나서 더러 저쪽 때문에 이쪽을 헐뜯고 더러 이 사람을 높이려고 저 사람을 배척하여 시끄럽게 멋대로 갈라져서 어떤 것이 옳고 그른지 분간할 수가 없었고 정해지지도 않았다. 이것은 그들이 듣고 본 것이 사사롭지 않은 것이 없어서 그런 것이다. 누구를 탓하겠는가?

지난번에 이른바 다섯 현인[109]을 사당에 모신 적이 있었다. 의논을 벌이는 자들이 "이 다섯 사람 말고는 사당에 모실 수 없다"고 떠드니 '허허' 웃음이 나올 뿐이다. 어진 사람을 어찌 다섯으로만 꼭 정해야 한다는 것인가? 그렇다면 뒷세상에 비록 공자나 안자 같은 학문을 가진 사람이 있어도 사당에 모실 수 없다는 말인가? 공자와 안자 같은 사람이 태어난다고 점칠 수 없다고 치자. 길재의 충성은 직접 우탁과 정몽주의 도통으로 전해지고, 서경덕의 뛰어난 조예는 이이로 하여금 밝고 뛰어난 근원을 스스로 깨치게 했다. 그런데 이같은 것을 취할 것이 없다고 하여 사당에 모셔야 한다는 논의를 조금도 안 할 것인가? 더러 이들을 나무라는 자들까지 있으니 이것도 사사로움과 거짓이 끼쳐놓은 해독이다.

김굉필과 정여창이 불행히도 백 년 뒤에 태어난다고 하면 어찌 헐뜯음을 받지 않을 것이라고 보장하겠는가? 또 이이가 다행히도 백 년 전에 태어났다고 하면 또한 높임을 받지 않았을 것이라는 것을 보장하겠는가? 이것은 뜻이 공평무사하지 못하고 또 남에게서 들은 것을 곧이곧대로 받아들이는 데에서 말미암은 것이다. 임금이 진실로 공평함과 사사로움의 구분을 밝게 한다면 참과 거짓을 알기가 어렵지 않을 것이다. 공평함과 사사로움, 참과 거짓을 분별하면 반드시 이치를 깊이 연구하고 도를 밝히는 자들이 나와서 그들이 배운 바를 행할 것이며, 겉만 번지르르하게 꾸미는 자들은 감히 그 꾀를 부리지 못하고 모두 깨끗이 그들의 거짓을 버릴 것이다. 또 온 나라에 일고 있는 큰 시비도 따라서 정해질 것이다. 그렇다면 그 계기는 어디에 있는가? 임금 한몸에 있는 것이며, 또 '마음을 바르게 갖는 것'에 지나지 않는다고 나는 말한다.

◎「김종직을 따진다」[110]

천하에 이록을 차지하고도 명망을 훔친 자가 있는데 세상에서 군자라고 한다면 사람들이 믿겠는가? 나는 그것을 믿지 않는다고 하겠다.

무엇 때문에 그것을 믿지 못한다는 것인가? 차지하고 도둑질한 것이 비록 도덕과 인의에서 나왔더라도 거짓됨을 면할 겨를이 없을 텐데 하물며 이록과 명망 두 가지를 차지했음에랴. 이미 이 이록을 차지하고 그 명망을 도둑질해서 한세상을 속이고서 스스로 그 영화와 녹봉을 누린다면 진실로 슬기와 생각을 다하여 맡은 일에 충실해야 그 잘못을 조금이라도 메울 수 있을 것이다. 그런데도 도리어 "영화와 녹봉은 나의 뜻이 아니다" 하면서 능청스럽게 한갓 좋은 벼슬을 누려 그 몸을 마친다면 그 죄는 죽음을 받아도 용납되지 않을 것이다.

김종직은 근래에 큰 선비라고 이른다. 젊었을 적에는 벼슬살이를 즐겨 하지 않다가 세조께서 과거에 나오라고 다그치니 어쩔 수 없이 급제에 올랐다고 한다. 또 임금 곁에 있다가 벼슬이 높아져서는 어미가 늙어서 벼슬한다고 핑계를 대었다. 그런데 어미가 죽고서도 벼슬살이는 그치지 않았다. 문인 김굉필이 그가 조정에 정책을 건의하지 않음을 말하니, "벼슬살이는 내 뜻이 아니기 때문에 건의하고 싶지 않다"고 말했다. 김종직 같은 자는 참으로 이른바 그 이록을 차지하고 그 명망을 도둑질하면서 능청스럽게 한갓 높은 벼슬자리에 있는 자라 하겠다.

정란(靖亂)[111]이 있었을 때에 김종직은 박팽년, 성삼문과 같이 녹을 먹지는 않았고 평소에 김시습과 같이 임금의 은총을 받지도 않았다. 한낱 시골에 있는 별 보잘것없는 선비였고 게다가 앞 임금을 위해 죽을 의리도 없었으니 그가 벼슬살이를 즐겨 하지 않았다고 말하는 것은 진실로 거짓이었다. 비록 그 출발은 거짓이었어도 이미 벼슬을 안 할 뜻을 세웠다면 임금이 비록 다그치더라도 죽기를 각오하고 나아가지 않았어야 옳았다. 그런데도 세상 사람 보기에는 화를 당할까 두려워하며 억지로 나아간 것같이 했다. 그러나 벼슬자리에 나와서는 붓을 귓가에 끼고서 임금의 말을 기록했으며 사책을 겨드랑이에 끼고서 고운

털자리에 엎드리고 있었다.[112] 또한 고을을 맡아서 그의 어미를 모시기도 했으니 그는 이록을 몽땅 차지한 것이다. 또 명망을 도둑질하려고 사람들에게 떠들기를 "나에게는 늙은 어머님이 있어서 억지로 벼슬을 산다. 나는 끝내 가서는 백이 · 숙제와 같은 뜻[113]을 지키겠노라"고 했다. 그러나 그의 어미가 죽어 복을 바치고도 응교의 벼슬을 받았고 이어 십 년 만에 형조판서까지 뛰어올랐다. 이쯤 했으면 그만둘 만도 한데 벼슬자리가 탐나고 아까워서 버리지 않고 녹이나 축을 내면서 마땅히 해야 할 맡은 일은 하지도 않는 것이다. 문인이 이것을 탓하면 사리에 닿지도 않는 말을 꾸며대어서 대답했다. 이것이 군자가 될 만하냐. 그 죄는 벰을 당해 마땅할 것이다.[114]

그런데 세상에서는 오늘날까지 그 사람을 칭송하기를 바꾸지 않으니 무슨 까닭에서인가? 내가 그 사람됨을 바라보니 가학[115]을 주워 모으고 문장 공부나 해서 스스로 몸을 솟구친 자에 지나지 않았고 그 마음가짐은 교활했다. 그 이름을 높이려고 한세상 사람을 움직이고 임금의 총명을 흐리게 하여 이록을 훔치는 터전으로 삼았다. 이미 이와 같은 꾀를 부리고는 제 재주를 헤아려보니 백성을 편안케 하고 나라를 건지기에는 부족하기 때문에 넉넉히 할 수 있는데도 즐겨 하지 않는 체하며 제 못난 것을 감추는 방법으로 삼았으니 그것도 또한 교활하다.

그가 「조의제문」(弔義帝文)과 「술주시」(述酒詩)[116]를 지은 것은 더욱이나 가소롭다. 이미 벼슬을 했다면 자기의 임금인데도 온 힘을 다해 그를 뜯어냈으니 그 죄는 더 심하다. 죽은 뒤에 내린 화가 불행한 것이 아니요, 아마도 하늘이 그의 교활함에 노하시어 사람의 손을 빌려서 뚜렷이 죽인 것이 아닌가 한다.

내가 세상 사람들이 그의 나타난 자취는 따지지 않고 한갓 그의 이름을 높여서 오늘날까지 큰 선비로 떠받드는 것을 민망히 여겨서, 특히 드러내서 이 글을 짓는다.

◎「벼루와 함께」[117]

도도히 흐르는 아홉 나루 물
흘러서 큰 바다에 들어가네.
가운데에 기이한 돌이 나니
겉은 불그레하고 속은 푸르구나.
새김은 용의 꼬리요
게다가 갈고 또 갈아.
봉새의 부리는 찬란하고
새 눈은 반짝반짝 빛나
갈기도 하고 추기기도 하다가
잠시라도 멈춤이 없다네.
누가 제왕의 역사 엮으며
깊은 경전 글 누가 주를 달리.
내가 짓는 내 글은
오직 그대의 신령 빌릴 뿐이니
서로 따라 저버리지 말고
함께 여생을 마치자고.

불교

허균과 불교는 평생 붙어다녔다. 그는 불교의 오의(奧義)를 캐는 선담(禪談)[118]을 일삼았고 또 중들과 끊임없이 사귀었다. 이것은 그의 형이 방랑하면서 불교에 빠진 데에서 큰 영향을 받은 것으로 생각되며, 때로는 학문에 대한 탐구욕에서 나오기도 하고 때로는 부질없는 속세에 대한 반발로 불교에 뛰어든 것으로도 보인다. 그가 불교도라는 지탄을 받은 것은 삼척부사로 있을 때였다. 『선조실록』에는 이때의 경위가 다음과 같이 쓰여 있다.

> 삼척부사 허균은 유가의 아들입니다. 그런데도 그의 아비와 형을 배반하여 불교를 믿고 불경을 욉니다. 평소에는 중 옷을 입고 부처에게 절했으며 수령이 되어서는 재(齋)[119]를 올리고 중들을 먹이면서 여러 사람이 보는데도 전혀 부끄러워할 줄을 모릅니다. 명나라 사신이 왔을 때에는 제멋대로 선과 부처를 좋아하는 말을 늘어놓아 유교의 교화를 현혹시켰습니다. 지극히 해괴합니다. 벼슬자리에서 몰아내어 선비의 풍습을 바로잡으소서.(『선조실록』 40년 5월조)

이것은 사헌부에서 후궁들이 드나드는 성 안에 있던 절인 정업원을 헐어버리고 도교에 열중한 곽재우와 불교에 열중하는 허균을 벼슬에서 몰아내라고 아뢴 대목이다. 이에 선조는 예로부터 문장을 좋아하는 선비는 불경을 읽을 수도 있다고 하여 덮어두려 했다. 그러나 사헌부는 이에 굽히지 않았다.

허균이 한 짓은 진실로 사리에 닿지 않는 일이오니 성상의 생각도 어찌 그렇지 않겠습니까? 보통의 사대부집 자제도 귀로 듣고 눈으로 보는 것이 성상의 밝은 세상에서 이래서는 안 되거늘 하물며 허균의 아비는 힘써 우리의 도를 배우고 이단을 배척하여 선비들의 우두머리가 되었습니다. 그리고 평소 기르고 가르쳤을 때에 어찌 이런 일이 있으리라고 생각했겠습니까? 문장을 좋아하고 학문을 하는 자, 누군들 이단의 글을 읽어서 보고 들음을 넓히지 않겠습니까만 허균이 불경을 외는 것은 이 정도를 말하는 것이 아닙니다. 밥을 먹을 적에는 늘 식경(食經)[120]을 외고 작은 부처를 늘 곁에 두고서 새벽에는 꼭꼭 절하며 먹물 옷을 걸치고 염주를 들고서 절하고 염불하면서 스스로 부처를 받드는 제자라고 했습니다. 중이 아니고 무엇이겠습니까? 이런 일을 사람들에게 부끄러워하거나 숨기지 않았으니 꼭 덧붙여 전할 것도 없습니다. 그 사람은 비록 구차하고 문벌이 변변치 못하나 관계 되는 일은 가볍지 않으니 지금 선비의 이런 버릇을 바꾸지 않을 수 없습니다. 급히 벼슬자리에서 쫓아내소서.(위와 같음)

그런데도 선조는 말을 듣지 않다가 계속되는 사헌부의 아룀 때문에 끝내 허락을 내리고야 말았다. 그리하여 허균은 불교도가 되었다고 하여 삼척부사에서 쫓겨났다. 이때에 그는 이 소식을 듣고 「문파관작」(聞罷官作)이라는 시를 지었다.

오랫동안 불교를 읽음은
마음이 머무를 곳 없음일레.
……
인생은 제 분수대로 사는 것,
돌아갈 꿈은 상기도 절간이로세.

그는 사헌부의 탄핵 사실을 인정하면서, 세상의 일이 하도 잡스러워 차라리 조용히 절간에나 가 살 것을 바라고 있었다고 했다.

그는 또 그의 벗인 최천건에게 보낸 편지인 「최분음에게 보내는 편지」에서 이런 일에 웃음을 참을 수가 없다면서 다음과 같이 말했다.

제가 세상과 어긋나서 죽거나, 살거나, 얻거나, 잃거나 간에 마음에는 조금도 걸림이 없습니다. 점차로 도교나 불교의 무리에 쫓아가 거기에 의탁해서 스스로 세상을 도망친 지 이미 오래되었습니다. 깊숙이 빠져 들어가게 된 것을 깨닫지 못하면서 더욱더 불교의 글을 좋아하게 되었습니다. 그 진리에 통달한 견해를 보니 골짜기가 갈라지고 강물이 터지며 불경의 문자는 경황없이 아득하여 마치 나는 용이 구름을 타고 날아가는 듯해서 꼬리, 지느러미, 발톱, 껍질을 가려낼 수 없었습니다. 그것을 읽어보니 묘연하여 정신이 저 하늘 끝에서 노니는 것과 같았습니다. 이 글을 읽지 않았더라면 거의 한평생을 헛되이 보낼 뻔했다고 늘 말했습니다. 거듭 연구하여 그 숨은 뜻을 꿰뚫어보니 심성이 저절로 밝아져서 깨달은 바가 있는 듯했습니다. 그때에 제가 배운 정자나 주자의 학설을 취하여 그들 학설 중에서 심성에 관한 것을 비교해보았습니다. 그 같고 다른 견해와 참과 거짓이 서로 경계됨을 분석하고 논증했더니 자못 저절로 얻은 바가 있었습니다. 이에 글을 지어 그 뜻을 밝혔는데 부처를 믿었다고 한 것은 이를 가리킨 듯합니다. 제가 오늘날 미움을 받아서 여러 번 명예를 더럽혔다고 탄핵을 받았으나 한 점의 동요도 없습니다. 어찌 이것으로 제 정신을 상하게 하겠습니까.(『성소부부고』 문부 서)

허균은 이 글에서 불교의 오묘한 진리를 알고 유학의 심성설과 견준 글을 지었으며, 이 때문에 온갖 지탄을 받았지만 자기의 신념에는 아무런 흔들림도 없음을 밝혔다.

삼척부사로 있을 때에 금강산의 낙가사, 건봉사 등의 절을 찾아다니며 불교를 몸소 수행한 기록들을 단편적으로 볼 수가 있다. 이를테면 금강산의 낙가사에 있는 옥준이라는 중에게 「오기가」(五嗜歌)를 지어준 일이 있다. 옥준은 고승이라고 추앙을 받으면서도 자잘한 행실이나 계율에는 별로 얽매이지 않아 술마시기, 말타기, 활쏘기, 바둑두기를 일삼았다. 옥준을 알게 된 허균은 삼척부에 딸린 기생을 보내주면서 넷에서 하나를 더 즐기라고 하여 「오기가」를 지어주었다. 여기에서 허균은 부처의 온갖 계율을 깨뜨리고 멋대로 대승의 경지에서 노닐라고 노래했다. 중으로서의 이런 괴행은 종종 있던 것이었다. 해동의 고승이라고 알려진 원효에게도 이런 괴행은 있었다. 적어도 어떤 경지에 들면 추한 것도 아름다운 것으로, 더러운 것도 깨끗한 것으로 받아들여지게 된다.

어차피 모든 것이 마음에 달려 있기 때문이다. 옥준에게 준 이 노래는 바로 허균 자신의 불교를 바라보는 눈을 뜻한다. 적어도 소승불교는 그에게 걸맞지 않으며 그가 대승불교를 밝히 터득하고 있었음을 뜻하는 것이다.

이런 허균의 불교관을 연대에 맞추어 구체적으로 알아보면 다음과 같다.

임자승에게 보낸 편지에서 "내가 부처를 믿는 것은 아니다. 그 문장을 즐겨서 읽어본 것으로 한가함을 메우기 위해서이다"라고 했다. 그가 황해도 도사에서 물러나와 있을 때인 1600년에, 곧 그가 서른두 살 되던 해에 임자승에게 보낸 편지이다. 그는 이 편지에서 많은 선비가 그랬듯이 글을 익히기 위해서였음을 밝히고 있으나 변명처럼 들린다.

그런 그가 서른네 살이 되던 1602년에는 고승으로 크게 알려져 있던 서산대사에게 네 차례나 편지를 보내 그 가르침을 청했다. 여기에서 그는 "남과 나 그리고 만물이 모두 공이다"라는 말을 쓰고 있으며 벼슬을 그만둔 뒤에는 "스님의 말을 따르겠다"고까지 썼다. 또 그는 그해 가을에 금강산에 있는 도술원 미타전의 비문을 지으면서 다음과 같이 말했다.

> 나라에서 이단을 막아 불교를 높이지 않는 것은 옳기는 하되 사람들이 복을 신불에게 비는 것은 또한 한길이다. 위에서는 유학을 높여 선비의 습속을 맑게 하면서, 아래로는 부처의 인과와 화복으로 인심을 깨우친다면 그 다스림이 고를 것이다.(『성소부부고』 문부 찬)

이 글은 왕궁의 원찰이었던 이 절을 그때의 강원도 관찰사가 고쳐 지어놓고는 그 비문을 청하기에 지은 것이다. 그러므로 얼마쯤은 불교를 좋게 얘기한 것일 수도 있겠으나, 아무튼 유학과 불교를 같은 위치에서 보면서 지배층에서는 유학을 높이고 백성들에게는 불교를 권장해야 한다는 뜻으로 받아들일 수가 있다. 그는 이 글 때문에 삼척부사로 있을 적에 부처를 섬겼다는 평을 받게 되었다고 썼다.

서른여섯 살 때에는 서산대사에 이어 사명대사에게 편지를 보내고 있다. 여기에서 그는 "스님은 선의 기틀을 통달하지 못한 듯합니다. 마음을 묶어두어 움직이지 않는 것이 어찌 모든 인연을 깨끗이 한 뒤에야 되는 것입니까? 조정에서건 저자에서건 어느 곳에서나 지을 수 있습니다"라고 하여 그때의 고승과 선문답을 나누면서 공박을 하는 모습을 보여준다.

이어 수안 군수로 있을 적에는 자기의 거실에 부처의 상을 모시기도 했다. 「이나옹이 그린 부처와 조사의 찬」〔李畵佛祖贊〕을 보면 그는 한석봉에게 「반야심경」을 금글씨로 베끼게 하고 이정에게 석가모니불, 아미타불, 미륵불[121]과 관세음보살[122]과 달마대사(達磨大師), 육조대사(六祖大師)[123]와 유마힐거사(維摩詰居士), 방온거사(龐蘊居士)[124]를 그리게 하여 거기에다가 찬(贊)[125]을 짓고 거실 벽에다 걸어두었다. 또 이것을 '선문법보'라 이름짓기도 했다. 이런 태도는 문장을 위해 불경을 읽거나 현실의 도피를 위해 불교에 관심을 두거나 그 오묘함에 흥미를 갖는 정도에서 훨씬 벗어난 것으로서 불교에 심취하여 공덕을 짓는 독실한 신도의 모습이다. 그뿐 아니라 허균은 불교의 선에 깊숙이 빠져들기도 했다.

1606년 사명대사에게 보낸 다음과 같은 편지가 보인다.

『능가경』 네 권은 첫 조사[126]께서 마음속으로 전해준 경입니다. 유달리 구절의 뜻을 알 수 없으며 주를 단 사람들도 깊은 풀이가 없었으니 무엇으로 글 뜻을 깨치겠습니까? 그러니 만 번을 읽어 스스로 깨닫는 것이 옳겠습니다. 우리나라에는 판본이 없어서 뒤에 배우는 사람들에게 은혜를 끼칠 수 없었던 것이 한이 됩니다. 이제 제가 가지고 있던 당나라 판본을 보냅니다. 일 보는 중에서 재물을 모으게 하여 판본을 찍어 책을 만들게 하면 착한 인연을 짓는 것이 되겠습니다.(『성소부부고』 문부 서)

그는 여기서 보시(布施)를 하여 착한 인연을 짓고 있었다. 그는 중국에서 가져온 『능가경』을 읽을 수 있을 만큼 불교에 심취하고 빠져 있었던 것이다. 이처럼 불교를 자기 신앙의 하나로 삼는 동안에 그는 삼척부사에서 쫓겨났다. 그러면서도 줄곧 불교를 단념하지 않고 이십대부터 알고 있던 전라도의 중 해안과 기생 계생에게 불교에 관한 이야기를 담은 편지를 보내고 참선을 하느냐고 묻기까지 했다.

1610년에는 함열의 정배에서 풀려나 부안으로 갔다. 그리고 그곳에서 그는 더욱더 불교에 온 힘을 쏟았다. 중 해안을 만나 중과 자기의 신세를 견주어 「중 해안을 산으로 보내면서」에 다음과 같이 썼다.

나도 또한 불교를 좋아해서 일찍이 그 글들을 읽어보았더니 환하게 마음에 깨우쳐지는 것이 있었고 삼라만상을 비추어 보니 모두 공(空)[127] 이었다……. 그리하여 벼슬을 사양하고 바닷가에 숨어살게 된 것은 큰일인 인연을 마치고자 함이니 비록 예법(禮法) 선비의 실책과 탄핵을 입는다 해도 나는 꺼리지 않겠다.(『성소부부고』 문부 서)

자신이 불교의 가르침에 깊이 빠졌음을 말하고 이로 인한 세상의 비난을 감수하겠다는 뜻을 밝힌 것이다. 또 다음과 같이 말했다.

마땅히 무생법인(無生法忍)[128]을 얻어서 무여열반(無餘涅槃)[129]에 들어 잠잠히 소림(少林)·황매(黃梅)[130]와 더불어 나고 죽는 큰 환란을 없애 번뇌의 바다 건너는 것을 함께한다면 머리는 깎지 않고 가사를 입지는 않았더라도 해안과 나는 같은 석가모니의 무리이다.

이것은 불법을 같이 받든다면 출가승과 재가승이 다를 바가 없음을 말한 것이고, 그와 동갑내기인 해안이 불교적 지향도 같음을 말한 것이다. 이때에 그의 나이는 장년인 마흔두 살이었다. 불혹의 나이에 접어들어 불교를 대하는 그의 마음은 더욱더 굳어갔다.

이때 허균은 그때에 첫손 꼽히는 중인 서산대사와 사명대사와도 특별한 친분을 갖고 있었다. 허균은 묘향산에 있는 당나라 화가인 오도현이 그린 「풍우상」을 갖고 싶어한 적이 있었다. 이 그림을 보배롭게 간직하고 있던 서산대사는 죽으면서 허균에게 주라고 했다. 그리하여 허균은 이 그림을 얻어 가지고 있다가 죽을 때에 절로 보내 간직하게 하라고 했다. 서산대사가 죽자 그의 제자들은 스승의 유언에 따라 허균에게 비문을 부탁했으며, 또 서산대사의 문집을 간행할 적에는 그의 유언에 따라 허균에게 그 서문을 부탁하기도 했다.

1612년에 쓴 서산대사의 문집 서문인 「청허당집서」에서 허균은 불교도들이 종과 탑 따위나 만드는 기복 불교를 나무라고 서산대사가 불교의 정통을 선양했다고 말했다. 그는 여기에서도 교종과 율종을 배격하고 선종의 참 도리를 강조했다. 또 사명대사가 죽어 그 비를 세우게 되자, 비명을 허균에게 부탁했다. 그 비는 지금도 해인사에 보관되어 있다. 사명대사의 문집을 발간할 때에는 발문을 지어 서산대사와 사명대사의 불교에서의 위치를 천명했다. 조일전쟁 때 큰 공을 세운 서산대사와 사명대사는 그때에 불교를 대표하는 두 산맥일 뿐만 아니라 조정의 선비들도 그들을 높이 추앙하고 있었다. 이런 인물의 비문과 문집의 서문과 발문을 모두 허균이 지은 것은 그의 불교에 대한 조예를 인정받은 것일 뿐만 아니라, 불교에서의 그의 위치를 잘 말해주는 것이기도 하다.

위에서 나타난 허균의 불교에 대한 생각과 행동을 다시 정리해보면, 첫째로 문장을 익히려고 불경을 읽었고, 둘째로 유학과 견주어 결함을 밝히기도 했으며, 셋째로 현실의 괴로움을 떨치는 도피 수단의 하나로 불교를 찾았고, 넷째로 불법에 깊이 빠져들어 몸소 불법을 독신했으며, 다섯째로 스스로 재가승이라고 부르며 불도임을 분명히 밝혔다. 여기에서 그가 불교에 접근하는 과정에 어떤 단계가 있었음이 드러나며 끝내는 거기에 빠져들고 말았음을 알 수가 있다.

그러면 허균은 불교를 수행하는 방법으로 무엇을 중시했을까? 불교는 당나라 말기부터 선과 교가 맞서왔다. 우리나라도 신라를 거쳐 고려 때에 이르러서 이 대립은 상당히 깊어졌다. 이 대립의 바탕은 '깨우치는 방법'의 차이에 있었다. 깨우치는 방법에는 '돈오'와 '점수'가 있다. 사상의 내용으로 말하면, 돈오는 일정한 차례에 따르지 않고 단번에 해탈을 얻는 방법이요, 점수는 원칙적으로 차례를 밟아서 점차로 해탈하게 하는 가르침이다. 수행의 과정으로 말하면, 돈오는 수행하는 절차와 경과하는 시간에 관계없이 속히 대도를 깨닫는 것이요, 점수는 얕은 데서 점차로 깊은 데로 수행해나가는 것이다. 돈오는 선종에서, 점수는 교종에서 주로 추구했다. 허균은 「사명당비명」에서 다음과 같이 말했다.

불교가 우리나라에 들어오고 나서, 교종과 율종이 저마다 주창하고 선종과 교종이 문을 나누어서 여러 천 년 동안 가사를 입은 자들이 저마다 석가모니의 보주를 잡았노라고 떠들거니와 오직 목우자와 나옹이 홀로 황매의 종지를 얻어서 울창하게 선문의 머리가 되었도다.(사명당문집)

허균은 「청허당집서」에서도 이와 비슷한 말을 했다. 목우자는 고려 중기에 선종과 교종이 극도로 맞섰을 적에 점수를 외치면서도 종지는 어디까지나 선종에 있었던 중이다. 그리고 이 뒤를 이은 것이 고려 말기의 나옹이었다. 허균은 이들을 선종의 머리로 꼽았고 자기 시대에 이 법을 이은 자를 서산대사와 사명대사로 꼽았다. 또 그가 「산구게」(山狗

偈)에서 전생의 죄악으로 축생이 된 개를 빌려 "손가락 한 번 튕기는 사이에 나의 천겁의 죄를 씻어…… 삼보(三寶)에 머리 조아리고 진실에 귀의하여 여래의 땅에 뛰어들어왔다오……"라고 한 것은 불교의 윤회설과 선의 경지를 한마디로 표현한 것이다. 허균은 이처럼 자질구레한 계율에 얽매이기를 싫어하고 선에 바탕을 둔 대승불교를 높이 샀다.

「사명당비명」에서 그는 또 다음과 같이 말했다.

> 아아, 사명대사의 생애가 어지러운 시대를 당하며 군사 사이에 끼어 나라를 일으키고 강한 도둑을 막느라고 불법을 선양하여 미망의 불도를 깨우칠 겨를이 없었다. 그리하여 스님을 아는 이들이 더러 그가 불법의 참 구제는 제대로 못하면서 한갓 구구하게 세상이나 구한다고 병통으로 여겼다. 얕을진저, 무릇 마군을 베어 난을 끝내는 것이 저네 집안에 공덕이 됨을 어찌 알랴? 그리고 유마힐은 아무 말 없이 곧바로 '불이법문'(不二法門)[131]에 들었거늘 어찌 시끄럽게 교훈이나 내놓으랴?

허균은 현실을 외면하고 산중 수도에만 전념하는 불교도들을 탐탁하게 보지 않았다. 그러므로 상대적으로 현실에 적극으로 참여하여 중생구제에 앞장선 서산과 사명을 그들의 신앙의 경지와 함께 그 신앙을 실천하는 자로서 불교도의 사표로 보았다.

허균은 유교에서 '자기를 위한 공부'보다 '남을 위한 공부'를 중시한 것처럼 불교에서도 자기를 이롭게 하기보다 남을 이롭게 하는 것, 곧

중생을 구제하는 것을 중시했다. 남을 이롭게 한 사명대사를 높이 인정하는 것은 당연하다. 한마디로 허균은 불교를 배우는 데에 선과 대승을 두둔하는 처지에 서 있었다. 기지가 번득이고 직감에 민첩한 그는 설왕설래를 일삼는다고 생각되는 점수에 별로 관심을 갖지 않았다. 물론 입문의 시기에는 불경을 읽고 그 지식의 바탕 위에서 불교관을 이루었겠지만 점차로 선의 경지가 그의 마음을 사로잡았던 것이다. 그리하여 길을 걸을 때나 앉아 있을 때나 누워 있을 때를 가리지 않고 참선에 몰입했으며 남들에게도 참선을 권했다.

다음은 허균의 불교관을 잘 나타내주는 글이다. 「중 해안을 산으로 보내면서」에서는 자신이 불교를 보는 눈을 드러냈고, 「산개의 게송」은 산개를 비유한 게송인데 이해하기 어렵기는 하다.

◎「중 해안을 산으로 보내면서」[132]

내가 공주목사에서 해직되어 부안으로 가서 살 때에 중 해안이 무안에서 와 만나보았다. 해안은 준수하고 우아하게 생겨, 얼핏 보아도 보통 사람이 아님을 알았다. 배운 것을 물으니 저희네 경전은 벌써 통했고 곁들여 시문을 짓는 것도 아름다웠다. 그의 출생을 물으니 선비붙이의 집안이었다. 또 그의 나이를 물으니 나와 동갑이었다. 다시 태어난 달과 날짜를 물으니 태어난 시간까지도 같았다. 내가 괴이하여 말했다.

"내가 늘 의심하기를 운명을 점치는 사람들이 사람의 운명을 알아보는 데에 맞지 않는 것이 많아서 반드시 사람의 운명을 점치면서 거짓으로 글을 만들고 요행히 추측으로 맞혀서 세상 사람을 현혹시키는 것이라고 했다. 이제 그것이 더욱더 증명된다. 스님은 나와 같은 운명인데도 누더기 옷과 바릿대 하나로 바위 구멍에서 살고 나는 비록 세상에서 기구하지만 벼슬살이 열여섯 해 만에 세 번이나 고을 원을 지냈다. 그리고 젊었을 적에는 조정에 글을 맡은 벼슬로 들어가 귀에 붓 꽂고 초(草)한 글을 보면서 임금 곁에서 문학으로 모시는 신하가 되었다. 그 영화와 시듦, 궁색스러움과 형통함이 이같이 서로 다르다. 그 시간에 잘못이 있어서인가? 아니면 점치는 사람이 분별할 수 없어서인가? 이것을 잘 알 수가 없다."

곁에 있던 민정결이 오행을 잘했는데 앞뒤의 두 시간으로 그것을 맞혀보니, 혹 일찍 죽거나 오래 살기도 하고 혹 영화롭거나 궁색스럽기는 하지만 둘 다 집을 나와 중이 될 괘는 없었다 한다. 내가 말했다.

"내가 평생 동안 점을 믿지 않았는데 이제 더욱더 내 생각을 독실하게 지키겠다. 그러나 이렇게 봄직도 하다. 해안은 불교도요, 나도 또한 불교를 좋아한다. 일찍이 그 글들을 읽어보았더니 환하게 마음에 깨치는 것이 있었고 삼라만상을 비추어서 모두 '공'으로 여기니 마치 곧바로 원만한 깨달음을 증덕하며 부처님의 경지에 뛰어드는 것과 같았다. 그리하여 벼슬을 사양하고 바닷가로 숨어든 것은 본래 큰 인연을 지을까 했었다. 비록 예법을 배운 선비들의 꾸짖음과 책망을 입는다 하더라도 나는 마다않겠다. 마땅히 '무생법인'을 얻어서 '무여열반'에 들어가 잠잠히 소림 · 황매와 더불어 나고 죽는 큰 환난을 없애 번뇌의 바다 건너가는 것을 함께한다면 머리를 깎지 않고 중이 되지는 않았더라도 해안과 나는 같은 석가모니의 무리이다. 하물며 해안은 구름과 물을 벗하여 스스로 즐겨서 뜻이 맑고 편안하며 나는 뭇 참소와 형벌에 시달려 뜻이 하루도 편안한 때가 없음에랴. 높은 벼슬자리에 있는 것이 바릿대를 들고 표연히 지내는 것만 못하니, 이것으로도 나의 영록과 저쪽의 시듦은 서로 보상되고도 남음이 있다. 이와 같은 것을 살펴보니 운명을 얘기하는 자들이 더러 근사한 것도 있다.

열흘 남짓 같이 지내다가 해안이 옛 절로 돌아간다고 하직하기에 이 글을 써서 그의 여행에 선물로 준다.

◎「산개의 게송」[133]

바짝 마른 개 한 마리,
처음 어디에서 왔다가
또 어디로 향해 가는가?
무얼 구하고 무얼 보았느냐?
개가 말하되 진솔하게 대답하겠소.
나는 '무생법인'(無生法忍)을 속였소이다.
내 전생은 사람이었는데
이익을 즐기고 권세를 좋아했고
사람을 형벌에 몰아넣었으며
탐내는 마음으로 재물을 쌓았지요.
이 때문에 음밀한 견책을 입어서
큰 아비지옥(阿鼻地獄)[134]에 떨어졌고

고통을 무량겁(無量劫)[135]으로 받았소.
이제 겨우 개 몸을 얻어서
나는 지난 잘못을 참회하고 있소.
큰 서원(誓願)[136]을 내어
고기도 입에 대지 않고 집에 있지도 않으면서
부처와 보살께 절하고
아미타불을 묵념하오.
곧바로 성거산에 들어갔고
사방을 멋대로 노닐게 되었소.
금강산 낙가사와
오대산, 태백산,
두류산, 천왕봉,
그리고 속리산, 묘향산 같은 곳들이오.
길을 갈 적마다 참선했고
사는 곳마다 염불하면서
손가락 한 번 튕기는 사이에
나의 천겁의 죄를 씻어
나로 하여금 사람의 몸이 되게 하시며,
머리를 삼보(三寶)[137] 앞에 조아려
진실의(眞實義)[138]에 귀의하오니
여래의 경지에 뛰어들게 하여 주소서.
말을 마치고 뜰에 쪼그리고 앉아

귀 늘어뜨리고 허물을 호소하는 듯
내가 목에 걸린 팻말을 보니
여러 산 이름이 뚜렷이 적혀 있네.
중에게 진정 고기 안 먹느냐 물어보니
중이 그렇다고 대답하는구나.
내 들으니,
석가가 "개에게도 불성(佛性)[139]이 있다"더니
이 말은 참으로 거짓이 아니로다
사람이 개만도 못해서야.

도교

허균은 불교와 마찬가지로 도교에도 큰 관심을 보였다. 그가 도교에 관심을 갖게 된 것은 젊을 적부터였음을 여러 가지 기록으로 알 수가 있다. 그의 도가에 대한 관심은 세 부분으로 나누어 살펴볼 수가 있다. 첫째는 학구적인 태도로 도교를 보는 눈이요, 둘째는 이 도교에서 가지친 '양생'(養生)[140]과 '신선'에 관심과 동경을 가진 것이요, 셋째는 그런 관심과 동경에서 바라본 은둔사상이다.

우리나라에 도교가 전해 들어온 때는 삼국시대 이전 옛 조선시대였다고 한다. 도교는 중국의 전설에 나오는 황제(黃帝)[141]에게서 시작되었다는데, 기본적으로 만물의 주재자인 '상제'를 받드는 것이다. 여기에서 다신 종교로 발전했으나 노자와 장자에 와서는 '무위자연'(無爲自然)[142]을 주된 본지로 삼았고 이어 '음양오행설'(陰陽五行說)[143]과 '신선사상'(神仙思想)[144]이 가미되어 미래를 내다보거나 죽지 않고 영원히 사는 방술 따위를 추구했으며 그리하여 주문 · 기도 등을 외기도 했다.

중국문학자 차주환은 『한국 도교사상 연구』에서 다음과 같이 말했다.

> 도교는 현세의 이익을 추구하는 것을 중심으로 한 자연발생적인 종교였기 때문에 유 · 불은 물론이고 다른 온갖 미신적인 신앙도 큰 마찰 없이 받아들여서 그 부대 신앙 내지 행사도 포함시킬 수 있었다. 그래서 도교라는 명목으로 포괄되는 신앙 내지 행사의 내용이 걷잡을 수 없을 정도로 복잡하여졌던 것이다.

이 말처럼 도교는 일반 종교가 배타성을 띠는 것과는 달리 포괄성을 띠었고 종교로서보다는 생활의 방법으로 받아들여진 점이 많았다. 또 그는 같은 글에서 다음과 같이 말했다.

> 신선설과 연결되어 불로장생을 이루는 것을 목적으로 삼게 되는데 따라서 건강을 관리하는 각종의 방법이 고안되어 심리적인 면으로는 정신을 의지하는 신앙과 주술적인 방법이 도입되고 물리적인 면으로는 벽곡(辟穀), 방중술(房中術) 따위의 채택을 보게 된다. 그리고 질병 치료부터 불로장생까지 연결되는 의술이 강구되어 이른바 도교 의학의 성립을 보기에 이른다.

이처럼 도교는 가장 현세적인 면과 비현세적인 면이 결합되어 민간에 깊숙이 뿌리를 내리고 민중생활에 많은 영향을 끼쳐오게 되었다.

우리나라에서는 신라시대와 고려시대에 지배층이 불교를 받들자 도교는 민간신앙으로 흘러갔고, 조선시대에는 지배층이 유교를 받들자 불교와 밀착되면서 더욱더 숨어들었다. 조선조에서도 비록 '소격서' 같은 도교 신앙을 관리하는 관청이 궁중에 남아 있기도 하고 '기우제' 같은 도교 행사가 없어지지는 않았지만 도교 그 자체는 나라의 공인을 받지 못했다. 그리하여 선비들은 도가의 책을 남몰래 읽고, 세상 돌아가는 꼴이 보기 싫은 사람은 산속에 묻혀 신선사상에 젖어들었고, 차력(借力)과 축지(縮地)[145]의 술법을 익혀 기인이 되기도 했다. 도교가 이렇게 끈질기게 이어지자 절간에서는 칠성각(七星閣),[146] 산신각(山神閣)[147]을 지어 신도를 모아들이려 했고, 장님들은 점과 독경으로 도가 행세를 했으며, 또 집안에서는 정화수를 떠놓고 비는 따위로 온갖 신방(神方)을 받들었다.

이런 도교 및 도가의 흐름에 허균은 관심을 기울였다. 그는 처음에는 도교를 학구적인 태도로 대했다. 불교를 대할 때와 마찬가지로 젊을 적부터 노자와 장자를 포함하여 도가의 글을 모두 읽었음을 문집에서 알 수가 있다. 그가 부안에 있을 적에 제자(諸子)의 전서를 얻어 읽었다고 했는데 그는 「노자를 읽고서」[讀老子]에서 다음과 같이 말했다.

세상 사람들이 노자의 『도덕경』이 육경에 들어갈 만하다고 말한다. 그 큰 도를 논한 곳에 이르러서는 현묘하고도 미묘하여 그 깊이를 헤아리지 못할 것이 있다. 『주역』과 『중용』에서도 말하지 못한 바를 꼭 집어내어 말하고 있는 것이다. 이것은 노자가 스스로 멀리 떨어져 나가서 육경과 나란히 하려고 하지 아니한 것이다. 아, 신기할진저.

이것은 이치를 논한 경서인 『주역』과 『중용』도 큰 도를 논한 데에서는 『도덕경』에 미치지 못함을 말하면서, 노자가 스스로 육경과 견주어지기를 바라지 않았다고 보는 것이다. 다시 말해서 이치를 갈파함에서 노자의 무위자연설이 유가의 설보다 어느 부분에서는 그 깊이가 더 있음을 밝힌 것이다. 그는 도가의 신선사상에 대해 위의 글에서 노자의 참뜻과 견주어 이렇게 말했다.

후세 도가의 무리들이 그 학을 신선으로 굴러가게 했고 더 흘러가서는 수련(修鍊)복식(服食)[148]과 부록(符籙),[149] 재초(齋醮)[150] 따위의 법을 만들어 괴이와 허탄(虛誕)으로 바르지 못하게 해서 세상을 현혹시키고 사람을 속이는 일이 많았다. 그리하여 이런 무리를 비방하는 사람들이 노자까지도 비방하게 되었다. 이것이 어찌 맑고 고요한 본뜻이겠는가?

결국 도가에서 나온 방술은 노자의 상도와는 다른 것으로서 이런 방술로 세상을 현혹시키고 사람을 속이는 짓들은 본뜻을 해치는 것이라고 했다. 허균은 도를 논하는 것에서 노자가 유교의 경전보다 우위에 있다고 했고, 또 자신이 노자를 본받지 못함을 안타까워했다. 다음으로 장자에 대해서도 「장자를 읽고서」〔讀莊子〕에서 이렇게 말했다.

> 내가 젊었을 때에 장자의 글을 읽고 뜻은 알지 못한 채 그 글귀만을 뽑아서 글짓는 법으로 삼았다. 중년에 들어 다시 읽어보았더니 그 탁월하고 황홀함이 헤아릴 수 없을 정도여서 진실로 그 우언(寓言)을 좋아했고 죽고 사는 것도 한결같고 얻고 잃는 것도 매한가지라는 뜻을 나타낸 것은 귀중한 것이라 할 만했다. 이제 다시 읽어보니, 사물을 탐내는 생각이 없음과 적적하고 막막함과 맑고 고요함과 무위(無爲)는 은연중에 불교와 부합된다.

이것은 장자의 인생을 보는 깊이에 대해 말한 것으로, 장자를 보는 그의 생각이 나이에 따라 달라졌으며, 어그러지고 아득하고 황당하다는 평가를 배격하게 되었음을 뜻한다. 노자와 장자를 사색의 한 방법으로 접하고 있으며 노장철학의 형이상학적인 면을 높이 사고 있다. 그리고 도교의 중심사상인 노자와 장자를 이와 같이 높이 평가하면서 신선사상이 도교의 참뜻이 아니라고 했지만, 그의 신선관은 양생의 다음 단계로서 더욱더 발전하고 있다.

그때의 세상 사람들이 "나는 하늘로 올라가 신선이 될 수 있으며, 나는 태식(胎食)[151]을 이룰 수가 있으며, 나는 죽지 않고 영원히 살 수 있다"고 하는 말이 있으나 수백 년 동안 이런 사람을 본 적이 없다고 했다. 그는 이어 「섭생월찬서」 곧 「오래 사는 방법에 대하여」라는 글에서 이는 참다운 수행을 하지 않고 말로만 떠드는 것이라고 했다. 그리하여 그 자신은 "나의 벗 천옹은 신선의 방술을 깊이 공부하여서 노자가 남겨준 뜻과 저절로 잘 들어맞았다. 이런 사람으로 하여금 세속의 절구공이로 찧은 음식을 씻어내게 하여 한 생각으로 참 수행을 닦게 한다면 신선이 되어 죽지 않는 것이 무슨 어려운 일이겠느냐?"라고 하여 신선이 되는 길로 양생의 방법을 말했다.

허균은 육체를 수양하는 방법으로 단학(丹學)[152]과 양생을 중요하게 여겼다. 그리고 「임노인 양생설」 곧 「임노인의 양생에 대하여」라는 글에서 양생을 실천한 임세속이라는 실존 인물을 통하여 그것을 증명하려고 했다. 임세속은 백열세 살인데도 젊은이와 같았다. 그는 성내지 않고 조바심을 내어 무슨 할 일을 생각지도 않으며 아무 하는 일 없이 조용히 앉아 있다가 배고프면 밥 먹고 피곤하면 잠자는 것으로 양생을 했고, 또 물리적인 양생방법으로 날마다 삽주 뿌리와 황정을 먹기도 했다. 이를 보고 허균은 양생의 참 방법을 몸소 깨달았다고 하면서 마음의 안정이 그 첫걸음이라 했다. 그리하여 자기도 그의 벗 천옹이 지었다는 「섭생월찬」에서 그 방법을 취한다고 했다.

그의 신선관은 저 멀리 천상에서 잘사는 것보다 조섭을 잘하여 이 세상에서 오래오래 살려는 데에 있다. 물론 천상의 신선을 동경하지 않는 것은 아니지만 손쉽게 신선의 길을 실현시킬 수 있는 땅 위에서 그것을 먼저 구한 것이다.

허균은 부안 정사암에서 거처할 적에 남궁두라는 도인을 만나 대화를 나눈 적이 있었다. 그는 남궁두의 전기인 「남궁선생전」을 쓰면서 양생과 함께 한 차원 높은 신선술을 말했다. 곧 남궁두가 온갖 수련을 닦아 천상의 신선은 못 되었으나 지상에서 장수를 누린 얘기를 적고 자기의 의견을 덧붙였다.

> 우리나라 사람들이 부처는 숭상했지만 도교는 숭상하지 않았다고 한다. 신라에서 조선까지 천년이 지났지만 한 사람도 도를 얻어서 신선이 되었다는 말은 듣지 못했다……. 그러나 내가 본 남궁선생으로 말할 것 같으면 기이하다 하겠다……. 선생이 나이가 많음에도 얼굴이 젊은이처럼 보이는 것으로 보아 참으로 도를 얻은 사람이 아니겠는가? 또 나이가 여든 살인데도 이와 같이 장건하겠는가? 이것으로 보아 실제로 이런 일이 없었다고 할 수는 없다.

그러고는 이어 "도에 가까우면 신선이 되고 도에 어두우면 범인이 된다"고 하여 도가의 수련을 폭넓게 말했다. 곧, 죽어서 신선이 된다는 허망한 얘기를 앞세우지 않고 수양을 통해 살아 있는 육신이 신선이 되는 것을 말했다. 그는 신선이 되는 수련 과정에서 양생을 중요하게 생각하되 결코 어느 특정한 방법만을 강조하지는 않았다. 이것은 다시 말해서 신선이 되는 것이 '인간의 이상세계를 동경'하는 데에 중심이 있지, 신선의 세계를 구상화시켜보는 데에 뜻이 있지는 않음을 뜻하는 것이다. 이런 모습은 그의 시에서도 자주 나타난다. 「바다에서 신선의 꿈을 꾸고 부른 노래」라는 「해산선몽요」(海山仙夢謠)에서는 황홀한 신선의 경지에서 노닌 이야기를 엮었고, 「감흥」(感興) 곧 「흥에 겨워」에서는 다음과 같이 읊었다.

한밤에 일어나 둘러보니
새벽 별 맑은 하늘에 빛나는구나
바다는 눈 같은 물결 출렁이니
건너고자 하나 바람이 세구려
젊음이 얼마나 갈 것인고
근심이 사람을 늙게 하누나
어찌 죽지 않는 약을 얻어서
난새를 타고 선경을 노니리.

여기에서는 자연의 경치에 빗대어 노래하고 자신이 세상 시름 속에 늙어가는 것과 저 이상의 세계 곧 도가의 불사약을 구하여 신선이 되는 꿈을 상징적으로 읊조렸다. 또 「해명문」(解命文) 곧 「내 운수를 풀어보는 글」에서는 다음과 같이 읊었다.

평탄하면 가고 구덩이를 만나면 그치리로다
마음 편안히 세상을 마치리로다
나중에 선경에서나 나를 찾아보오
그곳에서 푸른 난새를 멍에하고
붉은 용을 타고 나와 함께 올라보니
다섯 성으로 된 신선의 누각.

그는 자기에게 모든 것을 떨쳐버리고 끝내는 신선이 되어 노니는 운명이 있음을 노래했다. 그의 이런 의식을 구체적으로 보여주는 것이 왕원미가 지었다는 『열선』 곧 『여러 신선』이라는 책에 찬시를 덧붙인 「열선찬」이다. 그 글에서 노자, 서왕모, 동방삭, 장자양 그리고 도가에서 말하는 신선들 서른 명을 나열하고 그들을 신선사상에 바탕을 둔 말들로 찬(贊)했다. 조금은 신비를 찾는 대목일 것이다.

또 「꿈풀이」에서는 공상과 연결시켜 다음과 같이 적었다.

> 변고를 겪은 뒤부터는 명예나 이욕을 단연 끊고 한결같이 수련에 뜻을 두어 도가의 글들을 읽으면서 마음을 기울여 깊이 캐보니 꿈에 문득 자양 주의산, 해경 갈장경 같은 여러 진인을 만나서 그 현묘한 진리를 듣게 된다. 심지어는 신선이 되니 옥경(玉京)[153]에 올라서 학을 타고 다섯 빛깔의 구름 가운데에서 신선의 퉁소소리를 들은 것이 잦았다.

이것은 '어떤 사람의 말'을 빌려서 쓴 것인데, '어떤 사람'은 곽재우로 보인다. 곽재우는 "곡식을 먹지 않는 도가의 수양을 일삼는다"고 하여, 불교를 받들었다는 허균과 함께 벼슬자리에서 쫓겨났다. 이에 허균은 「벽곡변」(辟穀辨)을 써서 곽재우를 옹호했다. 허균은 유학자의 지탄을 받아 여러 번 벼슬자리에서 쫓겨나자 인생의 덧없음을 느껴 불교를 찾아갔듯이, 현실에서 도피하려고 도교의 신선을 동경하게 되었던 것 같다. 현실에서는 불같은 개혁의지를 지녔으나 무쇠 같은 감정을 지녔던 여러 혁명가들과는 달리, 그는 감상으로 흐르기 쉬운 시인의 기질도 아울러 지니고 있었다. 그리하여 다정다감한 허균은 더욱더 은둔생활을 찾게 되고 그에 대한 글을 남겼다.

『한정록』(閑情錄)은 옛적에 세상을 등지고 산 사람들의 행적을 주워 모아서 엮은 저술인데, 그는 서문에서 그 책을 짓게 된 동기를 밝혔다. 첫째는 어느 때이든 세상을 버리고 속세를 떠난 선비를 산림 속에서 만나 이 책을 보여주며 서로 즐겨 읽기 위해서이고, 둘째는 자기의 도가 속세에 어긋나고 천명이 시세에 어긋나므로 더러 고상한 것에 의탁하여 벼슬을 헌신짝 던지듯 버리고 가는 사람을 위해서였다. 이 글은 귀양살이에서 풀려나 부안에 있던 마흔두 살 때에 썼다.

이런 은둔을 찬양한 허균이 마음의 벗으로 삼은 사람은 도연명, 이태백, 소동파이다. 허균이 이들을 흠모하여 마음의 벗으로 삼은 것은 다음과 같은 까닭에서이다. 도연명은 80일 동안 고을 원을 지내다가 「귀거래사」를 남기고 고향으로 돌아가 버드나무를 심어놓고 북쪽 창 앞에 앉아서 인생을 즐겼다. 이태백은 온 천하를 눈을 내리깔고 보면서 세상의 권세 따위를 개미새끼 보듯이 했고, 스스로 산야에 내쳐서 술로 인생을 즐기다가 동정호에 비친 달을 잡으려다가 물에 빠져 죽었다. 소동파는 무엇이나 들어가 앉을 수 있을 만큼 마음이 텅텅 비고 넓어서 어진 사람이나 어리석은 사람, 귀한 사람이나 천한 사람을 가리지 않고 모두 기꺼이 친구로 삼은 사람이다. 이 셋은 도가의 사상에 젖은 뛰어난 시인이며 문장가였다. 허균은 이 셋에 자기 하나를 더 보태어 '네 벗'이라 했고, 이들의 화상을 이정에게 그리게 하고 「사우재」란 글을 지어서 한석봉에게 글씨를 쓰게 하여 걸었다. 그리고 기쁠 때나 슬플 때나 이들과 마주앉아 얘기를 나누며 함께 울고 웃었다고 한다. 또 도연명에게는 "만고의 북쪽 창에 맑은 바람이 어제와 같다"고 했고, 이태백에게는 "만고에 빛나는 바람이 달과 함께 물에 있다"고 했으며, 소동파에게는 "총애와 욕됨이 굴러오나 천년을 썩지 않는다"고 했다.

이렇게 은둔을 찬양하면서도 그는 끝내 은둔생활에서 유유자적하지 못하고 세상의 시끄러운 일에 스스로 말려들어가 명대로 살지 못했다.

유학과 불교와 도교에 대해 허균과 비슷한 생각을 가졌던 사람은 매월당 김시습이다. 김시습은 불교는 신앙의 대상으로, 유학은 일반의 교양으로, 도교는 은둔과 수양으로 대했음을 볼 수 있다. 김시습이 불교와 도교에 깊숙이 빠진 것은 자유분방한 그의 성격에서 온 것이기도 하지만 시대의 형편이 그를 그렇게 만든 것이기도 하다. 허균이 김시습의 영향을 받았다는 기록은 보이지 않는다.

오늘의 평자들은 허균이 도가를 학문의 대상으로만 보았다고 평가한다. 다시 보자. 「섭생월찬서」의 본뜻은 신선의 방법을 제대로 수행하지 못함을 나무란 것이요, 그 방법의 하나로 순시와 절식을 보기로 들었을 뿐이다. 그리고 '유자다운 심신수양에 결부시켜 해석'한 것만도 아니다. 불교처럼 신앙으로 대하지는 않았으나 도교를 인생수양의 학문으로 높이 평가했고, 유가의 경전보다 더 심오하다고까지 했으며 신선사상은 그의 끊임없는 동경의 대상이었다고 보아야 할 것이다. 다만 여러 도가를 읽고는, 신선술은 노자의 말류라고 했을 뿐이다. 이것은 노자의 현묘함을 이야기하면서 그 뒤의 폐단을 밝힌 것이어서 학문적이거나 형이상학적인 면을 강조한 것일 뿐이다. 그러므로 신선사상을 전적으로 배격했다고 보는 것은 잘못일 것이다. 물론 도가와 방기를 구분하여 도가의 진리와 방기의 신선을 나누어보는 종래의 의견이 없는 것은 아니요, 그 구분이 학술 면에서 타당한 점이 없는 것도 아니긴 하나 허균은 도교를 그런 차원에서 보지 않았다. 그런데도 이런 의견이 단편으로나마 오늘날까지도 그대로 유지되고 있음을 더러 보는데, 그것은 위의 「섭생월찬서」를 잘못 해석한 데에서 나왔을 것이다. 신선사상을 소재로 쓴 그의 많은 시가 이를 잘 증명해준다 하겠다. 다음의 노자와 장자에 대한 글은 그의 도교관을 잘 드러내고, 「오래 사는 방법에 대하여」와 「임노인의 양생에 대하여」는 양생에 대한 그의 생각을 잘 드러낸 글이다.

◎「노자를 읽고서」

노자(책이름)를 어떤 사람이 장절을 나누었는지는 모르겠으나 글의 뜻이 본래 끊어지지 않았는데도 억지로 끊어진 부분이 있다. 이는 아주 잘못되었다. 다만 전부를 연결해 읽어야 뜻을 알 수 있다.

세상에서 "노자는 6경에 포함시킬 수 없다"고 이르지만 대도를 따지는 부분에서는 현묘하고 은미해 그 깊이를 헤아릴 수도 없는 것이 있다. 이는 주역이나 중용에서도 밝히지 못한 걸 여기에서 끄집어 말했으니 이게 바로 노자가 홀로 떨어져나가 6경과 나란히 서고 싶지 않았기 때문이다. 그렇고말고, 신기하도다.

뒷세상에 그의 무리들이 노자의 학술을 바꾸어 신비롭게 만들었다. 그게 더 흘러가서는 수련(修鍊) 복식(服食) 부록(符籙) 재초(齋醮) 따위의 방법을 만들어 괴이하고 황당한 행동을 해서 바르지 못하게 되었다. 그래서 세상을 현혹시키고 사람을 속이는 일이 많았다. 이 무리를 꾸짖는 사람들이 아울러 노자까지 꾸짖게 된 것이다.

괴이하고 황당한 행동이 어찌 청정의 본뜻이겠는가? 그 글은 곧 경(經)이고 그 뜻은 곧 전(傳)이다. 도를 논함에 이르러서는 바로 하늘의 핵심을 갈파했으니 내 재주로는 어떻게 그림을 그릴 수가 없다. 참으로 조화롭다 하겠다.

◎「장자를 읽고서」

내가 어릴 적에 장자의 글을 읽었지만 그 뜻을 알지 못하고 다만 주제를 찾고 장구를 따와 문장 짓는 방법으로 삼았다. 중년에 다시 읽어보니 의미가 깊고 사유가 황홀해 어림잡아 헤아릴 수 있을 듯했다. 이래서 나는 그 우화를 좋아했고 생사를 하나와 같이 보고 득실을 나란히 둔 것을 소중하게 여기에 되었다. 지금 이 글을 읽어보니 담박하고 고요하며 청정하고 무위(無爲)함이 은연 부처와 서로 부합되었다. 다만 요원하고 황당한 말이 올바른 언어가 되지 못하기에 깊이 읽지 않아서 그 단서를 제대로 알 수 없었다.

그 속에 안자가 가만히 앉아서 물(物)과 아(我)를 잊었다는 구절을 두고 유가에서는 애써 비방하나 예기에도 "앉으면 재계하는 것같이 하고 서면 시동(尸童)[154]의 모습과 같이하라"고 했고 논어에는 "안자는 하루 내내 어리석은 사람 같았다"라고 했다. 이게 앉아서 물과 아를 잊어버렸다는 것과 무엇이 다르랴! 이건 그 말을 더 풀어버린 것이지 망령된 말은 아니다.

더러 주공과 공자를 비방했다는 지적도 잘못된 것이다. 노자는 그의 스승인데도 진일이 조문한 일을 핑계대서 노자를 비방했으나 이는 이 늙은이가 우스개와 거짓말 잘하는 일상의 태도이며 진정 비방한 것은 아니었다. 천하편에서 유가를 맨 먼저 말한 것은 그가 주공과 공자를 높였음을 알 수 있겠다.

◎「오래 사는 방법에 대하여」[155]

세상에서 신선을 얘기하는 사람들이 걸핏하면 꼭 수련화후의 방법을 일컬으면서 번번이 말하기를, "나는 하늘로 올라가 신선이 될 수 있으며 나는 태식을 이룰 수가 있으며 나는 죽지 않고 영원히 살 수가 있다"고 한다. 그런데도 적막하게 수백 년 동안 신선이 된 것을 본 사람들이 거의 없다. 이것은 얼굴이 해만 따라다니다가 제 발은 땅에 붙어 굳어진 해바라기와 같은 짓거리일 뿐이다.

내 일찍이 남궁두를 호남에서 보았는데, 나이가 아흔 살인데도 얼굴에 주름살 하나 없었다. 왜 그런가 물어보니 때맞추어 음식을 적게 먹었을 뿐이라고 한다. 수련화후의 공부는 시작하기가 쉽지 않은데, 밥을 먹거나 자고 일어날 적에 몸을 튼튼히 하고 병에 걸리지 않도록 하는 데는 그날그날에 그 방법을 쓰는 것이 가장 가까운 것이어서 효과도 가장 빨리 거둔 것일까? 이것은 잘 알지 못하겠다. 나의 벗 천옹은 신선의 방술을 깊이 공부하여서 노자가 남겨준 뜻과 저절로 잘 들어맞았다. 이런 사람으로 하여금 세속의 절구공이로 찧은 음식을 씻어내게 하며 한 생각으로 참 수행을 닦게 한다면 신선이 되어 죽지 않는 것이 무슨 어려운 일이겠는가? 다만, 자평(子平)의 걸림[156] 때문에 신선 되는 단약의 방법으로 돌아와 점차로 늦어지게 되었도다. 아아, 누가 그를 이렇게 하게 했을까?

이 글을 지은 것은 '도'를 위하여서가 아니라 몸을 조섭하기 위해서이다. 이 몸을 능히 조섭한다면 맑은 정신을 가질 수 있고, 혼백을 단련시킬 수 있고, 신선이 되어 죽지 않을 수도 있겠다. 처음에는 얕고 가까운 것 같지만 끝에 가서는 지극한 도에 함께 들어갈 수가 있을 것이니, 그 공적이 또한 크지 않겠는가? 내가 몸을 아무 탈 없게 하고 병에 걸리지 않도록 조섭하는 것은 그날그날의 방법을 쓰는 데에 있다고 한 것이 가장 기뻤기 때문에 이 책을 깨끗이 옮겨 써서 잘 간직해두고 늘 지니고 게을리하지 않으며 언제나 그 방법을 취하고자 한다. 천옹이 말하기를 "진실로 여기에 마음을 쏟으면 신선이 되어 죽지 않는 것도 곧 이룰 수 있다"고 했다. 내 머리를 조아려 절하노라.

◎「임노인의 양생에 대하여」[157]

강릉부 태화현에 임세속(任世續, 혹은 績)이라는 사람이 있었다. 그는 백열세 살이 되었는데도 얼굴이 쉰 살 안팎으로 보이고 눈과 귀가 어둡지 않았다. 내가 서른다섯 살이 되던 계묘년에 그를 만나보았을 때에 절하고 앉는 것이 젊은이와 다름없었다. 내가 물어보았더니 대답했다.

"젊었을 때에 군인으로 있다가 가정 신해년(1551년)에 나이가 찬 탓으로 군적에서 빠져 물러나와 여기서 사오."

"영감님은 유난스런 방술이라도 있으시오? 어떻게 이처럼 건장하시오?"

"들판에서 뒹구는 사람이 어찌 술수를 얻었을까."

"그럼 약이라도 복용했는지?"

"먹은 적이 없소."

나는 더욱더 괴이한 생각이 들어 말했다.

"세상에서 진실로 양생의 방법을 닦지 않고도 장수를 누린 사람이 있을까요?"

"내 어릴 적에 잔병이 많고 겉늙었었소. 조금만 배불리 먹어도 씩씩거리며 숨이 가빴소. 그래서 하루에 다섯 홉쯤의 묵은 쌀만 먹고 살찔 음식이나 날것이나 찬 것은 먹지 않았소. 이렇게 한 지 십 년쯤 만에 병이 점차로 줄어들었소. 마흔 살에 아내가 죽었으나 두 아들이 장성하여서 넉넉하게 봉양하여주기에 새 장가를 들지 않았소. 논밭을 두 아들에게 나누어주어 번갈아 먹여주도록 했고 겨울과 여름에는 철따라 옷을 가져오게 하고 바람 타지 않는 으슥한 방을 골라 거처했소. 내 두 아들이 잘 받들어주어서 성내지도 않고 조바심을 내어서 살림살이를 걱정하지도 않으면서 아무 하는 일 없이 조용히 앉아 있다가 배가 고프면 밥 먹고 피곤하면 잠자는 걸로 보낸 지가 지금까지 예순 해나 되었소. 집이 산골짜기에 있어서 날마다 삽주 뿌리와 황정을 캐먹었지요. 이렇게 세월이 흘러가자 눈이 점차로 밝아지고 귀가 점차로 또렷해지고 빠진 이가 다시 나고 다리 힘은 다시 굳세어졌지요. 두 아들은 죽고 손자는 다섯을 두었는데, 손자들의 봉양도 아들들과 조금도 다름이 없기 때문에 나는 타고난 그대로 보존했을 뿐이지, 내 어찌 다른 방술이 있겠소."

내 영감의 말을 듣고 다음과 같이 적는다.

영감의 말에서 양생의 방법을 얻었노라. 신선이 되는 사람은 반드시 '정'과 '기'와 '신', 이 세 가지를 잘 간수하는 것이다. 아내를 맞지 않는 것은 '정'을 간수한 것이요, 음식을 가려서 배불리 먹지 않는 것은 '기'를 잘 간수한 것이요, 성내거나 애써 할 일을 만들지 않는 것은 '신'을 잘 간수한 것이다. 이 세 가지를 굳게 했으니 마땅히 오래 수명을 누리게 된 것이다. 하물며 자기가 타고난 그대로를 보존하면서 다만 배고프면 먹고 피곤하면 잠잔다. 이것이 안정하는 첫째 열쇠인데다가 약 중에서도 가장 좋은 삽주 뿌리와 황정을 먹은 것이다. 영감님이 이것을 능히 행하고 이것을 능히 복용했으니 그가 신선이 되어 멀리 올라가는 것이 어찌 멀겠는가? 세상에서 '단'을 닦아서 오래 살아 죽지 않으려고 하는 사람은 반드시 '건곤정기'(乾坤精氣)와 '감리부부'(坎離夫婦)와 '용호연홍'(龍虎鉛汞), '진화퇴부'(進火退符)[158]를 일컬으며 입으로는 『참동계』(參同契)와 『오진편』(悟眞篇)[159]을 외워 스스로 참 신선을 이룬다고 한다. 그러나 이익을 탐내느라 바스대고 성내는 마음이 가슴 속에 소용돌이쳐서 끝끝내 하나도 이루지 못하는 것이다. 그들을 이 영감님과 견주어보면 이마에 어찌 땀이 축축이 배지 않겠는가? 영감님은 내 스승일진저!

제자백가와 서학(西學)과 민속신앙

제자백가를 보는 눈

허균의 독서 범위는 매우 넓었다. 그는 중국에 드나들면서 많은 서적을 사왔는데 이를 틈틈이 독파한 것이다. 여기에는 소설도 있고 역사도 있었는데 제자백가(諸子百家)[160]도 들어 있었다. 방대한 분량이다.

그는 "내가 부안에 있을 때 한가한 틈을 이용해 제자의 전서(全書)를 얻어 열심히 읽었다. 이리해 깨달은 내용을 풀어서 글마다 뒷면에 붙여 놓았다. 이는 감히 나의 관점이 옳다고 주장한 것은 아니고 그저 내 소박한 소견을 드러냈을 뿐이다"라고 했다.

여기에는 앞에서 말한 노자 장자와 함께 열자(列子) 관자(管子) 안자(晏子) 상자(商子) 한비자(韓非子) 묵자(墨子) 순자(荀子) 양자(揚子) 자화자(子華子) 손자(孫子) 오자(吳子) 여자(呂子) 회남자(淮南子) 문중자(文仲子)[161] 등이 있다. 여기에는 맹자가 이단이라 비난한 겸애설을 주장한 묵자와 자애설을 주장한 양자도 들어 있고 병법가인 손자와 오자도 들어 있으며 법가 상가 등도 포함되어 있다. 이들은 고대 중국의 사상과 학문경향을 다양하게 추구한 학자들이었다.

허균은 그 나름대로 긍정과 부정의 측면에서 짧은 평가를 내리고 있다. 그런데 유가적 관점이 전혀 배제된 것은 아니다. 그러나 상앙(商鞅, 위 상자를 말함)의 경우처럼 맹자가 주창한 왕도보다 부국강병에 동조하는 관점이 보인다. 전통적 유학자의 경향과는 다른 점이다. 관중(管仲,

위 관자를 말함)에 대해서는 "뒤섞이고 중복되어서 한 사람의 손에서 나오지 않은 듯하다. 그들 속에 심술(心術)과 내업(內業) 같은 글은 모두 도가의 설을 억지로 붙였으며 주합(宙合) 등 여러 글은 모조리 은어를 사용해 까다롭고 괴이하다. 그러니 실제의 일로 권장하는 관중의 학술로서는 어찌 이렇게 현실과 어긋나고 현실에 맞지 않는 말이 있을 수 있겠는가?"라고 평가했다.

이처럼 그는 내용을 평가하면서 그 구성이나 문장까지 꼼꼼하게 살펴 평가를 내렸다. 그러니 허균은 유학 이론에 맞추어 의견을 내세운 것이 아니라 부국강병의 평가처럼 실사구시(實事求是)의 분위기를 풍기고 있다 하겠다. 다음의 「상앙을 읽고서」는 부국강병의 이론을 편 상앙를 평한 글이다.

◎「상앙을 읽고서」

상앙(商鞅)이 처음에 진나라 효공을 왕도(王道)와 패도(覇道)를 가지고 달랬다. 그러나 효공은 시큰둥하게 별로 관심을 기울이지 않았다. 그러다가 상앙이 그를 부국강병(富國强兵)의 술로 달래자 그제야 자리를 앞으로 끌어당겨 바짝 다가앉아서 듣기를 게을리하지 않았다 한다.

상앙의 학술은 본디 왕도와 패도가 아니었다. 나라를 부강케 하는 이론에 뛰어났을 뿐이다. 처음에 왕도와 패도로 달랜 것은 일부러 말을 꾸민 것에 지나지 않고 끝내는 자신이 잘 알고 있는 지식을 꺼내 효공의 마음을 꿰뚫은 것이다. 그의 저술은 문장이 아주 굳세고 사나워서 선진(先秦, 진나라의 통일 이전 시기) 시대의 필치이긴 하나 남들이 억지로 붙인 글도 많다고 의심이 된다. 그의 글인 개색편(開塞篇)에서 "부정을 고발한 사람에게 상을 내린다"고 말한 것은 바로 그가 평생 동안 끌어안았던 방편이었다. 그런데 끝내는 이것 때문에 자신을 죽이고 말았으니 천도(天道)는 순환하길 좋아한다는 가르침으로 보아 마땅한 일이다.

뒷세상의 군자들은 걸핏하면 왕도만 들먹이면서 관중과 상앙은 천하게 보아서 마구 내리깎는다. 하지만 그의 공적을 살펴보면 도리어 두 사람에 미치지 못한다. 아아, 어떻게 하면 상앙과 같은 이를 만나서 그의 계책을 채택하여 부국강병을 이룩하고 바깥 도둑의 침입을 막아 낼 수 있을까?

천주교를 맨 처음 소개했다

우리나라에 서학(천주교)[162]의 서적을 맨 처음 소개한 사람은 허균이라고 한다. 그러나 조일전쟁 때에 일본군을 따라 경남지방에 와 있던 세스페데스가 처음으로 천주교를 전도했다고도 하고 허균보다 앞서 사신들이 중국에 다녀오면서 소개했다는 말도 있다. 그러나 이를 뒷받침해주는 확실한 자료는 없다. 아무튼 천주교가 본격적으로 전해진 것은 중국을 통해서였음은 거의 확실하다. 중국에 천주교가 그들의 문물과 함께 전해진 것은 이탈리아의 선교사 마테오 리치가 광동에 와서 전도를 시작하던 1583년이었다. 그러고서 1601년에는 수도 북경에서 포교를 허락받았다. 그러나 우리나라의 사정은 중국과 조금 달라 이때에는 전혀 소개되지 않고 있었다. 당시 유럽의 문물은 북경을 통해 전달되었다. 이에 대해 국사학자 한우근은 『이조 후기의 사회와 사상』에서 다음과 같이 보았다.

> 첫째, 조선의 지리적 위치가 한쪽으로 치우쳐 있고 서양인의 조선에 관한 지식이 빈곤하여 조선이 직접 그들의 항행 목적지가 되지 못했고, 둘째, 설사 그러한 계획이 있었다 하더라도 조선의 봉건적 척외정책이 그들의 입국을 거절했던 것이다. 그러나 당시에 동양문화상의 중심이고 조선 사신의 왕래가 잦았던 연경(북경)에 천주교가 전래되었다는 것은 그것이 그대로 조선에 전래될 것을 약속하는 것과 다름이 없었다.

그리하여 서학을 맨 처음 소개한 사람으로 허균을 꼽았다. 이에 대해 유몽인은 『어우야담』에서 이렇게 썼다.

> 그들의 교가 이미 동남쪽의 여러 오랑캐들에게는 행하여져서 자못 높여져서 믿고 있었다. 우리나라만이 알지 못했는데 허균이 중국에 가서 그들의 지도와 『게십이장』을 얻어 가지고 왔다.

또 허균의 동서로 실학자의 원조인 이수광은 『지봉유설』에서 이렇게 적었다.

허균은 총명하고 문장에 능했다. 이 때문에 부박한 데로 흘러갔고, 그의 글 때문에 그의 문도가 된 자들이 하늘의 학설을 외쳤는데 실은 서쪽 땅의 학이었다. 그들과는 하늘과 땅을 같이할 수 없고 사람과 견주어 같다고 말할 수가 없다.

이것이 허균이 천주교를 맨 처음 소개했고 또 그 무리들이 그것을 믿었다고 쓴 글이다. 이수광은 중국에 드나들면서 유럽의 사정을 최초로 소개한 학자이다. 이들보다 조금 뒤에 살았던 이익은 『성호사설』에서 이렇게 적었다.

일본의 남쪽 물길로 몇 달이 걸리는 곳에 '구라파'라는 나라가 있고 그 나라에 '기리단'이라는 도가 있는데 하늘 섬기는 것을 말하며 또 『게십이장』이 있다. 그들의 도는 불교도 아니고 선도도 아니어서 별도로 하나의 도풍을 세워, 마음을 두고 일을 행하는 것은 하늘에 어그러지지 않는다는 것뿐이다. 하느님의 상을 그려 받들어 섬기며 유교, 불교, 도교 세 교를 원수와 같이 배격한다……. 허균이 중국에 가서 그들의 지도와 『게십이장』을 얻어 가지고 왔다.

또 안정복은 『순암집』의 천학고(天學考)에서 이렇게 말했다.

서양의 책이 선조 말년에 동쪽으로 왔는데 이름난 벼슬아치나 큰 선비들이 보지 않는 사람이 없다. 그리하여 그것을 제자백가와 도교, 불교 따위와 견주어보면서 서재의 진귀한 것으로 갖추어두고 있는데 그 것 중에서 취할 것은 상위(象緯), 구고(句股)[163]의 술뿐이다. 어떤 사람이 말하기를, 고금을 통하여 하늘의 학을 말하는 사람이 있었는데 그런 중에서도 옛적에는 추연이 있었고 우리나라에는 허균이 있다.

박지원도 『연암집』의 열하일기에서 이렇게 말했다.

『게십이장』이 있는데 허균이 중국에 사신으로 가서 그 '게'를 얻어 온 것이다. 그렇다면 사교가 동쪽으로 온 것은 아마 허균으로부터 시작되어 주창된 것이다. 지금 사교(邪敎)를 배우는 무리들은 허균의 뒤를 좇는 무리들이다.

이것은 허균과 그 무리가 천주교를 맨 처음 소개했을 뿐만 아니라 그것을 믿고 따랐다는 것이다. 또 이규경은 『오주연문장전산고』의 사교변증(邪敎辨證)에서 『택당집』을 인용하여 다음과 같이 말했다.

허균이 처음 천주교의 책을 얻어 가지고 와서 배우고는 말하기를 '남녀의 정욕은 곧 천성이요, 윤기의 구분은 성인이 가르친 것이다. 하늘이 성인을 일등으로 높였으니 내 하늘을 따를 것이요, 성인을 따르지는 못하겠다' 하니 그 천주를 믿는 조짐이 이에 나타났다.

식민지시대를 살았던 역사학자 이능화는 이에 대해 『조선기독교급외교사』의 조선학자여천주교(朝鮮學者與天主敎)에서 다음과 같은 의견을 밝혔다.

> 『택당집』에서 이 구절을 찾아보니 허균이 선교와 불교의 글을 읽었다는 것만이 있고 천주교의 설에 대해서는 없었다. 그러나 그 '남녀정욕' 따위의 말을 가지고 볼 것 같으면, 이식이 말한 '선교 · 불교의 책'은 거의 천주교의 책을 의미한 바가 의심할 것이 없으니, 이규경의 말이 옳을 듯하다. 무엇 때문이냐 하면, 선교 · 불교의 글에는 본디 남녀의 정욕을 꺼리는데 천주교에서는 아내 갖는 것을 허락하기 때문이다.

곧, "남녀의 정욕은 천성이다"고 한 것은 천주교에서 나온 교리에 맞는다는 논리이다. 그러나 앞에서 언급한 대로 하늘과 정욕은 양명학의 이론과 가깝다고 보아야 할 것이다. 또 신부나 수녀는 결혼을 하지 않으니 천주교에서 "아내 갖는 것을 허락"했다는 지적은 어긋난 것이다.

아무튼 위의 기록들은 모두 천주교를 맨 처음 들여온 사람이 허균일 뿐만 아니라 그가 자기를 따르는 무리들과 함께 그것을 믿고 따랐다고 했다. 이것을 처음 기록한 유몽인이나 이수광은 허균과 같은 시대에 살았다. 특히 이수광과는 첫째 아내와의 관계로 동서가 되었는데, 이수광은 중국에 다녀와 『지봉유설』에서 유럽과 천주교를 소개했다. 그러므로 그들은 직접 들은 얘기를 기록했을 것으로 보인다. 아니면 허균을 모략하려고 없는 말을 꾸몄을 수도 있지만 정치적으로나 당색으로나 이해가 직접 얽히지 않았으므로 이 점은 근거가 희박하다고 하겠다. 그리고 이익을 포함한 후세의 기록은 위의 기록을 그대로 옮겼거나 아니면 전해 내려오는 얘기들을 적은 것이었을 것이다. 기술한 내용이 허균이 살던 때의 기록과 조금씩 다른 점으로 보아 전해 내려오는 얘기를 적은 것이었을 가능성이 크다.

그렇다면 허균은 어느 때에 천주교의 책을 가져왔을까? 기록들이 거의 선조 말년과 광해군 초에 천주교가 처음 들어왔다고 했는데, 그동안 허균이 중국 사신과 세 번 접촉했고 중국에 다녀온 것은 두 번이다.

중국 사신을 접촉한 것은 다음과 같다. 첫번째는 1602년 서른네 살 때에 원접사 이정구의 종사관으로 명나라의 사신인 고천준을 맞이한 것이다. 이때에 그는 마흔일곱 편의 시를 짓기도 했다. 두번째는 1604년 서른여섯 살 때에 명나라 황제의 맏손자가 태어나 이것을 알리러 주지번이 왔을 적에 원접사 유근의 종사관이 된 것이다. 이때에 허균은 많은 이야기를 주고받아 주지번에게서 특별히 문학적인 인정을 받았으며 그의 누이의 시집인 『난설헌집』을 주기도 했다. 또 허균은 우리나라의 시 팔백 편쯤을 뽑은 책을 주었고 그 보답으로 『태평광기』라는 책을 받기도 했다. 세번째는 1609년 마흔한 살 때에 유용의 원접사인 이상의의 종사관이 된 것이다. 이때에 허균은 중국의 종사관이 『난설헌집』을 달라고 하자, 책이 떨어져 두 권밖에 주지 못했다고 한다. 또 인도와 안남에 다녀온 그들에게서 그쪽 사정을 듣기도 했다. 허균은 또 이때 『백낙천 시집』을 받기도 했다. 허균은 종사관으로 중국 인사들과 접촉하면서 새로운 눈을 뜨게 되었고 중국의 문물에 새삼 경탄했다.

그뿐 아니라 많은 책을 얻어 보고 주변 나라의 정세도 얻어들었다.

이 세 번에 걸친 접촉 중에서 '서학'에 대한 얘기를 들었다면 세번째인 1609년이었을 가능성이 크다. 이때는 마테오 리치가 북경에서 한창 포교 활동을 벌이고 자명종, 천문기기, 지도 따위를 소개하며 중국 사람들의 눈길을 끌던 때였다. 그러나 이들과 접촉한 전말을 적은 그의 「서행기」, 「병오기행」, 「기유서행기」 같은 기행문에는 천주교의 구체적인 얘기는 나오지 않는다.

그 뒤에 그가 직접 중국에 다녀온 것은 다음과 같다. 첫번째는 1614년 초여름, 마흔여섯 살 때에 천추사로 북경에 간 것이다. 이때에 그는 명나라 세종황제의 글씨 따위를 얻어오고 책 수천 권을 사 가지고 왔다. 두번째는 이듬해에 동지 겸 진주부사로 북경에 다녀온 것이다. 이때에 그들은 미리 만 오천 냥쯤 되는 은을 가지고 가서 많은 책을 사 가지고 왔다. 이를 이렇게 적고 있다.

> 내 일찍이 집에 역사에 관한 책이 매우 적은 것이 한이 되었고 갑인년(1614), 을묘년(1615)에 일이 있어 두 번이나 중국의 서울에 사신으로 가서 집의 돈을 시원스럽게 내놓아 책을 산 것이 사천 권쯤이나 되었다.[164]

이로 보면 조정의 돈만 아니라 자기의 개인 돈으로 책을 샀음도 알 수가 있다. 또 『광해군일기』(6년조)에는 다음과 같이 기록했다.

> 허균이 천추사로 가서 많은 책을 가져왔으나 그것은 모두 저 아낙네

나 읽을 소설 따위이다……. 거짓된 글을 짓기를 좋아하여 스스로 산수 도참의 설로부터 도교, 불교 따위의 이단의 얘기들을 모두 지었다.

여기에서 그가 사온 책들이 그때의 통념에는 어긋나는 소설이나 이단에 관한 것들이며 허균 자신이 그것을 보는 정도만이 아니라 손수 짓기도 했음을 알 수가 있다. 허균이 천주교 책을 가져왔다는 것이 사실이라면 또 이 두 번에 걸친 중국 사신 길에서 가져왔을 가능성이 가장 크다.

한편, 그의 외손인 이필진은 "……부부와 문부 여섯 권 말고 또 시부가 있어서 모두 여덟 권이었는데 손으로 옮겨 써서 전질로 만들었으니 「을병조천록」 등이 있었다. 옥사가 일어나던 날, 끝내 목숨을 부지할 수 없음을 알고 이에 이 글들을 찾아 우리집으로 보냈다"[165]고 기록했다. 여기에 책이름으로 나오는 「을병조천록」은 그가 중국에 다녀오면서 쓴 기행문이다. 이 책은 그의 다른 많은 글들과 함께 전해지지 않는다. 그 내용이 그때에 꺼리던 것이어서 일부러 빼버렸는지, 아니면 없어졌는지는 알 수가 없다. 아마도 거기에 천주교 얘기가 나옴직한데 그것을 일부 층에서 읽고 인용하여 위의 여러 사람이 허균이 천주교의 책을 맨 처음 가져왔다고 했는지도 모른다.

허균의 글들은 오랫동안 은밀히 읽혀왔다. 그리하여 정조가 허균의 글을 가져오게 하여 규장각에 간직하도록 하기도 했으며, 『숙종실록』에도 "허균이 모은 『국조시산』을 많은 선비들이 읽고 있는데 거기에 이이를 헐뜯는 글이 실려 있으니 모두 수색하여 없애라 했다"(6년조)는 내용이 보이기도 한다. 그러므로 영 · 정조 시대의 박지원, 안정복 등은 허균의 이런 기록을 보았거나 전해지는 말을 듣고 기록할 수 있었을 것이다. 아무튼 허균이 맨 처음으로 천주교의 책을 가지고 왔고 그것을 믿었다면, 그것은 바로 불교와 도교를 대할 때와 같은 학구적인 탐구의 한 방법이었을 것이다. 남다른 지식 충족 욕구를 가진 그가 새로운 이론과 문물을 접했을 때에 그것을 외면할 수는 없었을 것이다. 그러나 '하늘'에 대한 단편적인 말 말고는 천주교에 관한 의견을 찾아볼 수 없음이 아쉬울 뿐이다.

민중신앙을 보는 눈

우리의 민간신앙은 복합적이다. 고대에서부터 우리의 민중 속에 자리잡고 있던 토속신앙이 있었으나 이것이 시대의 흐름에 따라 도교 · 불교 · 유교와 섞여서 새로운 민중신앙이 이루어졌다. 이것은 어떤 힘으로나 고답적인 사상으로도 막을 수가 없었던 우리 민중의 삶이었고 고향이었다. 정화수 한 그릇을 떠놓고 비는 아낙네의 마음은 바로 경건한 신앙이었다. 이런 신앙은 사회혼란으로 더욱더 깊어갔고 못살고 가난에 찌든 민중에게 안식처 노릇을 했다. 허균이 토속신앙 자체에 관심을 두었다거나 빠져들었다고는 볼 수가 없다. 그러나 이런 미신이라고 하는 것들에 어떤 가치를 부여하려고 한 점은 있다.

허균은 민간신앙의 대상인 '잡신'을 부정하지 않았다. 다만 일반의 예와 같이 다신적인 의미를 주고 있다. 「가림의 신을 꾸짖는다」라는 글에서 그는 사직의 신과 사당의 신을 인정하고 저마다 맡은 역할이 다름을 말했다. 또 그것과 다른 참된 신들을 말하고 이런 신들의 재앙과 복은 사람의 마음가짐에 두는 것임을 밝혔다.

그는 「가림의 신을 꾸짖는다」에서 신이라는 이름을 통해 간교한 인간의 마음을 풍자했다. 그러면서 무당의 이름을 빗대어 사람의 사람다운 도리를 신과 연관지어 강조했다. 신을 공경하는 길은 사람다운 도리를 하는 데에 있으며, 이 사람다운 도리를 다함으로써 신이 사람에게 복을 내리게 됨을 관왕신이나 용왕의 경우를 통하여서 말했다. 그가 점이나 사주 따위를 대하는 눈도 이와 비슷하다.

「송석해안환산서」에서 "내가 늘 성명가들이 사람의 운명을 점치는 것이 대부분 맞지 않는 것은 반드시 점술가가 거짓으로 글을 만들고 요행히 추측으로 맞혀서 세상 사람을 현혹시킨다고 의심했다"고 했고, 또 같은 글에서 "내가 평생 점을 믿지 않았다"고 했으며, 「탐원와기」에서는 "내가 세상과 어긋나서 점치는 것을 즐겨 하지 않았다"고 말했다.

한편, 이런 말을 전제해놓고 「송석해안환산서」에서는 또 다음과 같이 말하기도 했다. 중 해안은 자기와 같은 해, 같은 달, 같은 날, 같은 시에 났는데 해안은 중이 되고 자기는 벼슬살이를 하게 되었다. 그러나 둘은 불교에 기울게 되었으니 결국 같은 운명이라고 하여 성명가의 말이 더러 맞기도 한다고 했다. 또 「탐원와기」에서는 이광의라는 맹인 성명가가 예언을 하여 맞히기도 하고 자기의 앞날을 낱낱이 설명한다고 전제하고 "나의 앞길은 내가 잘 알고 있다. 나는 하늘에 맡기고 운명에 맡긴다. 하늘과 운명이 나에게 부여한 것은 비록 너의 예언이 아니라도 나는 이것을 누릴 수 있다"고 말했다. 이것은 어떤 예언은 앞날을 점치는 것에 그칠 뿐이지 사람의 운명 자체를 바꾸는 것이 아님을 말한 것이다.

또 「장산인전」에서는 "점쟁이 이화는 점을 잘 치기로 알려졌는데 장산인이란 사람이 그가 치는 점에 틀리는 것이 있으면 곧 바로잡아주었으니 모두 맞아떨어졌다"고도 했다. 또 허균은 「해명문」에서 자기의 사주가 중국의 유명한 문장가인 한퇴지나 소동파와 같음을 견주어보고 자기의 신세가 그들과 같을 것임을 글로 짓기도 했다. 또 그는 온갖 요술과 잡술에도 흥미를 가졌음을 여러 글에서 볼 수가 있다. 이렇게 민중의 문제에 대해 그 자신이 직접 관심을 가져보고 거기에 의견을 펼쳐보이기는 했으나 학술적인 이론을 편 것은 아니다. 다만 그것들에 그 나름의 가치를 부여하고 자기 신상 문제와 견주어보거나 상상을 동원하여 문학작품의 소재로 삼거나 더러 작품의 효과로 이용해 적절히 배합하기도 했다.

위에서 그의 학문관을 여러모로 살펴보았다. 어떻게 보면 일정한 의견이 없는 것 같기도 하고 줏대가 없이 이것저것에 흔들린 것 같기도 하다. 그러나 허균은 서구에서 르네상스가 싹트던 시기에 살았다. 르네상스 정신은 한마디로 학문이나 문학에서 타락과 침체를 벗어나려는 질풍노도였다. 다시 말해서 개성의 존중, 감정의 자유 그리고 천재주의를 부르짖고 국민 문학의 창조에 앞장선 것이 르네상스 운동이다. 허균의 행동과 태도를 이들과 견주면 어느 면에서 서로 통하는 점을 찾을 수가 있을 것이다. 허균이 살던 시대에는 학문이 전문화되거나 세분화

되지 않았으며 그런 시대 상황에서 모든 것을 몸소 탐구하고 또 획일화를 배격한 자세는 르네상스 정신과 비슷한 점이 많다. 오늘날 허균을 두고 실학사상의 선구자라고 하는 것도 이런 점 때문일 것이다.

다음의 글은 신의 얘기를 빌려 인간의 간교함을 꾸짖은 것이다. 아주 독특하고 재미있는 작품이다.

◎「가림의 신을 꾸짖는다」[166]

함산(咸山) 고갯마루에 우뚝한 신사가 있다.

서낭당이라 이르면서 그곳 사람들이 치성을 드리네.

어느 날 폭풍이 일며 안개 같은 먼지가 하늘을 가리더니

흙비가 내리고 회오리바람 거세게 일어

나무가 쓰러지고 신사의 지붕까지 날아가서 신상의 이마에 비바람이 몰아쳤다.

이튿날 아침에 무당이 와서 신상의 자리를 정돈하고 머리를 빗겨주고 옷도 손질했는데 바람은 또다시 몰아치네.

이러기를 세 번씩이나 되풀이하네.

나는 매우 괴이쩍게 여겨 그 까닭을 무당에게 물어보았더니 무당이 대답한다.

함산의 신은 남편이고 가림의 신은 아내인데

함산의 신이 첩에게 빠져서 본부인을 못생겼다고 구박했습죠.

본부인이 첩을 원망하여 함산(함열의 옛 이름)의 신이 오기만 하면 짓밟고 비바람을 몰고 와 비 뿌리며 욕설을 퍼붓고

남편의 옷을 찢고 첩의 머리털을 뽑았다오.

갔다가는 곧 돌아와 밤낮으로 언듯거렸지만

무당의 달램도 영험이 없고

싸움을 말릴 길이 없어 다만 옷이나 갈아주고 신상이나 손질하여줄 뿐이오.

내가 탄식하여 말했다.

신들이 감히 발악하다니

내 신의 허물 열거하여 북두성에게 저주하리.

뜰아래 꿇어 엎드려 향을 사르고 축을 읽었다.

우리 하늘님께서 땅을 나누고 고을을 긋고

저마다 맡은 신을 두어 백성을 보살피네 했도다.

만일에 맡은 바를 다하지 못하게 된다면 반드시 하늘에서 벌을 내려

신사를 주륙내서 신에게는 모욕을 내리리다.

지금 함산, 가림의 두 신은 부부의 좋은 짝으로

한 시냇물을 경계 삼아

땅을 갈아 각기 주인 되니 서로 바라보면서

길이 제사를 받아먹었으니

마땅히 복을 내려 풍년이 되게 하고 비와 바람을 알맞게 주어 곡식을 무성히 자라게 해야 하거늘

무엇 때문에 첩과 사랑 다툼을 하고 성내어 눈알을 번득이느뇨.

천둥을 타고 번개창 손에 쥐고서

안개를 일으키고 폭풍을 몰아와

신사의 지붕을 벗기며 신상의 허리를 부러뜨리고 신의 깃발 망가뜨리네

물어뜯고 날뛰고 내동댕이치니 위세 등등하구나

금슬 좋은 배필을 원수같이 여기고 요사스런 악귀를 데리고 와서 가축과 꿀을 해치고

농사까지 망치어 백성들을 근심하게 만드는구나

이런 일은 한 번만으로도 심한 것인데 네댓 차례나 되풀이했네.

밝고 밝으신 황천은 이런 못된 짓을 살피시와 그의 죄를 벌하실 제

내 혀에 명하시고 뇌사(雷師)에 명하시어

날아와 요기를 물리치게 하소서.

천둥과 번개로 더불어 구름을 타고 바람을 몰아

팔위(八威)[167]와 사나운 말을 데리고 방울을 흔들며 부월(斧鉞)[168]을 잡고

내려와서 그들의 소굴을 소탕하고 요사스런 악귀들을 처치하소서.

그 눈은 파버리고 목을 졸라매고

귀신 호적을 뚱에 버리고 다시는 행패를 부리지 않도록 경고하시어,

백성들이 재해를 입거나 얼굴을 찌푸리는 일이 없게 하시고

곡식도 잘 여물어 저마다 편안하게 살게 하여 주소서.

말을 마치고 두 번 절하고 무릎 꿇고 하늘의 명을 기다렸더니

조금 뒤에 머리에 투구 쓰고 붉은 도포에 붉은 신을 신고

붉은 표시가 있는 신령의 기를 앞세우고 와서 나의 귀를 잡고 말하네.

무당이 거짓말을 한 것이지 신의 행패가 아니네.

가림의 신도 여편네가 아니고 남정네라네.

신이 신을 때려 부수다니 있을 수 없는 일이네.

폭풍이 일고 안개가 끼는 재변이 있는 것은 백성들이 불러들인 것일세.

사납고 요사스런 백성들이 무당을 믿으면서 못된 귀신에 제사하고

불경하고 오만하여 더러운 짓만 일삼네.

충성과 효도를 하지 않고 신의도 지키지 않을 뿐만 아니라

거간꾼은 이익만을 따라붙는 간교를 부리네.

들어와 수령된 자들도 올바른 벼슬아치 없어

속으로는 엉큼한 마음을 품고서 겉으로는 의젓한 체 꾸미면서,

점잖다는 칭찬 낚는구나.

온갖 나쁜 짓 하고는 그래도 부끄러운 줄을 모르니

교화는 땅에 떨어지고 위와 아래는 서로를 속이고 있네.

이런 꼬락서니로 신을 섬겼으니 신의 성냄 마땅하다.

요사스런 악귀가 날뛰고 재변이 일어나는 것은 모두 이렇기 때문이라네.

그런데도 저네들의 잘못은 생각지 않고 도리어 '질투를 하느니', '사랑 다툼을 하느니' 하면서

거리낌없이 거짓말을 주워대니까 신이 더욱더 화가 나서

재변이 더욱더 겹쳐 내린 것일세.

천둥 같은 벌을 받아야 할 자는 무당인데

그대같이 현명한 사람도 무당의 말에 현혹되는 지경이니

어리석은 백성들이야 더 쉽게 현혹되지 않겠는가?

그 말 듣고 나는 머리를 조아리면서, 지각이 모자란 탓이라고 사죄를 하고 나서 머리를 들고 바라보니

신은 이미 훌쩍 올라가 두리번두리번 먼 공중을 살펴보았으나

어느 곳으로 갔는지 보이지 않네.

5장

허균이 생각하는 문학

— 답습과 창의

허균이 문학에 대해 가졌던 견해를 포함해서 그가 지은 시나 소설 또는 그 밖의 글을 여기에서 소개하려고 한다. 그는 여러 가지로 지탄을 받았지만 그 시대의 모든 사람들이 그의 글재주만은 인정했으며 그의 경박함을 나무라면서도 글재주만은 아꼈다.

김시양이 『하담파적록』에서 "문장이 한 시대에 가장 뛰어났다"고 평한 말은 그의 이런 면모를 단적으로 보여준다. 또 주지번이 "그의 문장은 활달하고 여유가 있으면서도 아름답고 밝아 명나라 왕세정(王世貞)의 만년의 작품과 같고, 그의 시는 끝까지 꿰뚫었으면서도 어휘가 풍부하고 화려하여 명나라 변공(邊貢)의 청치(淸致)가 있다"[169]고 한 것도 그의 시와 문장을 더할 수 없이 칭찬한 대목이다. 그러면 구체적으로 그가 지은 시, 문장, 소설과 또 시, 문장, 소설에 대한 그의 견해는 어떤 것이었을까?

시—시 정신이 중요하다

허균은 천오백 수가 넘는 시를 남겼다. 시 짓는 일은 조선조에서 선비가 갖추어야 할 첫째 조건이었다. 괴롭거나 즐거운 일이 있을 때에 또 친구가 멀리 떠나갈 때에 그 감회를 시로 읊기도 했고, 회갑잔치에서나 술자리에서나 여행을 다니면서 그 느낌을 시로 나타내기도 했다. 이것은 문학이라기보다 생활의 일부였다. 그러므로 시 한 수 지을 줄 모르는 선비는 결코 선비 축에 들 수가 없었다. 더구나 시가 과거의 중요한 과목의 하나로 정해지면서 글을 배워 출세해보려는 사람은 누구나 시를 배워 멋지게 지으려고 했다. 선비에게는 시를 짓는 일이 먹고 자고 입는 것만큼이나 중요한 생활의 일부였다. 허균도 이런 시대에 살던 선비였다. 그러므로 허균은 그의 시로 그의 감정을 표백하고 세상을 한탄하고 감흥을 노래했다.

그는 처음에 당시(唐詩)를 가장 잘한다고 소문이 나 있는 이달에게서 시를 배웠다. 이달은 서자로 태어나서 많은 설움을 받은 시인이었다. 그러므로 이달의 시에는 간절한 애조가 짙게 깔려 있었다. 감수성이 예민하고 인정이 많은 허균은 어릴 때부터 이달의 이런 애조에 영향을 크게 받았다고 한다. 또 그의 누이인 허난설헌과 함께 시를 배우고 시로 화답하면서, 그의 누이가 지닌 애틋함과 원망의 분위기에 휩싸이기도 했다. 또 불행했던 그의 형 허봉이 지닌 저항의 정신과 현실 불만에 대한 토로가 그의 마음속에 자리잡기도 했다. 이런 분위기 속에서 이루어진 그의 시에는 다른 시인에게서 찾아보기 힘든 몇 가지 주제가 흐르고 있다.

첫째로, 현실 불만에서 나온 저항의 정신이다.

현실 또는 사회의 부조리에 과감히 맞서 이를 개혁하려는 그의 정신은 시에서도 끊임없이 나타나고 있다. 그는 감옥에 갇혀 있을 때 「대금오유감」(待金吾有感)이란 시에서 다음과 같이 읊었다.

> 의금부 문밖에서 의관(衣冠)을 벗으니,
> 한 해에도 두 번씩이나 와 웃을 일 너무 잦구려.
> 천당과 지옥이 모두 정토라면
> 이 몸에 동여맨 오랏줄 무얼 꺼리리.

자기를 묶는 것은 자기의 잘못이기보다 모순과 비리의 탓이었으므로 감옥에 있거나 세상에 있거나 오랏줄 따위는 겁날 것이 없다는 것이다. 이만큼 그의 시에는 자신에 찬 목소리가 담겨 있다. 또 삼척부사의 자리에서 쫓겨났을 때에는 「문파관작」(聞罷官作)이란 시에서 이렇게 읊었다.

> 예의 가르침이 어찌 호방한 삶을 얽어매랴
> 세상살이는 제 뜻에 맡길 뿐
> 그대들은 그대들의 법이나 써야 할 것이요
> 나는 내 인생을 나대로 살리라

어떤 형식 또는 저네들 마음대로 만들어놓은 제도 따위가 어찌 인간

본디의 참모습을 막을 수 있느냐는 것이며, 그런 장애에 조금도 얽매이지 않고 자기의 갈 길을 가겠다는 외침이다. 이런 시 정신은 그의 시에서 어떤 때는 직설로, 어떤 때는 비유로, 어떤 때는 탄식으로, 어떤 때는 울분으로 이어지고 있다.

둘째로, 자조의 모습으로 바뀌는 것이다.

자기가 얼마나 약한지를 알고 자포자기 상태가 되어 시인다운 감상을 발동하여 세상일을 비웃는다. 그는 스스로 비웃는다는 「자조」(自嘲)라는 시에서 이렇게 읊었다.

봄빛 온 서울에 가득하니
노니는 사람, 끓어오르는 흥 한결 더하네.
저 거리엔 버들강아지들 어지럽게 흩날리고
젖은 소매엔 낙화가 애처롭다.
옥촛대는 밤에 기품을 다투고
금술병은 새벽에도 마르지 않아
병든 사마상여(司馬相如) 부질없이 가엽고
눈 속의 매화를 그려보누만.

버들강아지는 무엇을 상징하고 낙화는 무엇을 상징하는 것일까? 아마도 스스로 비웃는다는 시의 제목으로 미루어보아 남을 잡아먹을 궁리나 하고 어떻게 하면 돈과 힘이 생기는 벼슬이나 잡아볼까 하는 온 서울에 가득한 벼슬아치를 버들강아지에 비유한 듯하고, 낙화는 자기

같이 밤새 술이나 마시고 울분이나 토하는 신세를 가리키는 것인 듯하다. 또 유유자적하는 모습을 보이기도 한다. 이런 생각은 한 걸음 더 나아가 「유회」(有懷)라는 시에서 이렇게도 표현된다.

공명은 우리들의 것이 아닌 것
책이나 가까이하리
……
다만 귀거래를 읊조린다면
산속의 요초는 봄빛이겠구나.

이런 모습은 스스로 탄식한다는 「자탄」이라는 시를 포함하여 그의 많은 시에 깔려 있다. 결국 안팎의 여러 조건 때문에 모든 일이 뜻대로 되지 않자 그런 것들과 대결하고 싶은 의지가 자조로 흐르게 되고, 그러고서는 자기를 새삼 돌이켜보고 은둔의 삶을 노래하게 되었던 것이다.

셋째로, 현실 도피의 정신이다.

허균은 함열에 유배되어 있을 때에 중국의 시인 백낙천이 강주에 유배되어 있을 때와 나이가 같다고 하여 스물네 수의 시를 지었다. 거기에는 한결같이 산과 물 그리고 술을 벗하는 생활과 처량함과 한탄이 깔린 서글픔이 담겨 있다. 유배의 땅에서 붉은 봉숭아를 보는 마음, 가뭄에 비를 기다리는 마음, 권필 같은 벗들을 그리는 마음이 뒤범벅이 되어 시의 조화로 나타났다.

본디 시란, 꽃과 새를 노래하며 번잡한 세상일을 잊는 것이다. 그리하여 꿈속을 그리는 시를 짓기도 하고 신선을 만나 하늘나라에서 노니는 시를 짓기도 한다. 이런 시는 주로 불교와 도교의 얘기를 소재로 빌려 짓기도 하고 동해 바다에 있는 이상의 섬을 동경하며 짓기도 한다. 그의 시를 보면 이 도피와 은둔의 시가 가장 많다. 이렇게 보면 그는 혁명가다운 강한 의지보다 시인으로서의 감상이 더 앞섰던 사람이라고 할 수 있을지도 모른다.

이런 분위기를 지닌 그는 주로 불우한 사람들과 시 벗이 되었다. 그는 이들 시 벗에 대해, 「전오자시」의 설명에서 "내가 세상과 틀어져 높은 벼슬아치들과는 별로 사귀지를 못하고 오직 얕은 재주로 글을 아는 몇몇 벗에게 알아줌을 받았다. 그리하여 밤낮으로 어우러져 시를 주고받았고 그들과 담소하거나 서로 격려하면서 한가롭게 하루를 마치곤 했다"라고 했다. 그리고 그와 그렇게 사귄 사람으로 전오자(前五子)와 후오자(後五子)를 꼽았다. 앞 다섯 사람 곧 전오자는 권필, 이안눌, 조유한, 허적, 이재영 등이고, 뒤 다섯 사람 곧 후오자는 정응운, 조찬한, 기윤헌, 임숙영 등이다. 이들은 어떤 사람들인가? 권필은 그 시대에 뛰어난 글재주를 날리던 기개 있는 선비로서 광해군을 욕한 죄로 귀양을 가던 중에 말술을 단숨에 마시고 쓰러져 죽은 사람이다. 허균은 「전오자시」에서 권필을 이렇게 읊었다.

석주는 천하의 높은 선비로
그의 재주는 진실로 뛰어났다.
포부 펴는 것을 즐기지 않고

궁벽진 골에서 굶어 지내기를 달게 여겼네.

그 나머지도 이와 비슷한 인물들로, 세상에서 버림을 받거나 세상을 스스로 버리고서 살아갔다. 이들은 서로 시로써 찬사를 보냈다. 이들 중에서 이재영과는 죽을 때까지 뜻을 같이했으나 기윤헌과는 적이 되어 갈렸다.

또 그는 불우한 기생 시인 계생을 위하여 눈물을 담은 시를 바쳤고 천민 출신인 유희경의 시를 남달리 이해했으며 그 밖에 중이나 신분이 낮은 사람들의 시를 좋아했다. 특히 『성수시화』나 『국조시산』에 시에 얽힌 얘기나 좋은 시를 가려 뽑아 실으면서 신분을 따지지 않고 시를 위주로 하여 선택했으며 귀족의 시보다 오히려 이들 평민이나 천민의 시를 더 좋아했다.

대체로 시인의 신분에 따라 사대부문학과 위항문학(委巷文學)[170]으로 나눈다. 그러하며 구자균은 『조선평민문학사』에서, 17세기를 전기에 일어난 사대부문학과 구별해 평민문학파인 위항문학의 요람기로 보고 18세기를 여항문학(閭巷文學)[171]의 전성기라고 했다. 허균이 접촉한 이들 시인은 대부분이 위항문학의 대표라고 봐도 되는 사람들이다.

그러면 시에 대한 허균의 이론은 어떠할까? 그는 「시변」(詩辨)에서 시를 모방하는 것은 학습을 위한 것이라고 했으며, 궁극으로는 독창성과 작자 나름의 의견을 중시했다. 시가 모방으로 흘러서는 결코 시답게 될 수 없음을 강조했고, 따라서 글제나 화려하게 꾸미는 것을 배격하고 시의 내면에 깔린 시 정신을 높이 샀다. 이런 그의 시 정신은 그의 시평에서 잘 나타난다.

허균이 시를 보는 초점은 '당나라의 시를 높이고 송나라의 시를 몰아내는 데에' 있다. 시를 배우는 데에는 당나라의 시와 송나라의 시 두 갈래가 있었는데, 그는 당나라의 시를 높이 여겼다. 그중에서도 이태백이나 두보 같은 시인이 나온 성당(盛唐)[172] 시기의 시를 가장 높이 평가했다. 『성수시화』에서 그는 "정몽주의 문장은 호방하고 뛰어났는데…… 성당의 풍격이 있었다"고 말한 것으로 봐도 그가 지닌 시작 태도를 잘 엿볼 수가 있다.

그는 좋은 시를 평할 적에는 성당의 시와 견줄 수 있다는 말을 자주 썼다. 그는 「시변」에서도 이와 같은 의견을 밝혔다. 또 「송오가시초서」에서 "시가 송나라에 와서는 망했다고 할 만하다. 망했다는 것은 그 말이 망했다는 것이 아니라 그 이치가 망했다는 말이다. 시의 이치는 표현을 상세히 다 하거나 말이 완곡한 데에 있지 않고 말을 끊고 뜻을 잇는 데에 있으며, 가까운 것을 가리켜 먼 것을 나타내고 이치의 길에 빠지지 않고 언어 문자를 즐겨 쓰지 않는 것을 가장 윗자리로 꼽는다. 당의 시는 이와 가까우나 송의 시는 그러하지 못하여…… 스스로 그 격을 상하게 한다"라고 했다. 이 말은 문자나 희롱하며 말폐(末弊)에 빠지는 것보다 뜻을 중시함을 의미한다. 도교와 불교의 이론이나 생각을 자주 시에 썼던 그로서는 이런 성당의 시가 마음에 들었을 것이다. 이 성당을 대표하는 시인은 이태백과 두보이다. 이태백의 시에는 호방함과 표일함이 넘치고 두보의 시에는 이지와 애조가 깔려 있다고 한다.

그는 시어에서도 구체적인 용어구사를 강조했다. 곧 모방을 일삼아 중국에 있는 물명을 쓰는 것을 비판했다. 다시 말하면 "흰 잔나비가 없는데도 이를 쓰고 파랑새를 보고 비취새라 한다든지, 때까치를 보고 자고새라 하는 따위가 바로 그런 것이다"라고 하면서 사실성을 강조해 단순한 모방을 경계했던 것이다.

그의 시평은 신라시대부터 자기 시대에까지 두루 미쳤으며 또 계층을 가리지 않고 날카로운 비평을 했다. 『국조시산』과 『학산초담』, 『성수시화』는 주로 이런 평과 시에 얽힌 얘기를 모은 것인데, 이것은 맨 처음의 본격적인 시 평론이란 평가를 받고 있다. 그러나 조종업은 "허균의 시론은 한마디로 말하여 성당의 시를 기준으로 하여 성당의 시에 부합되느냐 부합되지 않느냐를 따질 뿐이고 송의 시와 명의 시는 논하려 하지 않았다"[173]고 하여 그가 시를 평가하는 기준이 너무 획일적임을 나무랐다.

아무튼 허균은 그 자신이 뛰어난 문장가라는 평을 받으면서도 시에서는 수사적인 것을 별로 탐탁하게 여기지 않았으며 글자에 집착하여 본디 시의 맛에 소홀해지는 것을 경계했음을 알 수 있다. 물론 그의 시 중에는 '음풍농월' 따위의 보통 시인들이 즐기던 풍조를 따른 시도 있지만 허균의 대부분의 시는 주로 앞에서 밝힌 몇 가지의 특징을 갖추고 있다. 여기에서 그의 시 속에 사회개혁의 의지가 나타나 있음을 알 수가 있다.

그는 한편으로는 궁중의 얘기를 시로 표현한 「궁사」(宮詞) 따위의 시를 남기기도 하고, 시정의 노래 가사의 수법을 빌려 「오기가」(五嗜歌) 따위의 시를 짓기도 했다. 이것은 그때의 시인들이 품위가 없다고 하여서 별로 즐기지 않았던 작시 태도이기도 했다.

이러면서도 그의 시는 높이 평가되어 중국에서 먼저 소개되었고, 이정기 같은 문장가도 그의 시집에 서문을 써서 그의 시를 뒷받침해주었다. 한편으로는 그의 누이인 허난설헌의 시집을 만들어 중국에까지 소개하기도 했는데, 그 시집은 중국의 여류 시인들이 허난설헌을 동경하고 모방하게 하는 풍조를 일으킬 정도로 큰 영향을 끼치기도 했다. 그러나 이 허난설헌의 시는 거의가 허균 자신이 쓴 위작이라는 비난을 받기도 했다.

그는 또 시를 가려 뽑는 일에 많은 힘을 기울였다. 『당시선』, 『송오가시초』 같은 시선집을 편집한 것으로 알려졌으나 오늘날까지 전해지는 것은 『국조시산』과 『허문세고』뿐이다.

『국조시산』은 아홉 권으로 엮어졌는데 조선조의 정도전에서 권필에 이르기까지 각체의 시를 가려 뽑아 소개하고 거기에 평을 덧붙였다. 『허문세고』는 그의 가문의 것으로 선조인 허종에서 누이 난설헌까지 여섯 사람의 시를 뽑아 모은 것이다.

『국조시산』은 허균이 죽고 난 뒤에도 시를 배우거나 시를 좀더 잘 지어보려는 선비들이 손으로 베껴서 은밀히 보고 있었는데, 광주부윤으로 있던 박태순이 그 감식안이 높음을 알고는 이 책을 널리 읽히고 후세에까지 보존해야겠다는 뜻에서 1696년에 간행했던 것이다. 뒤에 박태순은 전라 관찰사로 있을 적에 이 책을 간행했다고 좌천까지 당하였으나 어쨌든 그의 공으로 오늘날까지 전해지게 되었다. 박태순이 이 책의 서문에서 시를 가려 뽑는 허균의 안목을 높이 평가했듯이, 허균은 시인의 신분이나 시의 경향을 따지지 않고 수준 높은 시를 골고루 뽑았음을 알 수 있다. 또 오늘날에도 조선 한시 선집으로서 『국조시산』을 손꼽고 있다.

『허문세고』는 『국조시산』의 뒤에 덧붙어 있는데, 끝에 있는 권필의 평대로 비록 거기에 실린 시들이 허균 가문의 것이긴 하나 그 선택의 안목은 나무랄 데가 없다 하겠다. 시선집이 시평만큼이나 중요시되는 까닭은 그것이 바로 시를 익히고 짓는 데에 길잡이가 되기 때문이다. 이와 같이 그는 시를 짓는 데에 그치지 않고 시평 그리고 시선에서까지 상당한 인정을 받고 있는 것이다.

다음의 글은 시에 대한 그의 의견을 잘 보여준다.

◎「시는 이렇게 지어야 한다」[174]

지금 시를 짓는 사람들이 저 멀리로는 한위(漢魏)와 육조(六朝)[175]를 말하고 그 다음으로는 성당(盛唐)과 중당(中唐)[176]을 말하고 맨 아래로는 바로 소동파(蘇東坡)와 진사도(陳師道)를 말한다. 그러면서 모든 사람이 스스로 일컫기를 그 자리를 빼앗을 수 있다고들 한다. 이 말은 망령될 따름이다. 이들은 그 말뜻을 주워 모아서 그대로 답습하거나 글귀를 표절해서 스스로 자랑하는 자들에 지나지 않는다. 어찌 시의 도를 말할 수 있겠는가? 『시경』의 삼백 편[177]은 스스로 삼백 편답게 되고, 한위와 육조는 스스로 한위와 육조답게 되고, 성당과 중당은 스스로 성당과 중당답게 되고, 소동파와 진사도 또한 스스로 소동파와 진사도답게 된 것이지 어찌 이들이 서로 모방을 하여서 한 가락에서 나왔으랴? 대개 나름대로 일가를 이룬 뒤에야 바야흐로 어느 경지에 이르렀다고 할 수 있을 것이다. 그 사이에 더러 본떠서 짓는 것은 시험삼아 어떤 '본'을 갖추기 위함이지 늘 그러는 것은 아니다. 마치 남의 발꿈치 아래에서 살아가는 자는 호걸이 아닌 것과 같다.

그렇다면 시는 어떻게 지어야 가장 극치를 이룰 수 있을 것인가? 내 말하노라.

흥취를 먼저 정하여 시의를 세우고, 격조를 다음으로 하여 시어를 부리며, 시구는 살아 움직이고, 글자는 둥글둥글하며, 소리는 맑고, 마디는 굳게 해서 소재를 취해 엮되 바른 자리는 범하지 말고 색상(色相)에 집착지 말게 하여, 두드리면 쨍쨍거리는 듯하고 만지면 현란한 듯, 그것을 눌러 깊게 그것을 올려 뛰어오르게, 닫으면 단아하고 힘차고, 열면 호기 있게 생각을 멋대로 구사하여 듬뿍 젖어 북치고 춤추는 듯해야 한다. 쇠라도 금과 같이 쓰고, 썩은 것이라도 신선하게 만들며, 고르고 맑되 얕거나 속되게 흐르지 말게 하고, 기이하고 고아하되 괴이하거나 괴팍에 가깝지 않게 하며, 형상을 읊되 사물에 붙지 말고, 깔아서 늘어놓되 소리나 음률에 병들지 말게 하며, 아름답고 곱되 이치를 헐지 말고, 따지되 가죽에 끈끈하게 붙지 말게 하라. 비흥(比興, 시의 음률)을 깊게 하는 자는 만물의 이치와 통하고, 고사 인용을 잘하는 자는 자기에게서 나온 것같이 한다. 격식이 시편에 나타나 혼연하여 흠을 잡을 수가 없고, 기운이 말 밖에 나오되 호연하여 꺾을 수가 없게 한다. 이런 것을 다해서 시가 나온다면 시답다고 할 만하겠다.

한나라와 위나라 이래로 여러 사람은 이것을 모두 깨닫고 힘써 지킨

분들이다. 그렇지 못하면 한의 달림에 위의 걸음을 걷고 육조의 옷을 입고 당의 말과 행동을 하며 소동파와 진사도를 마부 삼아 힘껏 달리더라도 스스로 그 찌꺼기나 들어낼 뿐이니 틀린 짓거리이다.

문장—뜻을 통하게 하는 도구

허균의 문집 『성소부부고』는 시부, 문부, 설부로 나누어져 있다. 문부에는 사백 편쯤이 있고, 설부에는 「성옹지소록」, 「성수시화」, 「도문대작」, 「한정록」이 있다. 그의 사상은 대부분 이들 글 속에 전해지며 이제까지 앞에서 그 내용을 구분하여 정리했다. 그러면 뛰어난 문장가로 일컬어졌던 그의 글의 형식 또는 서술의 특징은 어디에 있을까? 여기에서는 그의 문장에 대한 견해를 먼저 알아보고 그가 쓴 글의 내용을 살펴보자.

그는 문장에서 고문을 주로 숭상했다. 다시 말해서 일상의 언어를 쓰고 자기의 의사를 충분히 나타내는 것에 만족하며 화려하게 문장이나 꾸미는 일을 싫어했다. 그러면 고문이란 무엇일까? 글자의 자수를 맞추어 짓거나 글 속의 음률에 얽매이지 않고 뜻에만 치중하는 문체이다. 『주역』이나 『시경』이나 『서경』의 문장을 본받아 뜻을 표현하는 데에 여러 가지 제약을 배격하고 자유로운 표현을 위주로 한다.

이와 대칭되는 말은 변려문이다. 이 문체는 글을 지을 때에 네 글자나 여섯 글자를 기본으로 하여 대구를 써서 짓는다. 따라서 이 문체에는 일정한 법칙의 음운을 깔아놓기도 한다. 글의 뜻보다는 화려한 수사에 치중하여 옛 고사나 남의 명구를 따 쓰는 것이 특징이다.

이 변려문이 한나라와 당나라에서 성행했고 따라서 운문이 발달했다. 그러나 일반 산문에까지 이 수법이 동원되어 뜻을 가볍게 여기는 폐단을 낳았다. 허균은 일반 산문을 쓸 때에 변려문을 배격하고 '고문'의 문체를 본받았다. 「문설」에서는 이렇게 말하고 있다.

공자 말씀이, 글은 자기의 의사를 충분히 나타내면 그뿐이라 했다. 옛적에는 글로 위아래의 뜻을 통하게 하고 그들의 도를 실어서 전했기 때문에 명백하고 정대했으며 순절하고 정녕했다. 그리하여 듣는 이로 하여금 그 가리킨 뜻을 알게 했다. 이것이 글의 용도이다.

그렇기 때문에 형식이나 수사에 얽매이는 것은 문장의 참 도리가 아니라는 것이다. 그러면서도 자칫 고문의 형식에만 얽매이는 것도 '독창성'을 위해서는 바람직하지 못하다고 했다. 다시 말해서 고문을 숭상한다고 하여 표절을 일삼아서는 안 되고 답습을 해서도 안 된다고 했다.

그는 또 「문설」에서 "내가 원하는 바는 답습하지 않고 일가를 이루는 것을 배우는 것이요, 남의 집 아래에다 또 하나의 집을 짓는 따위를 답습하고 표절하여 그것을 따 썼다는 꾸지람을 받을까 부끄러워하는 것이다"라고 했다. 그는 독창성과 답습 또는 표절을 엄격히 구분해야 좋은 문장을 이룰 수가 있다고 강조했다.

이런 의견과 태도로 문장을 구사한 그의 글에서는 글자 하나하나가 모두 하나의 역할을 하고 있고 의사를 전달하는 뜻을 담고 있다. 따라서 그의 글은 간결하고 조사(助詞)가 적으며 논리적인 글과 사실 묘사의 글이 잘 구분된다. 이를 정리하면 다음과 같다.

첫째, 당시 고정된 귀고천금(貴古賤今)을 배격했다. 중세의 유교 교학에 얽매여 자유스럽지 못한 문장을 반대한 것이다. 그래서 문인들이 답습에 빠지는 관념을 거부한 것이다. 이를 다시 뒤집어 부연하면 천고귀금(賤古貴今)을 주장한 것이다. 이는 고대 시경, 주역 등의 글을 말한 것이 아니라 명대 문인들의 풍조를 비판한 것이다. 더욱이 그는 도교, 불교 등 이단에 대한 글쓰기를 즐겼다. 그는 명나라의 이단 문인인 이지(李贄, 卓吾)를 우러러보았다. 이지는 양명학과 선학에 잠심해 유학적 사유를 벗어난 인물이다. 허균도 그를 방불케 하는 문체 또는 문장을 구사했던 것이다.

둘째, 시를 이(理)로 논함을 미워하고 정성을 노래해야 한다고 주장했다. 시는 진솔한 감정과 정서를 담아내야 한다는 것이며, 이와 함께 문자는 자연스럽고 감동이 있어야 한다는 것이다. 옛 성현들은 문장표현은 의미를 명확하게 알게 하는 데에 뜻을 두었으며 애매모호한 표현을 쓰는 것을 반대했다고 보았다. 또 문장의 품격은 문장가의 신분, 곧 공경대부와 같은 벼슬아치는 교양의 획득과 같은 자기 과시를 위해 문장을 짓는다고 보았다. 문장의 귀족화를 나무란 것이다.

셋째, 문장은 알기 쉽게 일상으로 상용어로 써야 한다는 주장을 폈다. 난삽한 문장을 구사하고 자기들만이 알 수 있는 문장 쓰기를 배격한 것이다. 또 문장은 각기 그 맛이 있으며 다른 사람을 답습하지 않아야 한다고도 했다. 바로 천고귀금의 뜻이다. 이는 모방을 배격하고 독창성을 주장한 것과 상통한다. 그래서 허균의 문장에는 표절과 답습 그리고 원문 인용이 거의 없이 자기 나름의 글을 썼던 것이다.

다음의 「글은 뜻을 통하게 하면 된다」[178]는 문장에 대한 그의 의견을 편 글이다.

◎「글은 뜻을 통하게 하면 된다」

어떤 사람이 나에게 물었다.

"오늘날 고문에 능숙한 사람을 말하면 반드시 그대를 우두머리로 삼는다. 내가 보니 그 글이 비록 넓어서 끝이 없는 듯하되 대개 일상 언어를 써서 문자가 순하다. 그것을 읽어보니 입을 열면 목구멍을 보는 듯해서 그 글을 해독하거나 해독하지 못하거나 따질 것 없이 하나도 걸리는 것이 없었다. 고문을 짓는 사람의 글은 과연 이와 같은가?"

내가 대답했다.

"이런 것이 바로 고문이다. 그대는 『서경』의 홍범구주(洪範九疇) 같은 글을 보았는가? 그것들은 가장 좋은 글이다. 여기에, 장구(章句)에 갈고리를 달고 가시를 붙여 어려운 말로 교묘하게 꾸민 것이 있던가? 아니다. 공자 말씀이 '글은 자기의 의사를 충분히 나타내면 그뿐이다'라고 했다. 옛적에는 글로 위아래의 뜻을 통하게 하고 그들의 도를 실어서 전했기 때문에 명백하고 정대했으며 순절하고 정녕했다. 그리하여 듣는 이로 하여금 또렷하게 그 가리킨 뜻을 알게 했다. 이것이 글의 용도이다. 삼대의 육경과 성인의 글 그리고 황제 노자와 제자백가의 말은 모두 그 도를 논했기 때문에 글이 깨치기가 쉽고 저절로 예스럽게 단아했다.

뒷세상에 와서는 글과 도가 어울리지 않고 두 가지가 되어 글귀를 끌어오고 따내와 어렵고 교묘한 말로 그들의 글재주를 다투는 자들이 생겨났다. 이것은 글의 액(厄)이지 글의 지극함은 아니다. 내 비록 노둔하나 이런 짓 하기를 원치 않아 의사를 충분히 나타내는 것을 주로 삼고 쉬운 글을 지었을 뿐이다."

어떤 사람이 말했다.

"그렇지 않다. 그대는 『춘추좌씨』, 『장자』, 『사기』, 『한서』 및 근대의 한창려, 유종원, 구양수, 소식을 보았는가? 그들의 글이 어찌 일상 언어만 썼던가? 하물며 그대의 글은 옛것을 본받지만 않고, 물이 넘실거리듯 풀이 멋대로 무성하듯 하니 이런 일은 자만에 빠진 탓이 아닌가?"

내가 말했다.

"앞에 든 몇 분의 글이 어찌 일상 언어를 쓰지 않았다 하는가? 내가 보건대, 간결한 듯도 하고, 웅혼한 듯도 하고, 깊은 듯도 하고, 분방한 듯도 하고, 굳세고 기이한 듯도 한 것이 모두 그때에 쓰던 일상 언어를 가지고 다듬어서 단아하고 참되게 됨이 쇠를 달구어서 금을 만들었다 할 만하다. 뒷세상에서 오늘날의 글을 볼 적에 어찌 오늘날의 우리가 앞의 몇 분의 글을 보는 것과 같지 아니함을 알겠는가? 하물며 글이 물이 철철 넘치는 것 같고 풀이 우묵히 우거진 것과 같은 것은 바로 장대하게 하려 함이요, 옛글을 본뜨지 아니한 것 또한 독창성을 세우려고 함인데 어찌 자만이라 하는가? 그대는 몇 분의 글에 대해 자세히 보았는가?

좌씨는 스스로 좌씨가 되고, 장자는 스스로 장자가 되고, 사마천과 반고는 스스로 사마천과 반고가 되고, 한유와 유종원과 구양수는 또한 스스로 한유와 유종원과 구양수가 되어서 서로 답습하지 않고 저마다 일가를 이루었다. 내가 원하는 바는 이런 것을 배우는 것이요, 남의 집 아래에다 또 하나의 집을 짓는 따위로 답습하고 표절하여 그것을 따 썼다는 꾸지람을 받을까 부끄러워하는 것이다."

어떤 사람이 말했다.

"그대가 이미 지은 글은 쉽고 유창하다. 그 이른바 옛것을 본받는다는 것을 무엇에서 구할 수 있겠는가?"

내가 대답했다.

"마땅히 편법(篇法)[179]과 장법(章法)[180]과 자법(字法)[181]에서 그것을 구해야 한다. 편법에는 한 뜻으로 곧바로 내려오는 것도 있고 더러 고리를 연결하여 열고 닫기도 하고 더러 구절마다 정감이 우러나기도 하며 늘어놓다가 풍자하는 말로 맺기도 하고 더러 자세하고 번잡스러우면서도 법칙이 있는 것도 있다. 장법에는 정연하여 문란치 않고 뒤섞여도 잡되지 않고 끊는 듯하되 앞을 잇고 뒤를 동여매기도 하며 아주 짧은 것도 있고 말을 채 마치지 않는 것도 있다. 자법에는 다른 글자를 맞받는 것과 다음 글자를 위해 깔아둔 것도 있으며 거듭되되 물리는 곳, 숨은 곳이 있고 수습하여 거듭하되 난잡하지 않은 곳과 강하되 힘들어 보이지 않는 곳과 인용하되 애쓴 흔적이 없는 곳이 있으며 열고 닫는 곳과 부르고 소리치는 곳도 있다. 글자가 밝지 못하면 구절이 단아하지 못하고, 문장이 온당치 않으면 뜻이 통하지 않는다. 이 두 가지를 갖추어야 한 편의 글을 이룰 수가 있다.

나의 글은 다만 이것을 깨달은 것이요, 옛글도 이것을 행한 것이다. 오늘날 이른바 글을 제법 안다는 사람들도 이것을 제대로 알지 못했거늘, 하물며 제대로 알지 못하는 사람은 말할 것도 못 된다."

어떤 사람이 말했다.

"내가 여기에 미치지 못했구려."

소설—고발과 저항

오늘날 허균이 많은 연구의 대상이 되는 것은 그가 지은 소설『홍길동전』때문이다. 한편 그가 괴담을 즐겼다고 그 시대에 비난을 받은 것도 이 소설 때문이다. 유교의 이념에 젖은 선비들은 소설을 잡스런 얘기라고 하여 늘 가볍게 여겨왔다. 그것은 유교의 경전을 공부하는 것이 사람의 참 도리라고 생각하는 데서 나온 것이었다. 물론 허균은 거듭 얘기하면 그때의 이런 관념에서 상당히 벗어나 있었다. 그리하여 직접 소설을 읽고 썼다.

허균은 중국에서 많은 책을 들여왔는데, 그 가운데에는 소설 따위가 많이 포함되어 있었다. 중국, 특히 원나라의 소설들을 읽고 그 자신이 소설을 써볼 생각을 갖게 되었는지도 모른다. 또 그의 자유분방한 생각이나 사상들을 재래의 문체의 방법만을 빌려서는 다 표현할 수가 없었으므로 소설이라는 표현 수법을 빌렸는지도 모른다.

『홍길동전』은 이른바 언문으로 썼다. 언문은 아낙네나 천한 백성들이 읽는 글이라고 생각했고, 선비나 점잖은 사람은 진서 곧 참 글인 한문으로 글을 써야 한다고 생각하던 사회에서 맨 처음으로 국문소설을 쓴 것이다. 그는 글은 뜻이 통하면 된다고 생각했다. 따라서 글자를 빌려 의사를 표현할 때에도 누구나 알 수 있게 하는 것을 중시했다. 그렇다면 언문으로 『홍길동전』을 쓴 의도도 누구나 쉽게 읽을 수 있게 하려는 데에 있었는지 모른다. 그가 사랑하고 아끼던 민중이 쉽게 읽고 재미를 느끼게 함으로써 민중의 공감을 얻고 각성을 불러일으켜서 사회 모순을 고발하게 하려고 했는지도 모른다.

적어도 한문은 특수층의 전유물이었다. 온갖 글과 문서는 모두 한문으로 되어 나왔으며, 무식쟁이가 죽어도 그 혼을 위로한다는 축문은 한문으로 썼던 것이다. 무식쟁이의 영혼은 한문의 뜻을 알아먹었을까? 그러나 한문으로 의사를 표현하거나 해독할 수 있는 층은 극소수였다. 그리하여 나라에서 온 백성에게 골고루 알릴 일이 있을 적에는 언문의 교서와 방문을 내리거나 걸기도 했다. 또 궁중에서도 왕비가 내리는 전교 따위는 대부분 언문이었다. 그만큼 언문은 민중의 글이었다. 뛰어난 한문 문장가인 허균이 이런 언문을 빌려 『홍길동전』을 쓴 것이다.

다시 말하면 종래 『홍길동전』의 저자에 대해서는 이론이 있어왔다. 그것은 이식의 『택당집』에만 허균이 지었다고 기록되어 있을 뿐 다른 기록에는 나타나지 않는다는 것에 의문을 품은 것이다. 이식이 허균과 같은 시대에 살면서 허균을 한때 스승 또는 선배로 대하여 그때의 상황을 잘 알고 있었기 때문에 그가 모략을 했다고 보기는 어려울 듯하다. 그러나 『문견차기』(聞見箚記)[182]에서는 분명히 『홍길동전』의 저자는 허균이라 했으며, 조선시대의 실록을 볼 수 없었던 때에 실록에만 있는 허균의 변명 상소문까지 실어 그 고증적인 면과 정확성에 신빙을 더해 주고 있다. 이는 『문견차기』가 쓰인 정조 때만 해도 허균에 관한 민간 전설이 많이 남아 있었기 때문인 것으로 보인다.

한편 어떤 논자들은 이 소설에 조선 후기의 도둑 두목인 장길산이 나오는 것으로 봐서 허균이 지었다는 설을 믿지 못한다고 논평했으나 조선 후기에 간행된 방간본에는 내용이 다른 이본이 많다. 곧 독자가 내용을 읽으면서 어떤 사실의 기술이 부족하다고 느끼면 자기의 생각을 덧붙여 늘어놓는 것이다. 이를 독자의식이라 한다. 따라서 이런 평가는 그 흐름을 제대로 인식하지 못한 데에서 나온 것이다.

그러면 허균은 소설을 어떻게 생각했고, 어떤 소설을 읽고 영향을 받았는지를 알아보자.

그가 사신으로 중국에 갔을 때에 사들인 4천 권쯤의 책 가운데에는 『태평광기』를 포함하며 『수호전』, 『서유기』, 『삼국지연의』 따위가 있었다고 한다. 그는 「서유록발」(西遊錄跋)에서 "내가 유희하는 사람들의 얘기 수십 가지를 얻었다"고 했다. 그리고 중국의 역대 소설에 대해 단평을 하고 『수호전』에 대해서는 "간사함과 간교를 부려서 모두 교훈될 만한 것이 없다"고 말했다. 또 『서유기』에 대해서는 "비록 지리하고 늘어진 얘기를 늘어놓아서 그 말이 바른 말이 되지는 못했지만 가끔 신선, 불교 또는 신비스러운 것을 빌려서 말을 만든 것은 진실로 버릴 수 없는 것이 있다. 내 유달리 이것을 참마음을 닦는 여가 속에 권태를 메우려고 읽어보니 잠을 쫓을 수가 있었다"라고 하여 그것을 읽는 동안 재미가 있었음을 말했다. 그의 평은 오늘의 눈으로 볼 적에 일정한 한계를 지니고 있지만, 그는 적어도 어떤 소설 따위를 읽기만 한 것이 아니라 다른 작품과 견주어 스스로 논평을 하고 그 좋고 나쁨을 음미하면서 읽었음을 알 수가 있다. 그리하여 『홍길동전』에서 이러한 소설들의 수법과 내용을 모방하거나 빌렸다고 할 수 있을 것이다.

이것은 허균이 그만큼 중국의 여러 소설에 열중했음을 알려주는 것이다. 또 고려 끝 무렵의 패설(稗說) 따위나 한문으로 쓰인 김시습의 여러 소설을 읽었을 것이라고 짐작할 수도 있다. 그러면서도 그는 한문을 빌리지 않고 국문으로 소설을 썼다. 이것이 바로 허균이 민중의 작가임을 보여주는 대목이다. 우리는 『홍길동전』에 나타난 주제를 정리하고 분석해봄으로써 그의 의도에 다가갈 수 있을 것이다.

『홍길동전』을 국문학사에서는 사회소설이라고 말한다. 그러나 보는 사람에 따라서는 홍길동 자신의 영달 추구에 그쳤다는 의견에서부터 혁명소설 또는 혁명의 분위기를 풍기는 혁명적인 사회소설이라고 평하는 학자들도 있다. 아무튼 『홍길동전』은 많은 문제점을 가지고 있다. 『홍길동전』은 일원적인 의미로는 글 전체에서 개혁 또는 혁명을 지향하는 줄거리를 담고 있고, 다원적인 의미로는 서얼의 차별 철폐, 빈민의 구제, 탐관오리 또는 토호의 징벌을 줄거리로 삼고 있다. 홍길동 개인은 양반집 서자에서 도둑의 두목 그리고 높은 벼슬자리인 병조판서를 받고, 끝내는 왕까지 되는 신분 상승의 과정을 두루 거치고 있다. 이 신분 상승 속에서 일원적인 의미와 다원적인 의미가 소설의 주제로 나타난다.

먼저 다원적인 의미에서 그 맥락을 찾아보면 다음과 같다.

첫째로, 서얼차별 철폐이다. 홍길동은 양반집의 서자이다. 서자도 그 어머니의 신분에 따라 양첩과 천첩의 서자로 나뉘며, 천첩의 서자는 더욱더 가혹한 처지에 있었다. 집안에서 아버지와 형을 부르지 못하게 하고, 집안의 중요행사인 제사 따위에 적자들과 같은 줄이 아닌 뜰아래에 서야 했으며, 혈통을 표시하는 족보에서도 아주 빼버리거나 서자라고 표시하여 기록했다. 사회에서는 아무리 능력이 있다고 하더라도 적자들이 누리는 품계보다 더 높은 벼슬에는 오르지 못하고, 호칭도 선비일 때에는 업유(業儒)로, 무사일 때는 업무(業武)로 구분해서 불렀다. 이런 여러 가지 제약을 받는 천첩의 서자로 태어난 홍길동은 정상의 방법으로는 그 제약을 벗어날 수가 없음을 알았다. 그리하여 가정을 벗어나 도둑의 괴수가 되어 대결하다가 마침내 스스로의 힘으로 병조판서의 벼슬을 받는다. 그때의 사회 통념이나 제도로 보아서는 서자에게 결코 병조판서를 줄 수가 없을 뿐만 아니라, 왕으로서도 큰 모험이 뒤따르는 위법 정책이다. 그러나 이것은 무력의 힘을 빌려 쟁취한 것이지, 결코 통치자의 이성의 판단에서 나온 것이 아니라는 데에 유의해야 한다.

이것을 국문학자 이주형은 「주인공의 변신을 중심으로 본 '홍길동전'」에서 다음과 같이 말했다.

이것은 개인의 실질상의 출세가 아닌, 제도상으로 서자의 신분적 제약을 해소시켜버리는 선례로서 중대한 의미를 지니고 있는 것이다. 사사로운 일로서의 인식의 범위를 넘어 사회적 · 공적 문제의 인식으로 발전되었다는 뜻에서의 대자적 인물화는 허균의 말대로 호민이 되었음을 뜻하기도 한다. 길동은 가정에서 불평분자가 되고 불평의 요소에 대한 저항 의식을 확대시킨다.

이 말대로 홍길동 개인의 신분 상승은 곧바로 서자 전체와 연결되고, 다른 신분 계층들, 곧 노비나 백정들과 간접으로 연결된다. 그러나 여기에서 허균이 양반의 서자를 주인공으로 삼았다는 데에서 그의 신분 철폐의 한계가 드러난다. 또 그가 괴수로 있던 도둑떼도 물론 사회의 피지배층으로 소외된 세력들이긴 하지만 노비나 백정 문제에는 그의 의식이 그리 강하지 못했음을 볼 수가 있다.

또 「유재론」 같은 글에서는 능력에 따라 누구에게나 벼슬길을 터주어야 한다고 주장하면서, 『홍길동전』에서는 그 주인공을 벼슬길에 오를 수 있는 양반의 가문에서만 찾고 있을 뿐이지, 본디부터 벼슬길이 막혀 있는 계층은 문제의 바깥에 두고 있다.

작자의 이런 문제의식에서 태어난 홍길동은 폭력으로 현실의 부조리에 저항하면서도 결코 효도와 우애를 잃지 않는 인물로 그려진다. 곧 서러움을 받는 신분이면서도 사람의 도리인 인륜을 저버리지는 않는다. 이 점을 두고 유교사상에 충실했다고 말한다. 그러나 인륜의 중요한 덕목인 효도와 우애가 결코 유교의 전유물만은 아니다. 불교에도 「부모은중경」이 있어 부모에 대한 은덕을 강조하고, 기독교에도 십계명이 있어 부모에게 효도해야 한다고 가르친다. 다만 유교에서 좀더 강하게 인간의 기본 도리로 중시했을 뿐이다. 유교를 이념으로 하는 조선조에서 만일에 홍길동이 효도와 우애를 저버린다면, 이 소설은 민중 속에 뿌리를 내릴 수가 없었을 뿐만 아니라 독자를 설득하거나 그들의 공감을 얻을 수도 없었을 것이다. 그때의 민중에게 효도와 우애를 저버린 홍길동을 제시한다면, 그는 패륜아로 전락할 뿐만 아니라 이 소설을 아예 읽으려 하지 않아 『홍길동전』은 그 사회에서 없어지고 말았을 것이다.

아무튼 이 소설은 완전치 못하나마 신분타파의 사상을 깔고 있고, 서얼차별 철폐에 능동적인 모습을 보여준다고 하겠다.

둘째로, 가난한 백성의 구출이다. 이것은 빈민을 구제하는 것으로 나타난다. 홍길동은 도둑의 괴수이다. 그러나 단순한 도둑이 아니요, 『수호전』에서 나타난 대로 의적의 행적을 보여준다. 자기들을 '활빈당'(活貧黨)이라 부르고 그 빼앗은 물건을 빈민에게 나누어준다. 이것은 '손상익하'(損上益下)[183]의 정신으로 허균이 말한 '호민'의 실상이다.

이런 의적의 모습은 역사 속에서 흔히 있어왔다. 명종 때의 임꺽정이나 숙종 때의 장길산이 바로 그런 인물이다. 이들은 『수호전』의 양산박의 도둑들을 본받고 때로는 그들 도둑의 이름을 빌려 자기의 이름으로 삼기도 하면서 의적을 흉내내었다. 그들은 본디부터 지배층에 낄 수 있는 기회가 막혔고 따라서 포부를 펴볼 수가 없었다. 그리하여 변칙적인 방법으로 도둑이 되는 것이다. 또 관권의 압제를 벗어나려는 것이 처음의 동기였다가 끝내는 변혁을 꿈꾸게 된다. 역사를 볼 때에 관권의 압제가 끊어지지 않고 불평에 가득 찬 가난하고 힘없는 세력들이 도사리고 있을 적에는 늘 이들 도둑의 무리가 끊어지지 않았다. 이 도둑들이 모여서 하나의 세력으로 뭉쳐서 활동을 하는데, 그들은 흔히 지방에서 올리는 봉물이나, 부정한 방법으로 재산을 모은 벼슬아치나 갖가지 방법으로 치부한 토호들의 재물을 빼앗거나 도둑질했다.

허균도 이런 도둑의 모습들을 잘 알고 있었을 것이며, 그것을 조선조의 사정에 걸맞은 도둑으로 만든 것이 홍길동이다. 또 그 도둑의 활동 무대는 문경새재로 잡았는데, 이곳은 칠서지옥에 연루된 박응서가 은 장수를 털다가 잡힌 곳이다. 이들 칠서를 통해서 허균은 이곳 사정을 잘 알았을 것이다. 문경새재는 경상도와 서울을 잇는 관문으로 봉물이나 그 밖의 많은 물산이 이곳을 통해 들어왔고, 또 지리가 천연의 험지여서 숨기에 좋은 곳이었기 때문에 도둑이 끊일 날이 없었다. 이런 사정으로 보아 무대를 이곳으로 설정한 것은 자연스럽다고 하겠다. 나중에는 활동 무대를 팔도로 넓혔고 빈민 구제의 대상도 함께 넓혀갔다.

홍길동은 '손상익하'의 방법으로 빈민을 구제했지만 정책에서 나온 구휼기관의 설치 같은 것은 물론 시도하지 않았다. 이것은 어디까지나 개혁의 일환으로서 부수되는 주제였기 때문에 제외되었거나 작자가 간단명료하게 써야 했기에 신경을 쓰지 않은 탓일 수도 있다.

이 소설의 시대는 조선조의 세종 때로 잡고 있다. 홍길동이라는 실존 인물이 세종 때에 살았다고도 하나, 시대 설정의 근거는 그것 말고도 또 다른 의도가 있는 듯하다. 세종은 훌륭한 통치자로 밝은 정치를 편 군주로 일컬어져왔다. 세종은 문화와 학술을 포함하여 국방 또는 농사 정책에 이르기까지 많은 업적을 이루어 성군으로 일컬어지고 백성들은 태평성대를 누렸다. 그러나 수령의 횡포나 관권의 압제가 완전히 사라진 상태가 될 수는 없었을 것이다. 자원이 부족한 농경사회에서 일반 민중의 생활이 나아진 것은 아니었다. 실제로 『세종실록』을 보아도 그 때의 사회 또는 일반 백성들의 생활이 안정되거나 자족하지 못했음이 드러나고 관리의 수탈에 늘 제재를 가하는 기록도 있다. 이것은 적어도 지배층을 대상으로 한 정책에 치중한 결과였고, 또 훌륭한 통치자가 나왔다 해서 쌓였던 병폐가 하루아침에 뿌리 뽑히는 것은 아니기 때문이었을 것이다.

농경사회였던 조선조의 농촌상은 어찌 보면 판초 비야가 활약하던 무렵의 멕시코 농민의 실정과 비슷하다. 관권의 수탈이 판칠 때는 시대와 나라를 가릴 것 없이 이와 비슷한 환경이 조성된다. 그리하여 허균은 태평성대라는 세종 때를 그 시대 배경으로 잡아본 것일 수도 있다. 그리고 그런 속에서 변칙적인 또는 혁명적인 방법으로 빈민을 구제하고 대다수의 지배층이 빈민에게 관심을 갖도록 유도한 것일 수도 있다.

셋째로, 탐관오리와 토호의 응징이다. 여기에서 탐관오리는 중앙의 벼슬아치보다는 지방의 수령들을 일컫는 말이다. 실제로 탐관오리는 어느 시대에나 지배층과 피지배층의 갈등 요소로 등장했다. 조선조 초기에는 중앙의 권력층보다 지방의 수령들이 탐관오리가 되는 경우가 더 많았다. 수령들은 지방의 사족과 결탁해 위세를 부렸다.

목민관이라고도 불리는 수령은 왕권을 대리하는 지방관인데 이들을 뽑을 때에는 재능보다 덕을 더 높이 쳤다. 이것은 왕권을 대행하는 과정에서 생기기 쉬운 부패를 방지하려는 장치였을 것이다. 또 수령을 평가하는 방법으로 '칠사(七事)[184]의 실적을 살펴보았다. 이 수령들은 이런 제도 장치가 있었음에도 중앙의 권력층과 결탁하고 지방의 토호나 향리들과 손잡아 갖가지 민폐를 불러일으키는 일이 많았다. 『세종실록』을 보면 이런 폐단을 바로잡으려는 정책을 세워 여러 차례 시행하려고 시도했음을 알 수가 있다. 한 예로, 판중추원사 이순웅이 수령과 결탁한 사례를 들어 벌을 내릴 것을 청한 지평 김인민의 글에 다음과 같은 대목이 있다.

> 이순웅은 사람됨이 재물을 탐하고 색을 좋아했으며, 재산을 수만 냥이나 모아 권세가에게 뇌물을 주어 세상에서 중요한 자리를 차지했다. 고을 원들과 각지의 만호·천호가 그의 손에서 많이 나왔다. 원이나 만호 자리를 주는 대가로 물건을 받아들이기로 하고 그들이 부임하면 사람을 보내 그 값을 곧바로 거두어들였다.(『세종실록』 16년조)

이런 상황에서 홍길동은 그들을 응징하지 않을 수가 없었으며 응징하여 빼앗은 재물은 곧 본디의 주인들인 백성에게 나누어주었다. 그의 첫번째 대상은 해인사였다. 해인사는 본산 사찰의 하나로 수만 석의 도조를 거두어들이는 지주 사찰이었다. 본디 큰 절들은 원납한 신도들의 토지를 포함하여 승려 수천 명이 먹고 생활하는 데에 쓰거나 재를 올리는 데에 드는 경비를 염출하기 위해 많은 토지를 갖고 있었다. 조정의 배불정책으로 고려 때보다 사찰의 토지가 줄어들긴 했지만, 그래도 원찰의 경우에는 크게 줄어들지 않았다. 또 지배층에서는 불교를 배척했으나, 그 지배층의 부녀자나 궁중의 왕비 그리고 궁녀들까지도 저마다 원찰을 두고 신도가 되었으며 승려들은 은밀히 권세가와 줄을 대고 있었다. 8 · 15 광복 뒤에 토지개혁이 이루어질 때까지 사찰이 소유한 토지는 크게 변동되지 않았고, 따라서 그들과 소작인들 사이에는 크고 작은 분쟁이 끊임없이 일어났다. 본산 사찰은 농민들에게 토호로 군림해 왔고 그만큼 원성도 높았다. 홍길동이 해인사를 먼저 턴 것은 배불정책과는 관계가 없는 것으로, 전체의 분위기로 보아 토호세력을 응징한 것에 지나지 않는다. 김기동은 『한국고대소설론』에서 다음과 같이 말했다.

조선조의 국가적인 정책 가운데 하나는 국초부터의 배불정책이다. 이것은 유교정책에서 기인한 것으로 조선조 초기에는 철저한 배불정책을 썼고, 이러한 사상은 『홍길동전』에 나타나 있다. 이것은 곧 길동의 사원에 대한 태도에서 구체적으로 예증할 수 있으니 길동이 적당을 모아서 제일 먼저 해인사를 습격하여 재물을 탈취해온 대목은 작자 허균의 근본정신이 유교 사상의 배불주의에서 벗어나지 못했기 때문이다. 만일 그렇지 않다면 허균이 사회적 현실에 대한 인식이 부족했거나 또는 실수를 한 데에서 나온 결과라 아니할 수 없다.

위의 글은 배불정책에만 초점을 맞춘 편협한 생각에서 나온 글인 것 같다. 왜냐하면 우리는 야담이나 봉산탈춤 따위에서 그때의 민중이 절의 중을 배불리 잘 먹고 무위도식하며 놀면서 부녀자나 유혹하는 모습으로 그려놓은 것을 볼 수가 있기 때문이다. 그러나 그런 중의 모습은 참선 수도에 열중하는 승려 전체가 아니라 절을 운영하고 경리와 사무 따위를 맡아보던 몇몇 사판중을 그린 것이다. 이런 점에서 홍길동이 해인사를 토호로 본 것은 이상할 것이 없다고 하겠다. 허균 자신도 불교에 심취해 있으면서 훌륭한 중과 교류를 깊게 했다. 해인사를 턴 것은 배불과 관계가 없을 것이다.

해인사 다음으로 터는 것이 함경도 감영이다. 감사는 수령 중에서 가장 윗자리로 탐관이 되어 치부할 수 있는 기회가 가장 많다. 함경도는 서울과 거리가 멀고 또 감시 역할을 하는 향반의 세력도 적으며 토산품이 풍부한 곳이다. 바로 이런 곳을 홍길동이 재물을 터는 주요 대상으로 삼았기 때문에 그때의 독자들의 공감을 쉽게 불러일으킬 수 있었을 것이다. 물론 홍길동은 그 밖에도 팔도를 두루 다니며 부정축재자의 재물을 턴다. 이것은 탐관오리의 숙청작업이라고 할 수가 있다. 그는 불의에 저항하는 뜻에서 재물을 터는 것인 만큼 정당한 재물에는 손을 대지 않는다.

따라서 이것은 사회 모순의 제거로 볼 수가 있고 사회개혁의 한 표현이라고도 얘기할 수가 있다. 홍길동이 정당한 재물이나 관가의 재산을 빼앗지 않은 것은 불의와 정의를 구별하고 국가나 사회의 기본 질서는 파괴하지 않으려는 데에서 나온 것이다. 그렇기 때문에 『홍길동전』은 사회소설로서 강한 의미를 나타내고 있다고 할 수가 있다.

넷째로, 해외진출로 결말을 지은 것이다. 그래서 이 소설의 주제의 하나로 해외진출을 들고 있다. 그러면 율도국은 어디일까? 작가가 그저 상상으로 꾸며낸 섬일까? 아닐 것이다. 허균은 중국에 여러 차례 다녀왔다. 그때 명의 조정에서 류큐(琉球, 오늘날의 오키나와) 왕국의 조공 사절을 만났을 것이다. 류큐는 중국의 다른 주변국가와 마찬가지로 해마다 조공 사신을 보냈다. 또 류큐에서는 조선에도 사신을 보냈는데 조선에서는 류큐 사신을 환대했다. 세종은 조선과 류큐의 배 만드는 기술자를 모아 각기 배를 만들게 하고는 한강 가의 망원정 앞에서 어느 배가 빠른지 시합을 벌인 적도 있었다. 이때 류큐 기술자가 만든 배가 조금 빨랐다. 조선 후기, 일본의 사쓰마벌이 류큐왕국의 수도인 나하를 점령하기 전에는 두 나라가 끊임없이 문화 교류를 벌였던 것이다. 하지만 조선에서 류큐에 사신을 보낸 적은 없었다. 역사지식이 해박한 허균이 이런 류큐와의 교류사를 몰랐을 리 없다.

설성경(연세대 교수)의 『홍길동전의 비밀』에 따르면, 류큐에는 홍가와라의 전설이 있다고 한다. 홍가와라가 육지에서 건너와서 류큐 열도의 아래에 늘어서 있는 섬인 야에야마 제도에 들어와 수장이 되었고 류큐 왕국에 대항해 싸우다가 패배했다고 한다. 현재도 오키나와에는 이 전설만이 아니라 홍가와라 후손의 족보도 있다고 한다. 한편 홍길동의 전설이 얽혀 있는 전라남도 장성에서는 해마다 홍길동 축제를 벌이면서 야에야마 시장을 초대해 교류를 벌이고 있기도 하다.

허균은 류큐에 대한 지식을 토대로 해서 소설의 무대로 설정했다고 볼 수도 있겠다. 그렇다면 해외진출의 의지가 담겨 있다고 볼 수 있을 것이다.

아무튼 홍길동은 역사에 실제로 있었던 인물을 형상화한 것이다. 『홍길동전』은 시대를 세종 때로 잡았지만 실제의 인물이 살았던 때는 연산군 때이다. 『연산군일기』에는 다음과 같은 기록이 있다.

> 영의정 한치형 등이 아뢰기를, 들으니 강도 홍길동을 잡았다 하니 매우 기쁜 일입니다. 백성을 위해 해를 제거한 것이 이보다 더 큰 일이 없을 것입니다. 이때에 그 무리를 샅샅이 잡으소서.(6년조)[185]

이를 보면 홍길동이 상당한 도둑의 괴수였음을 알 수가 있다. 이 기록뿐만 아니라 다른 기록, 곧 『성호사설』 같은 글에서도 임꺽정, 장길산과 함께 홍길동이 도둑의 괴수였음을 그렸다. 그 기록들을 종합해보면 홍길동은 큰 도둑의 괴수로 충청도 일대에서 활약하면서 서울에 집을 마련하기도 하고 때로는 관복을 입고 지방의 수령들을 만나기도 했다고 한다.

허균은 역사의 인물인 홍길동을 자기가 생각한 '호민'으로 형상화하며 『홍길동전』에서 그를 농민 저항의 지도자로 부각시켰다고 볼 수 있겠다. 그리고 본디는 농민이었으나 불평 집단의 하나로 모여든 도둑떼는 바로 「호민론」에 나타난 원민들로 볼 수가 있다. 아무튼 호민으로서의 홍길동은 끝내 자기의 꿈을 이룬다. 그는 서자의 몸으로 도둑의 괴수가 되었고, 변칙적인 방법으로 병조판서가 되었으며, 마침내 율도국의 왕이 되었다. 그러나 여기서 그는 임금에 대한 충성심을 저버리지는 않았다. 곧, 임금을 몰아내지 않고 다른 곳으로 가서 최고 통치자가 되는 것으로 결말을 지었다. 이 점을 두고 많은 사람들이 『홍길동전』은 그때의 봉건체제를 부정하지 않은 한계를 지녔고, 홍길동이 자신의 영달만을 추구한 것이라고 평해왔다. 그러나 도둑이라는 점에서 이미 법에서 어긋나 있고 또 물리적인 힘으로 목적을 이룬 것을 살펴보면 홍길동의 행위는 체제에 도전한 것이라고 볼 수 있다.

이 소설에서 홍길동이 충을 저버리고 조선조의 왕이 되었더라면 아무리 그때의 민중이 지배층에 불만을 품고 있었다 하더라도 『홍길동전』은 발을 붙일 수가 없었을 것이고, 더욱이 관에서 철저히 가려내어 불태워버렸을 것이다. 허균이 왕권이 아닌 다른 체제, 곧 요즈음의 공화제 같은 지배체제를 그의 작품 속에 도입하기를 바라는 것은 무리이고 지나친 요구이다. 다만 그때의 가치관과 상황에 비추어보아 얼마만큼의 개혁과 혁명의 방법을 구사했느냐를 살펴보아야 할 것이다.

이주형은 「주인공의 변신을 중심으로 본 '홍길동전'」에서 다음과 같이 말했다.

> 『홍길동전』은 유교적인 봉건사회의 군주제도 곧 체제 자체를 근본적으로 뛰어넘거나 민중의 삶의 문제를 보다 더 집요하게 파고들어가 이를 확대하여 심화시키지 못했다는 한계를 지닌다. 한계를 문제 삼을 때에, 전자의 경우는 허균이 산 시대의 한계에 의한 것이기에 현대인의 기준에서 이를 근본적으로 비판할 수는 없다. 그 시대인의 한계 안에서 할 수 있는 최선의 체제적 도전을 이 작품은 보여주고 있는 셈이다. 표면적으로 왕은 권위를 지켰지만, 실질적으로 오히려 길동에게 패배당하고 있다. 후자의 경우는 시대적 한계 내에서도 가능할 수 있

었던 문제였다는 점에서 한계로서의 비판의 대상이 될 수 있다.

위의 글은 사회소설로서 『홍길동전』을 평하면서 그때의 환경과 그 한계성을 밝혔다는 점에서 설득력을 지닌다.

또 국문학자 임형택은 「홍길동전의 신고찰」에서 다음과 같이 말했다.

『홍길동전』은 다 아는 바와 같이 홍길동으로 대변된 활빈당의 활동을 그린 것이다. 활빈당은 조선조 관변에서 보는 바에 의하면 물론 도적 집단에 속하는 것이다. 이른바 이러한 도적 집단을 우리가 어떻게 보아야 할 것인가. 『이조실록』에서 어떤 사관이 "모이면 도둑이요, 흩어지면 백성이라"고 말한 그대로 숲속에 군도를 이루고 있지만 흩어지면 바로 백성인 것이다. 곧 백성의 한 존재 형태이다. 단지 왕조의 지배체제를 벗어나서 따로 집단을 형성하고 관인 양반층을 상대로 적대적인 무력행사를 감행하던 점이 특이하다고 하겠다. 말하자면 당시 지배체제에 저항적인 백성의 집단이다. 이때의 백성도 농민 출신이 주축이었음은 물론이다. 따라서 그 기본 성격을 중세사회의 범세계사적 현상인 농민 저항의 한 형태로 간주할 수 있으며, 그것은 봉건세력에 대한 매우 적극적인 저항이었다.

이것은 이 소설이 그때의 농민 저항의 표현으로서 필연성을 가진 것임을 밝힘으로써 혁명소설의 의미를 주고 있는데, 그런 점에서 이제까지의 소론 중에서 탁견이라 해야 할 것이다. 적어도 율도국이라는 이상국가를 건설하려는 작자의 의도를 살펴보면 이것은 장소의 설정을 달리했을 뿐이지 충분히 혁명소설임을 알 수가 있다. 율도국은 관권의 압제도 없고 부패와 부정, 빈곤과 신분 차별이 없는 사회요, 중국이나 조선의 지배권 밖에 있는 이상사회이다.

서얼차별의 철폐, 빈민의 구휼, 탐관오리의 응징이 개혁 또는 혁명으로 한 줄기로 이어진다. 따라서 이와 같은 내용을 지닌 『홍길동전』은 정치관과 학문관에서 보여준 그의 사상을 민중과 더욱더 가깝게 하여 그들의 공감을 불러일으키는 방법으로서 이루어진 것이라고 볼 수가 있다.

이와 함께 그는 이들 소설을 행동으로 나타냈다는 기록도 있다. 이식의 『택당집』에서는 이렇게 쓰고 있다.

> 세상에 전하기를 『수호전』을 지은 사람은 3대가 귀머거리 · 벙어리가 되었는데 도둑들이 그 책을 높였다고 한다. 허균과 박엽 등이 그 책을 좋아하며 도둑 장수의 별명을 각각 차지해 호를 삼고 서로 어우러졌다. 허균이 또 『홍길동전』을 지어 『수호전』에 비겼는데, 그 무리인 서양갑, 심우영 등이 몸소 그런 행동을 답습하여 한 마을이 시끄러웠다. 허균 또한 모반을 하다가 베임을 당했으니 이것은 귀머거리 · 벙어리 되는 것보다 심한 응보였다.

이 말 속에 『수호전』에 나오는 도둑 괴수의 이름을 그들이 각기 정해 불렀다고 한 것이 주목된다. 그리고 뒷날 변혁세력의 한 갈래라 볼 수 있는 도둑들이 스스로 '활빈당'이라 부르고, 홍길동 · 홍경래라 흔히 이름지은 것 또한 이런 분위기와 통하는 것이라 하겠다. 이런 것이 바로 『홍길동전』이 끼친 영향인 것이다.

그의 한문소설은 다섯 편이 전해진다.[186] 곧 「엄처사전」, 「손곡산인전」, 「장산인전」, 「남궁선생전」, 「장생전」 같은 것이다. 이 소설들을 쓴 때는 그가 공주목사에서 파직되어 잠깐 동안 부안에 살았던 1608년 이후로 짐작된다. 그는 그의 문집을 만들 때에 이들을 문집 속에 넣었다. 「남궁선생전」에서 "균(자신을 가리킴)이 공주목사에서 파직되어 부안에 살 적에 선생이 고부로부터 찾아와서 사경의 깊은 비결을 나에게 주었다"고 기록했다. 이것으로 보아 한문소설은 부안 시절 이후에 지은 것으로 보인다. 『홍길동전』이 1612년에 쓰였다고 전제할 때에 그 이전에 쓰인 것만은 확실하다. 아무튼 그의 한문소설은 『홍길동전』의 주제와 비슷한 점이 많다. 이들 줄거리는 다음과 같다.

◎「엄처사전」

엄처사라는 사람은 몹시 가난한데도 가정에서 효도하고 고을에서 청렴한 것으로 이름이 높았다. 그리고 나라와 사회를 위해 훌륭한 일을 해낼 포부와 능력이 있었다. 그런데도 집안일을 돌보고 주위 사람들에게 많은 가르침을 주면서 마음을 편히 갖고 살았다. 그 소문이 조정에까지 들어가서 그를 불렀으나 끝내 나오지 않다가 일흔여덟 살에 죽었다.

◎「손곡산인전」

이달은 양반집 서자로 태어나서 뛰어난 문장과 포부를 지녔으나 세상의 버림을 받았다. 그리하여 술과 방탕으로 세월을 보내면서 시속의 울분을 토로하고 예법에도 얽매이지 않으며 시국에 대한 불평도 서슴없이 털어놓고 지냈다. 그리하여 세상의 미움을 받고 선비들이 몹시 천하게 보았다. 그러나 그의 시 재주는 영원히 썩지 않을 것이요, 유유자적한 그의 생애는 남부러울 것이 없었다.

◎「장산인전」

장산인이란 사람은 그의 아버지에게서 신선이 되는 비법의 책을 얻었다. 이 책을 읽어 귀신을 부릴 줄 알았으며, 또 지리산에 들어가서 기인을 만나 신선의 방술을 배웠다. 그래서 어느 날 범을 만나 그것을 타고 돌아오는 기이한 행적을 보이기도 했다. 열여덟 해 만에 산에서 나와 서울 동대문 바깥에서 살면서 흉가의 뱀을 죽이는 따위의 신통술을 부렸다. 임진란 때에는 왜적의 칼을 받았으나, 피가 흰 구름처럼 뿜어나와 왜적이 도망쳤다. 죽은 뒤에도 친구 집에 와서 묵어가기도 했다.

◎「남궁선생전」

남궁두라는 사람은 서울에 와서 벼슬살이를 했는데, 시골에 있는 그의 첩이 간통을 하여 활로 쏘아 죽이고 끝내 관가에 잡혀서 죽을 고비를 당했다. 그는 중이 되었다가 무주 치상산에서 한 늙은이에게 수련의 비결을 받아 신선의 도를 통했다. 그 늙은이는 임진란을 예언하기도 했다. 그 늙은이는 수련을 제대로 못한다고 남궁두를 속세로 나가 장가들어 살게 하여 다시 세상에서 살았다. 작자 자신이 부안에 있을 때에 이 사람이 찾아와 비결을 주고 갔다. 나이가 여든인데도 마흔예닐곱 살로 보이던 그는 끝내 종적을 감추었다.

◎「장생전」

어느 곳 사람인지도 모르는 장생이란 사람이 서울에서 비렁뱅이 짓을 하며 온갖 재주를 부렸다. 그가 빌붙어 살던 집 종이 머리꽂이를 잃어버리자, 경회루 위에서 어떤 소년들로부터 이 물건을 찾아오면서 함부로 행적을 보이지 말라고 경고했다. 또 동냥을 하여 얻은 대부분의 곡식은 다른 거지들에게 다 나누어주었다. 그는 술이 몹시 취하여 수표교 위에서 죽었는데, 송장에서 벌레가 나와 모두 날아가자 송장이 없어졌다. 그는 무인 홍세희에게 임진란 때에 성을 조심하라고 했으나 이것을 잊은 홍세희가 끝내 성으로 들어가 죽었다.

위의 다섯 편은 몇 가지 공통점을 지니고 있다. 첫째는 주인공 모두가 불우한 사람이라는 것이다. 둘째는 불우하면서도 모두 능력을 지니고 있었고, 조정의 버림을 받거나 시속을 한탄하고 숨어살거나 떠돌아다니며 살았다는 점이다. 셋째는 「엄처사전」, 「손곡산인전」을 뺀 나머지 세 편은 모두 기괴한 행적을 하거나 도술을 부린 사람이라는 점이다. 그리고 작자 자신이 직접 만나본 사람이나 실제 인물을 등장시켜 사실처럼 보이게 하려고 했다. 「엄처사전」에서 엄처사를 실제 인물처럼 썼으며, 그의 외가가 있고 자기 자신이 임진왜란 때에 직접 피난 가 있었던 강릉 사람임을 밝혔다. 「손곡산인전」의 손곡은 말할 것도 없이 그의 스승이요 삼당 시인의 한 사람으로 이름을 떨치던 이달이다. 이달은 실제 이름이고 그 내용의 줄거리도 허구가 아니라 실제 이야기에 속한다. 「남궁선생전」에서도 남궁 선생을 작자 자신이 만나보았다고 했으며, 또 다른 글인 「섭생월찬서」에서도 "내 일찍이 남궁두를 호남에서 보았는데 아흔 살인데도 얼굴에 주름살 하나 없었다"고 썼다. 또 「장생전」에서는 임진왜란의 과정에서 이일, 이원익 같은 실제 인물을 등장시켰고, 작자 자신이 살았던 수표교를 무대로 설정했다. 이런 점에서 보면 예로부터 전해오던 사람이나 직접 만난 사람을, 허구와 실제 이야기를 뒤섞어서 얘기를 엮은 것으로 보인다. 위의 얘기 속에서도 그의 사상과 공통되는 점들이 보인다. 첫째로 도교와 불교, 신비하고 기괴한 이야기가 나오는 것이다. 다시 말해서 이야기 속에서 유교의 틀에 맞춘 내용이나 교훈을 주는 내용을 강조하려고 하지 않았다. 둘째로 재주와 능력이 있으면서도 세상의 부조리와 차별 때문에 버림받는 내용으로 줄거리를 엮었다. 서얼차별의 철폐나 천민들의 불평에 대한 작자의 의도가 뚜렷이 드러난다. 셋째로, 「장생전」에서 "우리의 행적을 세상 사람들에게 알리지 마라"고 한 것이나 거지들에게 비럭질한 것을 나누어 주는 활빈의 성격 따위는 혁명의 분위기를 자아낸다.

김현룡은 『한중 소설·설화 비교연구』에서 「남궁선생전」, 「장산인전」, 「장생전」이 중국의 『태평광기』의 내용을 많이 모방했다고 지적하면서 다음과 같이 말했다.

대체로 많은 신선과 도술 설화에서 그 소재를 취하여 자신이 느낀 바와 자기 심중의 뜻에 맞게 구성해놓았으며, 일단 우리의 신선으로 표현해놓았다는 데에 큰 의의가 있다고 본다. 교산은 이들 작품에서 신선을 단순한 호기심이나 한가한 일로 취급해본 것이 아니라 고대 중국에서처럼 현실적으로 희구한 것이었으며 일종의 이상이었던 것이라 여긴 것으로 보인다. 국가 사직이 초토가 되었던 칠 년간의 쓰라림을 무엇보다 통탄했던 것 같고 여건이 주어지기만 하면 이상적으로 활동해보고 싶었던 것 같다.

여기서는 실제 인물 또는 민간 전설에 나오는 인물에 대한 설명이 없이 단순한 신선 이야기로 설명한 한계를 지닌다. 아무튼 이들 소설 가운데에서 「남궁선생전」은 오늘날의 단편과 맞먹을 양이나 그 밖의 것은 짤막했다. 이 「남궁선생전」은 홍만종이 『해동이적』에서 도교의 파라 하여 「권진인 및 남궁두」라는 제목으로 써넣고 "무명씨의 문집에서 나왔다"고 주를 달았다. 여기에 실린 줄거리가 대체로 같고 다만 허균의 「남궁선생전」에서는 "허씨가 말하기를" 하는 대목을 "무명씨가 말하기를"로 바꾸어놓은 점으로 보아 허균의 글을 옮긴 것으로 보인다. 또 이수광은 『지봉유설』에서 남궁두라는 인물을 「남궁선생전」에서와 같은 내용으로 간략히 소개했고, 이규경은 『오주연문장전산고』의 해동전도록에서 남궁두를 권청의 제자로서 김시습과 거의 같은 때에 산 실존 인물이라고 기록했다.

또 홍만종의 『해동이적』에 장도령이 나오고, 후기의 김려는 허균의

「장생전」과 비슷한 내용의 「장생전」을 소개했다. 그러면서 본문 끝에 "내 일찍이 패사를 읽으면서 장생에 대한 얘기를 심히 자세히 알았으나 마음속에 의심을 품었다. 홍만종이 모은 『해동이적』을 보니 장도령이 나오는데 이것이 그 사람인가"라고 썼다. 이 '패사'는 허균의 글을 말하는 듯하나 역적으로 몰린 허균의 이름을 꺼려서 쓰지 않은 것으로 보인다. 또 홍만종도 허균의 소설을 읽었으나 김려와 같은 처지에서 이름을 밝히지 않은 것으로 보인다.

이 밖에도 허균의 소설로 『교산소설』이 있다고 하지만 밝혀지지 않았다. 다만 홍만종과 김려가 허균의 소설을 읽었으면서도 이름을 밝히지 않은 것과 같이 무명씨의 이름으로 전해지는 소설 속에 허균의 『교산소설』이 포함되어 있을 가능성이 있다. 이를테면 정태제가 썼다고 전해지는 가전체 소설인 『천군연의』(天君演義)를 정태제 자신은 그 글 서문에서 "이 소설을 내가 쓰지 않았다"고 했으며, 그의 5세손인 정교의는 작자 자신이 스스로 감춘 것이라고 했다. 이 소설은 사람의 마음을 주인공으로 삼아 세상의 잘못을 고발하는 내용을 담고 있다. 그런데 이 속에 '성성옹'(惺惺翁)이라는 충신이 등장하여 임금에게 간신을 경계하라고 하다가 도리어 유배되는데, 이 '성성옹'은 허균의 자호이기도 하다. 정태제가 자신이 쓰지 않았다고 한 점, 세상의 비리를 고발하는 내용이라는 점, '성성옹'이 등장하는 점을 견주어, 소설 문학사의 처지에서 억설이기는 하나 허균의 다른 글의 분위기와 결부시켜 교산 소설의 하나가 아닌지 한번 연구해볼 수도 있겠다.

다음은 허균의 한문소설 「장생전」의 전문을 번역한 것이다.

◎「장생전」

장생은 어떤 사람인지 모른다. 기축[187] 연간에 서울에 드나들며 비렁뱅이 짓을 했다. 누가 그의 이름을 물으면 "나도 모른다"고 했다. 그의 아버지와 할아버지가 살던 곳을 물어보니, "우리 아버지는 밀양 좌수로 있었소. 내가 세 살 적에 어머니가 죽었다오. 아버지는 종년 출신의 첩이 헐뜯는 말에 빠져서 나를 농장의 일을 보는 종의 집으로 내쫓았다오. 열다섯 살에 종은 상민의 딸로 아내를 삼아주었소. 몇 해 만에 아내가 죽었소이다. 그리하여 전라도와 충청도의 여러 고을을 떠돌아다니다가 이제 서울에 온 거라오" 했다. 그의 얼굴은 잘생겼고 눈썹과 눈이 그림 같았다. 이야기와 우스개를 잘하여 입에서 줄줄 나왔다. 더욱이나 노래를 잘 불렀는데 목소리가 구성져서 사람들의 마음을 쥐었다 폈다 했다. 그는 늘 붉은 비단으로 수를 놓은 홑옷을 입고는 춥거나 덥거나 갈아입지 않았다. 어떤 술집이나 기생방이라도 그가 드나들며 잘 사귀어놓지 않은 곳이 없었다. 술을 보면 누구의 것이든 따지지 않고 끌어당겨 가득 부어 마시고 한가락 뽑고 즐겁게 해주고 실컷 놀아댄 뒤에야 툭툭 털고 가버렸다.

가끔 술이 얼큰하면 눈먼 점쟁이, 술 취한 무당, 게으른 선비, 소박맞은 여편네, 밥 비렁뱅이, 늙은 젖어미의 시늉을 가지가지로 멋들어지게 해댔다. 또 열여덟 나한(羅漢)[188]의 생김새를 너무나도 그럴듯하게 흉내냈다. 또 입을 쫑긋거려 호드기, 퉁소, 쟁, 비파나 기러기, 고니, 무수리, 오리, 까마귀, 학 따위의 소리를 잘도 냈다. 밤에 닭 우는 소리, 개 짖는 소리를 내면 온 동네에서 닭은 울어대고 개는 짖어댔다.

아침에는 나와서 저자에서 동냥질을 했다. 하루 동안 서너 말을 얻어오면 두어 되는 밥을 지어먹고 나머지는 다른 비렁뱅이들에게 나눠주었다. 이래서 그가 거리에 나오기만 하면 거지떼들이 꽁무니를 줄줄 따라다녔다. 날마다 이 모양으로 살아갔다. 다른 사람들은 그가 하는 짓거리를 헤아리지 못했다.

일찍이 그가 악공 이한의 집에서 더부살이를 할 때에 어떤 머리를 쌍갈래로 땋은 여종이 그에게 거문고를 배웠는데 늘 만나다보니 친해졌다. 어느 날 구슬이 달리고 붉은 꽃무늬가 있는 머리꽂이를 어디다가 잃어버렸다. 계집종은 "아침에 거리를 걸어오다가 어떤 잘생긴 소년들이 놀려대고 몸을 스치더니 아마 거기서 없어진 모양이다"고 하면서 엉엉 울어댔다. 장생이 말했다.

"허허, 어린아이들이 이런 짓을 했구나. 낭자는 울지 마라. 내 저녁때쯤 소매 속에 넣어 가지고 오마."

말을 마치자 날아가듯 나갔다. 저녁녘에 계집종을 데리고 나와, 서쪽 거리 곁의 경복궁 서쪽 담을 쭉 따라 돌아서 신무문 모퉁이에 이르렀다. 큰 띠를 계집종의 허리에 매어 왼쪽 어깨에 둘러메고는 번개같이 한 번 발을 굴러 겹겹의 문을 날아 들어갔다. 마침 어둑어둑하여 길을 분간할 수도 없었는데 별안간 경회루 위에 닿았다. 소년 둘이 촛불을 잡고 맞이했다. 서로 쳐다보며 한바탕 웃고는 들보 위의 구멍에서 금구슬, 비단, 명주 따위의 물건을 많이 끄집어냈다. 머리꽂이도 그 속에 있었다. 소년들이 이를 돌려주었다. 장생이 말했다.

"두 아우는 행동을 삼가서 세상 사람들에게 우리의 자취를 알게 하지 말게."

곧바로 계집종을 데리고 북쪽 성을 날아 나와 제 집에 돌려보내주었다. 날이 채 밝기도 전에 계집종이 이한의 집으로 와서 감사를 드리려 했더니 장생은 술이 취한 채로 누워 코를 드렁드렁 골고 있었다. 다른 사람들은 그가 밤에 나간 줄을 모르고 있었다.

임진년 사월 초하루[189]였다. 장생은 외상술을 몇 말 마시고 몹시 취하여서, 거리를 가로막고는 쉬지 않고 춤을 덩실덩실 추고 노래를 고래고래 불러댔다. 밤이 되자 수표교 다리 위에서 고꾸라졌다. 이튿날 늦게야 사람들이 보니 죽은 지 이미 한참 지난 뒤였다. 송장은 썩어서 벌레가 되었고 벌레들은 모두 날개가 돋쳐서 날아가버렸는데 송장은 하룻밤 사이에 모두 없어졌고 옷가지만 남아 있었다.

무인 홍세희란 사람이 연화방에 살고 있었는데 그와 가장 가까이 지냈다. 그해 사월에 그는 이일을 따라 왜적을 막으려고 새재에 이르렀다. 이때 홍세희는 다 떨어진 짚신에 지팡이를 짚고 있는 장생을 만났다. 그는 홍세희의 손을 잡고 매우 기뻐하며 말했다.

"내가 실은 죽은 것이 아닐세. 바다 동쪽의 어떤 나라를 찾아간 것이라네."

이어 말했다.

"자네는 올해 죽지 않을 걸세. 병화가 있거든 산으로 올라가지 물로 들어가지 말게. 정유년(丁酉年)[190]에는 삼가서 남쪽으로 내려가지 말게. 혹 나라의 일로 가더라도 산성에는 오르지 말게."

말을 마치자 날아가버려 눈 깜짝할 사이에 보이지 않았다.

홍세희는 과연 탄금대의 싸움에서 이 말이 생각나서 산 위로 달음박질쳐서 죽음을 면했다. 홍세희는 정유년 칠월에 금군으로 숙직하고 있을 적에 오리 이원익에게 임금의 교지를 전해주느라 장생이 경계한 말을 몽땅 잊었다. 돌아올 적에 성주에 이르렀다가 왜적과 맞닥뜨리게 되었다. 홍세희는 황석성(黃石城)[191]이 튼튼하다는 말을 듣고는 재빨리 황석성으로 들어갔다가 성이 함락되자 함께 죽었다.

내가 젊었을 적에 협객들과 버릇없이 굴 만큼 친하게 놀았다. 그들과 농지거리를 주고받을 만큼 매우 가까워 그들의 재주를 모조리 구경했다. 아아, 신기하도다. 이 사람은 곧 옛날 이른바 검선(劍仙)[192]의 한 갈래가 아닌가 한다.

다방면의 다른 저술

마지막으로 허균이 쓴 저술의 내용을 알아보자. 이들 저술은 학술서라고 볼 수는 없을 것이다. 현대 개념으로 에세이라고 볼 수 있겠다.

첫째로, 『성옹지소록』은 그가 함열에 유배되어 있을 적에 쓴 글이다. 주로 그가 들은 얘기를 백아흔네 가지로 나누어 기록했는데, 역대의 제도, 사대부의 행적, 기이하거나 재미있는 얘기들이 짤막하게 엮어져 있다. 이 속에는 황희의 얘기에서부터 불우했던 사람들의 얘기, 세상을 등지고 숨어사는 사람들의 얘기에 이르기까지 많은 얘기가 담겨 있다. 이 글에서도 그의 지식욕을 엿볼 수 있고 신분차별을 배격한 일면도 보이며 이야깃거리로서의 흥미를 주기도 한다. 한편 '남의 단점을 나타내는 이야기는 빼버렸고 불교의 응보를 말한 것, 명부의 귀신을 적은 것, 꿈과 점을 기록한 것, 남녀 사이 부정한 짓에 가까운 것은 모두 삭제했다"고 하여 그의 다른 글에서 보이는 기괴한 얘기들을 쓰지 않은 것은 특이한 점이기도 하다.

둘째로, 『도문대작』은 우리나라의 음식을 소개한 글이다. 그는 자신이 어릴 때부터 먹어본 음식과 조일전쟁 때에 먹을 것이 없어서 닥치는 대로 먹어본 경험과 다른 사람들의 식생활을 살펴보고, 그것을 적어둘 필요성을 느껴서 적는다고 했다. 그는 이런 경험을 다음과 같이 말했다.

내가 죄를 지어 바닷가에 유배되었을 적에 쌀겨도 얻을 수가 없었다. 밥상에 오르는 음식이라고는 썩은 고기와 비린내 나는 생선과 쇠비름, 돌미나리 따위뿐이었다. 그것도 끼니마다 먹지 못해 주린 배로 밤을 샜다. 그럴 적에 매양 옛날 산해진미를 먹으면서 물리던 것을 생각하니 입에 침이 고였다.

여기에서 음식에 대한 그의 본능적인 얘기를 늘어놓으며 또 다음과 같이 말했다.

식욕과 성욕은 사람의 타고난 본성이다. 더욱이나 먹는 것은 목숨을 부지하는 데에 가장 중요한 것이다. 옛사람이 음식을 바치는 사람을 천하게 여긴 것은 음식을 너무 밝히고 자기의 이익을 좇는 사람을 가리킨 말이지 어찌 먹지 말고 말하지 말라고 한 것이겠는가?

곧, 음식을 천하게 여기는 것이 군자인 양 여기는 그때 선비들의 풍조를 나무란 말이다. "군자는 배부른 것을 구하지 아니한다"는 가르침은 선비들 사이에 먹는 것을 가볍게 여기는 풍조를 낳았다. 허균은 이런 풍조를 나무라면서 그 한계를 말했다. 그리고 우리나라는 산과 바다에 둘러싸여 있어서 물산이 풍족하다고 말하고 그것을 기록에 남긴다고 했다.

날마다 먹는 음식, 과일, 별미, 특산물 등의 산지와 철, 만드는 방법을 간단히 쓰고 끝에 철에 따라 우리 겨레가 먹는 별미를 소개했다. 이 글은 다른 사람의 글에서는 자주 볼 수가 없는 특별한 내용으로 우리나라 식품 역사의 귀중한 자료가 되고 있다.

셋째로, 『한정록』은 도연명이 벼슬을 버리고 고향으로 돌아가 유유자적하던 것을 늘 그리던 허균이 은둔을 동경하여 적은 글이다. 그가 불교와 도교에 빠졌던 것은 현실에 대한 부조리와 불만에서 나온 저항 또는 은둔과 도피의 한 갈래였다. 이 글도 그와 마찬가지 사정에서 나온 것이다. 그는 서문에서 다음과 같이 썼다.

아아, 선비가 이 세상에 태어나서 어찌 벼슬을 깔보아 버리고 길이 산림으로 돌아가려고 하랴? 오직 그들의 도가 세속과 더불어 어긋나고 운명이 시세와 더불어 어긋나다보니 더러 고상한 것에 기탁하여 버리고 가는 이도 있으니 그들의 뜻은 비장한 것이다.

은둔은 선비가 어쩔 수 없이 세상을 등지는 것임을 밝히고 그 은둔생활의 요목과 방법을 순서대로 엮어놓았다. 그 내용은 다음과 같다.

첫째는 '은둔'이다. 옛사람이 세상을 버리고 숨어사는 것은 명예를 구한 것이 아니라 자신을 세상 바깥에 두어 그 자신을 즐기려는 것이므로 앞에다가 이런 일들을 기록해두었다.

둘째는 '고일'(高逸)이다. 고상한 사람과 숨어사는 선비는 은둔생활에서 많이 나왔으므로 그런 이야기를 두번째로 기록해두었다.

셋째는 '한적'(閑寂)이다. 이들은 모두 세상 바깥에서 스스로 유유자적했으므로 그 자적한 모습을 세번째로 적어두었다.

넷째는 '퇴휴'(退休)이다. 선비가 세상에 태어나서 큰 포부가 없겠는가만 자기의 뜻과 어긋나기 때문에 물러가는 것이므로 이 물러간 여러 사람의 얘기를 그 다음으로 적었다.

다섯째는 '유흥'(遊興)이다. 물러가 사는 사람은 산천의 아름다움을 두루 보아 정신을 수양하므로 그런 얘기들을 중심으로 적었다.

여섯째는 '아치'(雅致)이다. 한가함을 탐하는 선비는 세상 사람과 스스로 구별하여 즐기므로 이런 일들을 적었다.

일곱째는 '숭검'(崇儉)이다. 물러가 사는 사람은 좋은 음식과 옷을 구할 수가 없으므로 검소한 생활을 하는 방법을 적었다.

여덟째는 '임탄(任誕)이다. 물러가 사는 선비는 세상의 먼지와 더러움을 씻는 것이므로 제 마음대로 마음의 자유를 누릴 얘기를 적었다.

아홉째는 '광회'(曠懷)이다. 물러가 사는 사람은 스스로 고상함을 누려야 하므로 마음을 활달하게 갖는 얘기를 적었다.

열째는 '유사'(幽事)이다. 한가한 곳에는 심심풀이가 있어야 하므로 그 할 일을 적었다.

열한째는 '명훈'(名訓)이다. 한가롭게 살면서 옛사람의 좋은 말을 살펴보는 것이 좋으므로 이에 대한 것을 적었다.

열두째는 '정업'(靜業)이다. 한가롭게 사는 사람은 글을 지어 스스로 세월을 보내고 흥을 붙여야 하므로 이에 대한 것을 적었다.

열셋째는 '현상'(玄賞)이다. 옛날부터 숨어사는 사람은 글씨나 그림 또는 거문고나 바둑으로 세월을 보내어 근심을 잊으므로 그것을 적었다.

열넷째는 '청공'(淸供)이다. 산속에 살게 되면 일상용품이 세속에서 좋아하는 것과 다르므로 그것을 적었다.

열다섯째는 '섭생'(攝生)이다. 산야에서는 음식을 조절하여 양생을 도와 오래 산 사람들이 있으므로 그것을 적었다.

열여섯째는 '치농'(治農)이다. 숨어사는 사람에게도 먹고사는 방법이 있어야 하고 그 방법으로는 농사짓는 것이 좋으므로 이 농사의 방법을 끝에 적었다.

여기에 도가의 글 같은 옛글에서 필요한 부분을 인용하여 적기도 하고 자기의 의견을 덧붙이기도 했다. 특히 이 가운데서도 열여섯째의 '치농'에서는 농사짓는 법을 열여섯 가지로 나누어 적었다. 그중에도 채소 가꾸는 법, 물고기 기르는 법 따위를 낱낱이 설명함으로써 그야말로 은둔생활을 하려는 사람에게는 안내서와 같은 구실을 한다.

이 『한정록』은 은둔에 중심을 두었으되 다분히 안분의 차원에서 다루었음을 엿볼 수 있다. 안분은 제 분수를 지키는 것이 중심사상이어서 결코 퇴영적이거나 패배적인 생활 태도가 아닌 적극적인 삶의 추구를 나타낸다. 그러나 그 자신은 안분에 안존하지 못하고 말았다.

이런 글들을 두고 허균에게 실학의 면모가 있다고 말한다. 그것은 허균의 글 속에 담긴 현실개혁의 이론, 전문적인 농업책은 아니지만 농사에 보이는 관심, 곳곳에서 많이 나는 생산품의 소개, 『홍길동전』에서 보이는 해외진출의 모습 등을 두고 하는 말이다. 어떤 점에서는 이치에 맞는 말이기도 하다.

실학은 조일전쟁과 조청전쟁의 두 전란을 치르고 난 뒤에 나타난 현실개혁을 통한 자아 각성의 소산이다. 이 두 전란이 일어난 뒤에 봉건사회는 해체과정에 들어섰고 이리하며 지배층의 일부에서 위기의식이 높아지고 방외자(方外者, 벼슬길 밖에 있는 사람)들은 개혁을 요구하기 시작했다. 이것을 실학이라고 부른다. 허균은 두 전란 사이에 살았으며 실학이 본격적으로 일어나던 영 · 정조시대보다 훨씬 앞서 살았다. 실학의 싹이 어느 시기에 텄느냐는 문제는 제쳐두더라도, 그의 이런 개혁정신은 근본에서 실학과 통하는 것이라고 하겠다. 아무튼 허균은 글귀나 따지는 문사가 아니었음을 우리는 알 수가 있다.

주

1) 서얼은 첩(妾)이 낳은 아들과 그 자손을 뜻한다. 이들에겐 법이 정한 일정한 직품(職品) 밖의 벼슬을 틀어막았는데 이를 서얼금고라 한다. 벼슬길이 본디부터 막힌 상인(常人)에게는 이 '금고'법이 필요 없는 것이 된다. 『경국대전』의 예전에 이 규정이 있다.

2) 원문은 "痛哭關山月 傷心鴨水風 朝臣今日後 寧後各東西"이다. 관문은 국경, 압수는 압록강을 말한다.

3) 「계해정사록」(癸亥靖社錄)에 나온다. 곁가지는 광해군을 말함.

4) 『율곡전서』(栗谷全書)의 진시폐소(陳時弊疏)에 나온다.

5) 서인 등 반대파들이 정여립을 모략하려고 꾸민 사건이란 설이 있다. 호남의 인사들이 떼죽음을 당했다.

6) 『선조실록』 40년 6월 을묘조.

7) 『연려실기술』(燃藜室記述) 제21 폐주 광해군 고사본말(廢主光海君故事本末).

8) 이 네 가지는 집 지을 터와 집 지을 돌과 집 지을 무쇠와 집 지을 돈을 바친 것을 뜻한다.

9) '잡채상서'와 '산삼각로'는 선물로 판서 벼슬을 얻고 산삼으로 높은 벼슬을 얻었다는 뜻으로 풍자하여 붙인 이름이다.

10) 자손은 좁은 의미로는 아들과 손자, 넓은 의미로는 후손이라는 두 가지 뜻이 있으나, 자자손손은 자손 대대로라는 뜻으로 해석하여 쓰인다.

11) 죽림칠현은 중국 진나라의 일곱 어진 사람을 일컫는 말로, 이들은 세상의 더러움을 등지고 대밭에서 청담(淸談)을 일삼았다고 한다.

12) 공예는 국가나 공공기관에 속한 노비이고 사예는 개인에 속한 노비이다.

13) 본디 제목은 「통곡헌기」(慟哭軒記)이다. '통곡'이라고 이름을 붙인 집에 대한 기록이라는 뜻이다. '기'는 오늘날의 수필, 곧 간단한 기록에 해당하는 글 형식이다.

14) 본디 제목은 「소인론」(小人論)이다. '논'은 사물을 분석하고 비교하여 논할 때 쓰이는 문체이다.

15) 사람이면 누구에게나 있는 일곱 가지 감정, 곧 기쁨, 성냄, 슬픔, 즐거움, 사랑, 미움, 욕망을 말한다. 맹자가 논리화했다.

16) 사람이 본디의 착함을 잃는다는 뜻이다.

17) 당(唐)과 우(虞)는 중국 상고시대의 나라로 이상정치를 펼쳤다고 한다.

18) 선조의 유교를 받았다는 유영경, 허성 등의 일곱 신하를 말한다.

19) 이익의 『성호사설유선』(星湖僿說類選)의 인사문(人事門).

20) 『하곡집』(荷谷集)의 아우에게 붙임(寄舍弟)의 일절.

21) 아내 김씨에 관해서는 『성소부부고』의 망처숙부인김씨행장(亡妻淑夫人金氏行狀)에만 나온다.

22) 조선시대의 과거에는 초시(初試), 복시(覆試), 정시(庭試)의 세 차례 시험이 있었는데, 정시는 서생으로서는 마지막 시험으로 임금이 친히 보게 하는 것이다.

23) 과거에 합격하여 이미 벼슬길에 나선 벼슬아치들을 더 중요한 자리에 쓰려고 보게 하는 시험이다. 여기에서 장원을 하는 것은 가장 영광스러운 일이었고, 장원을 한 사람에게는 좋은 벼슬길이 특별히 보장되었다.

24) 『성소부부고』의 문파관작(聞罷官作). 원문은 "久讀修多教 因無所住心 周妻猶未遣 何肉更難禁 已分靑雲隔 寧愁白簡侵 人生且安命 歸夢尙祇林"이다.

25) 대론이란 선조의 둘째 왕비인 대비를 폐출하자는 논의로, 그때에 허균과 그 세력은 이 논의를 크게 벌였는데 허균이 잡혀서는 거짓으로 대론을 핑계대고 모반을 꾀했다는 죄명을 썼다.

26) 『광해군일기』 10년 8월 정축조.

27) 『광해군일기』 10년 8월 경진조.

28) 『양천 허씨 족보』(임자보)를 참조.

29) 가승은 직계 조상의 이름, 생몰연대, 묘소 위치, 그 밖의 간단한 부대 사항만을 적는 약전의 형식으로 이루어지는 것이다. 위 가승은 울산에 원적을 둔 허찬 씨가 소장한 것이다. 표제는 『양천허씨세계』(陽川許氏世系)로 되어 있다.

30) 「꿈풀이」의 본디 제목은 「몽해」(夢解)이다.

31) 「북쪽으로 돌아가며」의 본디 제목은 북귀부(北歸賦)이다.

32) 「그대 그리워」의 본디 제목은 이정애사(李楨哀辭)이다.

33) 본디 제목은 「대힐자」(對詰者)이다. 나를 나무라는 사람에게 준다는 뜻이다.

34) 본디 제목은 「누실명」(陋室銘)이다. 더러운 방에 대한 '명'(銘)이다. '명'은 한문 문체의

하나로, 교훈적인 의미를 담는 점에서는 잠언과 같으나 어떤 사물을 기리는 데에 곧잘 쓰인다.

35) 중국의 사마상여(司馬相如)가 부호의 딸 탁문군을 아내로 얻어 아내는 술을 팔고 자신은 잠방이 입고 술심부름을 한 고사.

36) 옛 현인은 공자의 제자 원헌(原憲), 옛 시인은 동진의 시인 도잠(陶潛)을 가리키는데 의역했다.

37) 「학론」(學論)에 나온다.

38) 「병론」(兵論)에 나온다.

39) 「정론」(政論)에 나온다.

40) 「대힐자」에 나온다.

41) 이는 일반적으로 세력 있는 백성을 가리키는 말이었다. 중국 전한 때의 환관이 지은 『염철론』(鹽鐵論)에서도 "호민이 아니면 그 이익이 통하게 할 수 없다"고 하여 이런 뜻으로 쓰였다. 그러나 여기에서는 호걸스럽다거나 준걸스럽다는 뜻에서 혁명가다운 인물을 가리키고 있다.

42) 이는 위정자로부터 피해를 입고 원망만 하지 스스로 행동에 옮기지 못하는 백성을 말한다.

43) 여기에서의 '항(恒)'은 『맹자』에 나오는 "항산이 없으면 항심이 없다"〔無恒産無恒心〕의 '항'과는 그 뜻이 다르다. 『맹자』의 '항'은 '일정한', '항상 변치 않는' 따위의 뜻이지만 여기서의 '항'은 '우둔한', '분별력 없이 맹종하는' 따위의 뜻을 갖는다. 그러니 '항민'은 '우둔한 백성'이라는 뜻이다.

44) 중국 동한(東漢) 때에 장각(張角)이 일으킨 의적떼. 이들은 머리에 누런 수건을 동여매어 동지임을 표시했기 때문에 '황건적'이라 불렀다.

45) 임진왜란 후에 이 증상이 나타났고 1636년에는 병자호란이 일어났다. 허균은 이 병자호란을 예언하고 대비책을 주장했다. 이이화, 「북벌론의 사상적 검토」, 『창작과비평』, 1975년 겨울호 참조.

46) 『교양인을 위한 한국학』(현암사), 106쪽 참조.

47) 『의식 구조상으로 본 한국인』(현암사), 401쪽 참조.

48) 조선조의 양반 가정에서 서자는 아버지와 형을 직접 부르지 못하는 법도가 있었다.

49) 『성소부부고』 권2 교산억기시에 나옴.

50) 이 말은 참 용은 일어나지 않았는데 거짓 호랑이가 먼저 운다는 뜻으로, 참 용은 영창

대군이고 거짓 호랑이는 광해군으로 볼 수도 있고, 참 용은 서양갑 같은 개혁가이고 거짓 호랑이는 그때의 지배층으로 볼 수도 있다.

51) 「몽둥이와 쇠스랑을 들고 일어서는 백성들」의 본디 제목은 「호민론」이다.

52) 사목이란 맡아서 기른다는 뜻으로 임금을 말했다. 목(牧)은 구주(九州)의 우두머리로 천자나라에 속한다고 했다. 또 고을의 원을 목민관(牧民官)이라고도 했다.

53) 삼공이란 흉년이 든 탓에 사당에 제사를 못 지내고, 서당에 학생이 없으며, 뜰에 개가 얼씬거리지 않게 되는 세 가지를 말한다.

54) 활시위가 느슨하면 활을 쏠 수가 없고, 수레바퀴 자국이 어지러운 것은 패전의 형상이다. 느슨한 활시위를 바로잡지 않거나 어지러운 수레바퀴를 어지럽게 두어서는 무슨 일이든 낭패를 보게 된다. 『한서』(漢書) 예악지(禮樂志)에 나오는 '개현개철'(改弦改轍)을 줄인 말.

55) 『조선경국전』(朝鮮經國典) 부전(賦典)의 판적(版籍)에 나온다.

56) 이 말은 기구가 넘치고 관원이 많다는 뜻으로, 주로 「관론」(官論)에서 언급했다.

57) 『증보문헌비고』(增補文獻備考)의 직관고(職官考)를 참고했다.

58) 「관론」(官論)에 나온다.

59) 「근세유교정치의 성격」, 『문리대 교양강좌』 3집, 서울대학교, 11쪽.

60) 본디 제목은 「관론」이다.

61) 말갈과 여진은 모두 만주 일대에 있던 북방민족으로, 말갈은 주로 동북의 함경도 쪽에 웅거했고 여진은 서북의 평안도 북쪽 압록강 일대에 웅거했다. 여진은 뒤에 청나라를 세웠다.

62) 여러 부(部)란 여진들이 부족끼리 모여 형성한 소단위 부족국가 형태를 말한다.

63) 「서변비로고서」에 나온다.

64) 「군사를 기르는 것이 나라를 지키는 길이다」의 본디 제목은 「병론」이다.

65) 본디 제목은「서변비로고서」이다.

66) 「관동은 피난갈 곳이 못 된다」의 본디 제목은 「관동불가피란설」이다.

67) 그때에 북쪽 백두산 일대에 있던 글안의 잔여세력들이 소규모의 부족으로 흩어져 있었다.

68) 소손녕, 금산금시, 살례탑, 모거경, 유사, 관선생 등은 모두 고려에 침입했던 북방 민족들을 이끌던 장수의 이름이다.

69) 여자가 두 번 시집가는 것을 금지한 것이다. 『경국대전』의 예전(禮典)에 개가를 금지하

고 개가하여 난 자손에게는 서얼의 자손과 같이 제한을 두는 규정이 있다.

70) 이는 정병(正兵)의 양성을 지원토록 하기 위해 노동을 부담시키거나 그 대가를 돈으로 받아들이는 제도를 뜻한다. 여기에서는 그 의무를 맡은 사람을 가리킨다.

71) 조선조의 위계는 9품으로 나누고 품마다 '정'과 '종'을 구분했다. 영직은 직함만 있고 관직에 근무하지 않는 벼슬로, 품계를 주려고 임시로 임명했다가 곧 사임시켰다.

72) 「유재론」(遺才論)에 나온다.

73) 「유재론」에 나온다.

74) 이 말은 아비가 낳아주고 어미가 길러준 은혜를 뜻한다.

75) 복망성상은 '삼가 바라옵건대 임금께서는'이라는 뜻이다.

76) 천비소생은 천한 종이 낳은 자식이라는 뜻이다.

77) 이는 글을 맡은 홍문관(弘文館)의 별칭으로 여기에 속한 부제학이나 교리 따위를 말한다. 여기에 드는 것은 큰 명예로 과거의 하나인 문과에 급제하여야 했다.

78) 이는 임금의 시위(侍衛), 전령(傳令), 출납을 맡은 선전관의 약칭으로, 여기에 들려면 과거의 하나인 무과에 급제하여야 했다.

79) 정주동, 『홍길동전 연구』, 195쪽.

80) 「손곡산인전」(蓀谷山人傳)에 나온다.

81) 「손곡산인전」에 나온다.

82) 여필종부와 부창부수는 지어미는 반드시 지아비를 따라야 하고 지아비의 의견에 지어미는 철저히 따라야 한다는 뜻이다.

83) 이는 아내를 버릴 수 있는 일곱 가지 조건으로, 시부모에 순종하지 않는 것, 아들이 없는 것, 행실이 음탕한 것, 투기하는 것, 나쁜 병이 든 것, 말이 많은 것, 도둑질하는 것 따위이다.

84) 「이정애사」(李楨哀辭)에 나온다.

85) 『손재선생문집』(損齋先生文集) 7권에 나온다. 영조 때 사람인 조재호(趙載浩)의 문집이다.

86) 「허균과 여성」, 『아세아여성연구』 6집, 숙명여대 아세아여성문제연구소, 69쪽.

87) 본디 제목은 「유재론」(遺才論)이다.

88) 범중엄은 송나라의 어진 재상. 진관은 송나라 간관으로 이름이 높았고, 반양귀는 송나라의 벼슬아치로 부당한 관리를 탄핵하는 것으로 유명했다. 사마양저는 제나라 장수로 미천한 출신, 위청은 개가한 여인의 아들로 대장군이 되었고, 왕부는 천한 출신으로 잠부론을 지은 후한의 문장가이다.

89) 『당의통략』(黨議通略)에 나온다.

90) 『의식 구조상으로 본 한국인』에 나온다.

91) 「학론」(學論)에 나온다.

92) 「정론」(政論)에 나온다.

93) 「소인론」(小人論)에 나온다.

94) 정사는 바른 일과 간사한 일을, 시비는 옳고 그름을, 공사는 공적인 일과 사사로운 일을 가리키며, 군자는 바른 일과 옳음과 공적인 일을 좇고, 소인은 간사하고 그르고 사사로운 일을 좇는다.

95) 「정론」에 나온다.

96) 역시 「정론」에 나온다.

97) 「인재를 옳게 써야 한다」의 본디 제목은 「정론」이다.

98) 고대 중국의 하(夏), 은(殷), 주(周) 세 왕조를 말한다.

99) 제왕이 어진 덕으로 공평무사하게 인민을 다스리는 정치로, 유교의 이상정치이다. 주로 맹자가 주창했다.

100) 공안은 백성이 해마다 바쳐야 할 물품을 미리 적어놓은 표(表)이다. 이이는 그때에 이 폐단을 지적하여 고칠 것을 건의했다.

101) 두 사람은 고려 때에도 벼슬을 했다. 두 임금을 섬기는 것은 충신이 못 되는 것이다.

102) 성리설은 유교의 한 계통으로 우주의 본체(本體)와 인성(人性)에 관해 연구하는 학문이다. 송나라 때에 발생하여 크게 번졌으며 우리나라 학자들도 이를 연구하는 것을 유학자의 본무로 삼았다. 이기설이라고도 부른다.

103) 「학론」(學論)에 나온다.

104) '환'은 없다가 갑자기 나타나는 일종의 영상을 말한다. 갖가지 인연이 모여서 생긴 것으로, 실체가 없고 본성품(本性品)이 없고 이름만 있는 것에 견준다. 환견은 이런 '환'의 의견이다.

105) '공'은 실체가 없고 본성품이 없는 것이다. '공'의 종류는 매우 많으나 둘로 나누어보면, 하나는 '아공'(我空)으로 실답지 않은 자아(自我)를 실재라고 인정하는 미집(迷執)을 부정하도록 가르치는 것이고, 다른 하나는 '법공'(法空)으로 나와 세계를 구성하는 요소에 대하여 늘 있는 것이라고 인정하는 미집을 부정하도록 가르치는 것이다. 공설은 이런 공의 학설이다.

106) 불교에서는 모든 게 마음에 달려 있다[一切唯心造]라고 했다고 해서 심학(心學)이라 부

르기도 한다.

107) 이황은 왕수인의 언행을 수록한 『전습록』을 조선왕조 최초로 비판하는 글을 써서 주자학을 옹호했다. 양명학을 이단으로 보는 시발이 되었다.

108) 본디 제목은 「학론」(學論)이다.

109) 김굉필(金宏弼), 이황(李滉), 이언적(李彦迪), 조광조(趙光祖), 정여창(鄭汝昌)을 말하며 이들을 광해군 때에 사당에 모셨다. 학덕이 높은 사람은 그 신주를 배향(配享)하는 제도가 있었다.

110) 본디 제목은 「김종직론」(金宗直論)이다.

111) 정란이란 1453년에 수양대군이 단종을 몰아내고 여러 신하를 죽이고서 왕위에 오른 일을 가리키는데 그때에 김종직은 벼슬자리에 있지 않았다.

112) 김종직이 임금 곁에서 임금의 말과 행동을 기록하던 사관(史官) 벼슬에 있었음을 말한다. 김종직은 이 소임을 맡은 정자(正字) 벼슬을 지냈다.

113) 백이 · 숙제는 주(周)나라의 무왕이 상나라의 주(紂)를 치자, 무왕의 신하가 되지 않겠다고 하고서 수양산에 들어가 굶어 죽었다. 이 말은 앞 임금 곧 단종을 위해 충성을 다하겠다는 뜻이다.

114) 김종직이 죽은 뒤에 연산군이 그의 시체를 토막 내는 형벌을 내린 것을 말한다. 김종직은 살아 있을 적에 「조의제문」을 지었다. 이 글을 그의 제자인 김일손이 실록의 초고에 실었는데 반대파인 훈구파(勳舊派)들이 세조(수양대군)를 욕했다고 꾸며 김종직의 시체를 토막 내고 그의 제자들인 사림파의 김일손 등을 죽인 무오사화를 일으켰다.

115) 집안에서 물려준 학문이란 뜻으로, 김종직의 아버지는 김숙자로 길재의 학통을 이어받아 정주학을 발전시켰다.

116) 조의제문은 초나라 항우가 어린 의제를 죽이고 초나라의 왕이 된 것을 조문한다는 글인데, 항우를 세조에, 의제를 단종에 비유했다고 볼 수 있다. 술주시는 도연명이 중국 남조시대에 송의 무제가 진의 안제를 치고 황제가 된 것을 꾸짖은 시인데, 세조를 무제에 비유했다고 볼 수 있다.

117) 본디 제목은 「연명」(硯銘)이다.

118) 선에 대한 담론. 선은 마음을 한곳에 모아 고요한 경지에 드는 수행의 한 방법으로, 조용히 앉아 선악을 생각지 않고 시비에 관계하지 않고 유무에 간섭하지 않아서 마음이 안락한 경계에 소요토록 하는 것이다.

119) 법회를 베풀어 부처님께 공양을 올리는 의식이다.

120) 밥 먹을 때에 외는 글이다. 밥 먹기에 앞서 기도하는 의식은 도교에만 있는 게 아니라 여러 종교에 공통되는 것이다.

121) 부처는 그 소임에 따라 여럿이 있다. 석가모니불은 불교의 교조로 화신(化身)의 부처이며, 아미타불은 이상국을 건설하기로 기원한 과거의 부처이며, 미륵불은 지금 하늘에서 천인(天人)을 교화하고 있다가 앞으로 사바세계에 출현한다는 미래의 부처이다. 모두 대승보살이다.

122) 보살은 부처의 아래 경지로 부처의 보처(補處)에 있는데 이 보살은 대자대비(大慈大悲)를 근본 서원(誓願)으로 한다.

123) 달마는 인도에서 태어나 중국으로 와서 선종의 첫 조사(祖師)가 되었고, 육조는 선종의 여섯째 조사인 혜능(慧能)을 말한다. 이 육조에서부터 그 도맥이 우리나라에 전해졌다.

124) 거사(居士)는 중이 아닌 불교도를 말하는데, 유마힐은 부처님의 속세 제자로 있으면서 보살 행업을 닦아 불제자가 미칠 수 없다고 했으며, 방온은 당나라 사람으로 중이 아니면서도 신의 경지를 터득했다.

125) 찬(贊)은 남의 아름다운 행적을 기리는 글이다.

126) 첫 조사란 위에 나온 달마대사를 말한 것으로, 서산대사도 선종의 도맥이므로 첫 조사라 하였다.

127) 공(空)이란 실체가 없고 자성(自性)이 없는 것을 말한다.

128) 무생법인은 나지도 않고 죽지도 않는 진여(眞如)의 법성(法性)을 알고 거기에 안주하여 움직이지 않는 것이다.

129) 무여열반은 생사의 괴로움을 여읜 진여의 경지로, 차원이 다른 유여열반이 있다.

130) 소림은 소림사에서 면벽한 달마를 가리키는데 선종의 중심이 되었으며, 황매는 황매산에서 도를 닦은 선종의 다섯째 조사인 홍인(弘忍)을 말한다.

131) 법의 문은 둘이 아니라는 뜻으로 상대 차별을 없애고 절대 차별 없는 이치를 나타내는 법문. 유마힐은 죽을 때에 문수보살을 찾아가 불이법문을 논하고는 마지막에 가서 아무 말을 하지 않는 것으로 불이법문의 참뜻을 말했다고 한다.

132) 본디 제목은 「송석해안환산서」(送釋海眼還山序)이다.

133) 본디 제목은 「산구게」(山狗偈)이다. 게송은 불교의 경(經)과 논(論) 가운데에서 비롯된, 귀글로 부처님의 공덕을 찬양하거나 그 교리를 기록한 것이다. 허균 자신이 이 게송을 지었는데, 여기에서의 산개는 이권에 날뛰는 세상의 뭇 무리를 상징하여 붙

인 것으로 보인다.

134) 여덟 지옥 중에서 가장 밑에 있다는 무서운 지옥이다.

135) 한량없는 겁이란 뜻으로, 겁은 시간의 단위로서 일 겁은 인간 세계의 사억 삼천이백만 년이라고 하며, 또 둘레가 사십 리 되는 성 안에 개자를 채워놓고 삼 년마다 한 알씩 가지고 가서 모두 없어질 때까지를 말하기도 하며, 둘레 사십 리 되는 돌을 두꺼운 옷으로 삼 년마다 한 번씩 스쳐 닳아 없어질 때까지라고도 한다.

136) 부처와 보살에게 목적을 꼭 이루게 해달라고 맹세하여 기원하는 것이다.

137) 세 가지 귀중한 것으로, 깨달은 부처, 부처님이 말씀한 교법, 교법대로 수행하는 사람을 말한다.

138) 영구히 변치 않는 실의를 말한다. 또는 뜻과 말과 행동이 서로 일치하여 거짓이 없는 것을 말한다.

139) 모든 중생이 본디부터 갖추고 있는 부처가 될 수 있는 성품. 이는 성불(成佛)을 중시하는 대승불교에서 더욱더 중요하게 본다. 부처는 미(迷), 오(悟)에 따라서 변하는 일이 없으며 저 하찮은 개와 돼지에게도 이것이 있다고 갈파하여 근원적인 평등관을 말했다.

140) 이는 마음과 몸을 건강하게 하여 오래 살기를 꾀하는 도교의 수양법으로 섭생(攝生)이라고 한다.

141) 황제는 중국 상고시대의 전설의 제왕으로 복희(伏羲), 신농(神農)과 함께 삼황(三皇)이라 일컬어진다.

142) 무위자연은 사람의 힘을 보태지 아니한 있는 그대로의 것. 곧 세상을 더 혼란케 하는 것은 인간의 욕심이나 지식이므로 있는 그대로 두는 것이 최고의 질서라는 노장철학의 최고의 경지이다.

143) 이는 전국시대에 추연이 주창한 것으로, 음양설은 우주나 인간의 모든 현상이 음과 양의 원리에 따라 소장(消長)한다는 것이요, 이 원리에 따라 만물의 생성 소멸이 우주의 다섯 원소인 금, 목, 수, 화, 토의 변천으로 일어난다는 것이다. 이 참위설(讖緯說)이 도교와 결합된 것이다.

144) 이는 신변자재(神變自在)하면서 영원히 죽지 않는 신선이 된다는 것으로 진(秦)·한(漢) 시대에 유행하여 도교와 맺어졌다.

145) 도술(道術)의 하나로 차력은 남의 힘을 빌리거나 자기의 힘을 축적하여 큰 힘을 내는 것이요, 축지는 땅의 거리를 좁혀서 순식간에 먼 거리를 다닐 수 있는 것을 말한다.

146) 칠성을 맡은 원군(元君)을 제사지내는 집으로, 본디 도교에서 받드는 별에 대한 신앙이다.

147) 산의 수호신이라는 산신(호랑이)을 모신 집으로, 이것도 도교 신앙에서 나왔다.

148) 수련 복식은 도가의 도를 닦아 신선의 방술을 익히고 장생불사의 약을 복용하는 일을 말한다.

149) 부록은 미래에 나타날 일을 미리 짐작하여 적어놓은 글로 비결의 하나이다.

150) 이는 산천이나 성신에게 제사지내는 일로 기복(祈福)의 하나이다.

151) 도가에서 하는 복식호흡법의 하나로, 이것을 하면 장생할 수 있다고 한다. 숨쉬는 것을 마치 태아가 어머니의 뱃속에서 숨쉬는 것같이 한다는 데에서 나온 말이다.

152) 단학은 수은과 유황을 화합하여 만든 단사(丹砂) 따위로 선약을 만들어 신선이 되려고 하는 물리적인 방법이다.

153) 옥경은 하늘 위의 옥황상제가 산다는 가상적인 곳이다.

154) 시동은 제사지낼 때 신위 대신으로 앉히던 어린아이. 뒷날에는 인형으로 만들었다. 여기에서 시위소찬(尸位素餐)이란 말이 생겨났다.

155) 본디 제목은 「섭생월찬서」이다.

156) 자평의 걸림이란 중국의 자평이라는 사람이 아들과 딸들의 혼사를 모두 마친 뒤에야 산으로 들어가 숨어 살다가 종적이 묘연했는데, 이런 세속의 일로 인하여 신선이 되는 것이 늦어졌다는 뜻이다.

157) 본디 제목은 「임노인양생설」(任老人養生說)이다.

158) 건곤정기, 감리부부, 용호연홍, 진화퇴부 등은 기운, 성욕, 약물, 부적 따위를 잘 조절하거나 복용하는 기본 원리에 따라서 장수의 비결을 닦는 방법들이다. 이것은 기(氣)의 조화와 물리적인 방법을 함께 쓰는 것이다.

159) 『참동계』는 『주역』(周易)의 괘를 빌려 양생과 수련을 논한 책으로 한나라 위백양(魏伯陽)이 지었다. 『오진편』은 도가의 수양서.

160) 제자백가는 춘추시대에 일어난 많은 학자나 학파로 여러 학설을 주장했다.

161) 제자백가에게는 본명을 두고 존칭인 자(子)를 붙이는데 이 관례를 따랐다. 곧 보기를 들면 관중을 관자, 상앙을 상자, 손빈을 손자로 부르는 것이다.

162) 서학이란 개념은 종교적인 의미인 천주교만을 가리킨 것이 아니라 서양의 과학, 문물 따위를 포괄하여 가리킨 말이다.

163) 상위와 구고는 오늘날의 대수와 기하를 말한다.

164) 『한정록』(閑情錄)의 범례(凡例)에 나온다.

165) 『성소부부고』의 근제(謹題)에 나온다.

166) 본디 제목은 「견가림신」(譴加林神)이다.

167) 팔위는 『주역』에 있는 팔괘의 신으로, 모든 일을 저마다 맡은 신을 뜻한다.

168) 부월은 도끼이다. 싸우러 나가는 장수나 중요한 임무를 띠고 지방에 나가는 사람에게 이것을 주었다. 임금의 권한을 위임한다는 뜻에서 준 것으로, 여기에서는 상제가 보낸 것을 뜻한다.

169) 중국의 문인이요 정치가인 이정기(李廷機)가 쓴 것으로, 『성소부부고』의 서문에 나온다.

170) 위항문학은 사대부 계층과 일반 평민 사이에 위치하는 향리, 아전, 중인 출신의 시인들이 현실에 불만을 품고 반항적인 기분을 나타낸 문학이다.

171) 이는 조선조 서민문학의 총칭이다.

172) 성당은 한시문학으로 보아 당나라를 네 시기로 나눈 중에 그 두번째 것이다.

173) 조종업, 「허균 시론연구」, 『장암 지헌영 선생 회갑기념논총』.

174) 본디 제목은 「시변」이다.

175) 한위와 육조는 중국의 시대를 말한 것으로, 기원전 3세기쯤에서 기원 5세기쯤까지이다. 이 시대에 도연명, 왕희지, 고개지 같은 문장가가 나왔다.

176) 성당과 중당은 당의 시대에 두보, 이태백 같은 시인들을 두고 이르는 말이다.

177) 『시경』은 고대 중국 북방의 여러 가사를 모은 경서인데, 여기에는 삼백십일 편이 수록되어 있다. 중국시의 효시가 된다.

178) 본디 제목은 「문설」(文說)이다.

179) 시와 글을 편(篇)을 지어 만드는 방식이다.

180) 문장을 구성하여 글을 만드는 방식이다.

181) 글자를 배열하여 글을 만드는 방식이다.

182) 『문견차기』는 조선 정조 때에 이루어진 책으로, 여러 가지 역사 사실 또는 일화 따위를 적었는데 저자는 알 수가 없다.

183) 손상익하(損上益下)란 위(가진 사람들)의 재산을 털어서 아래(가난한 백성)에 나누어 주는 것을 말하며 예로부터 이를 훌륭한 정치로 쳐왔다. 이에 반대되는 말은 손하익상으로 민중의 것을 빼앗아 지배자의 배를 채우는 것을 말한다.

184) 일곱 가지 해야 할 일로 첫째는 농업과 잠업을 번성케 하고(農桑盛), 둘째는 호구를 늘리고(戶口增), 셋째는 학교를 일으키고(興學校), 넷째는 군정을 잘 닦고(修軍政), 다섯

째는 부역을 고르게 하고(賦役均), 여섯째는 소송을 간소화하고(詞訟簡), 일곱째는 농간을 없앤다(奸猾息). 『경국대전』(經國大典)에 나온다.

185) 여기에서 '홍길동'(洪吉童)의 '동'은 '同'으로 되어 있다. 이 문제는 임형택의 「'홍길동전'의 신고찰」, 『창작과비평』 1976년 겨울호를 참고했다. 그는 위의 논문에서 실록 및 여러 가지 전거를 인용하여 처음으로 상세히 밝혀두었다.

186) 『성소부부고』 8권의 '전'(傳)에 있다. '전'이라는 문체는 실제 인물의 행적을 쓴 전기체와 허구의 내용을 담은 소설체의 두 가지로 나누어진다.

187) 내용에 1592년에 일어난 임진왜란이 등장하는 것으로 보아 1589년 기축년인 듯하다.

188) 나한은 불교의 아라한(阿羅漢)을 말한 것으로, 가장 수행이 잘된 사람을 가리킨다. 부처님의 제자인 가섭을 포함하여 열여덟 명을 꼽는다. 절에 보통 이 모양을 빚어 모셔두었다.

189) 임진왜란은 1592년 4월에 일본군이 부산에 상륙하여 벌어졌는데, 여기서의 '사월 초하루'는 이것을 상징한 것으로 보인다.

190) 정유재란이 일어났던 1597년을 가리킨다.

191) 경상남도 함양에 있는 황석산의 산성이다.

192) 도가에서 검술과 도술에 빼어난 사람을 가리키는 말이다.

1569년 (1세) 11월 3일 서울 건천동에서 허엽의 셋째 아들로 태어났다(강릉외가 태생설도 있다). 어머니는 김광철의 딸로서 허엽의 후처인 김씨이다.

1572년 (4세) 둘째 형인 봉이 친시문과에 급제했다.

1575년 (7세) 동서로 당이 갈리자 아버지 허엽은 동인의 영수가 되었다. 이 무렵부터 글을 배우기 시작한 듯하다.

1576년 (8세) 둘째 형이 성절사로 명나라에 다녀와서 『하곡조천기』를 썼다.

1577년 (9세) 경상도 관찰사가 된 아버지를 따라 상주에서 잠깐 살았다. 이때에 임약초와 사귀었다. 그는 허균이 벼슬길에서 어려울 때에 도와주었고 죽을 때까지 아주 가까운 친구였다. 이때부터 시를 잘 지어 어른들로부터 칭찬을 받았다고 한다.

1579년 (11세) 누이인 난설헌이 김성립과 혼인했다.

1580년 (12세) 본격적으로 글을 배우기 시작하여 사략(史略)을 읽었다. 2월에 아버지가 죽었다.

1582년 (14세) 당음(唐音)을 읽었다.

1583년 (15세) 창원 부사가 된 둘째 형 봉이 이이를 탄핵하다가 경성으로 유배되었다. 맏형 성이 별시문과에 급제했다. 둘째 형으로부터 그가 지은 글이 늠름하다고 칭찬을 받았다.

1585년 (17세) 도사(都事)를 지낸 김대섭의 둘째 딸 김씨를 맞아 장가들었다. 둘째 형 봉이 유배에서 풀려나 유랑생활을 시작했다.

1586년 (18세) 둘째 형에게 글을 배우려고 백운산으로 갔다.

1588년 (20세) 9월에 둘째 형이 금강산에서 죽었다.

1589년 (21세) 생원시에 급제했다. 과거 동기생인 이이첨을 알게 되었다. 누이 난설헌이 죽었다.

1590년 (22세) 맏형이 일본 통신사 황윤길, 부사 김성일과 함께 서장관으로 일본에 갔다.

1591년 (23세) 동인이 남인과 북인으로 갈라졌다. 누이의 시집인 『난설헌집』을 편찬했다.

1592년 (24세) 4월에 조일전쟁이 일어남. 7월에 첫아들을 낳음. 같은 달에 부인 김씨가 피난길에 산후조리를 잘못하여 스물두 살의 나이로 죽었고 첫아들도 뒤따라 죽었다. 가을에 강릉으로 옮겨 애일당에서 거처했다.

1593년 (25세) 강릉에서 살았다. 10월에 『학산초담』을 지었다.

1594년 (26세) 봄에 승문원의 사관이 됨. 12월에 정시문과에서 을과에 합격.

1595년 (27세) 부인 김씨의 묘를 단천에서 강릉 외가 언저리로 이장. 맏형이 대사간이 됨.

1596년 (28세) 맏형 성이 판서 같은 높은 벼슬로 계속해서 영전됨.

1597년 (29세) 1월에 정유재란이 일어남. 3월에 문과 중시에 장원으로 급제. 10월에 병조좌랑이 됨. 조일전쟁의 모든 사실을 적은 「동정록」을 지었으나 전해지지 않음.

1599년 (31세) 2월에 병조좌랑이 되고, 5월에 황해도사가 되었다가 12월에 황해도사에서 파직. 북인이 대북과 소북으로 나뉨.

1600년 (32세) 다시 병조좌랑이 됨.

1601년 (33세) 6월에 호남지방의 전운판관이 됨. 7월에 전라도로 내려갔는데 이때 기생 계생을 사귐. 8월에 어머니 김씨가 돌아가심. 11월에 예조정랑이 됨.

1602년 (34세) 2월에 원접사인 이정구의 종사관이 됨. 윤2월에 병조정랑이 됨. 8월에 성균관 사예가 됨. 10월에 사복시정이 됨.

1603년 (35세) 4월에 질녀가 광해군의 이복동생인 의창군과 혼인했다. 태복시정에서 떨어져 금강산을 구경하고 강릉으로 돌아갔다.

1604년 (36세) 7월에 전적(典籍)이 되고, 9월에 수안 군수가 되었다. 서산대사가 죽었다. 『손곡집』을 엮었다.

1605년 (37세) 둘째 형 봉의 시를 두 권으로 엮었다. 불교를 믿었다는 규탄을 받아 수안 군수에서 파직되어 서울로 돌아옴.

1606년 (38세) 1월에 의흥위 대호군이 되었다. 원접사 유근의 종사관이 되어 주지번을 만났다. 3월에 『난설헌집』을 주지번에게 주었고, 4월에 『난설헌집』에 대한 글을 주지번에게서 얻어왔다. 12월에 『난설헌집』의 서문을 썼다.

1607년 (39세) 2월에 상의원정이 되고, 3월에 삼척부사가 되었다가 5월에 삼척부사에서 파직되었다. 7월에 내자시정이 되었다. 12월에 공주 목사가 되었다. 우리나라의 시를 가려 뽑은 『국조시산』을 엮었다.

1608년 (40세) 선조가 죽고 광해군이 즉위했다. 이이첨이 득세하기 시작함. 8월에 공주목사에서 파직되었다. 승문원 판교가 되었다.

1609년 (41세) 1월에 사은사의 서장관으로 내정. 2월에 서장관에서 이상의의 종사관으로 바뀌어, 이재영과 이징을 데리고 갔다. 5월에 홍문관의 월과에서 잇달아 세 차례 일등을 했다. 6월에 첨지중추부사, 9월에 형조참의가 되었다.

1610년 (42세) 4월에 천추사가 되었으나 병으로 임무를 맡지 못했다. 11월에 전시의 대독관이 되었다. 그러나 조카를 합격시켰다는 혐의를 받고 다른 시관과 함께 탄핵을 받았다. 12월에 유배가 결정되었다. 사명대사가 죽었다.

1611년 (43세) 1월에 함열 배소에 도착했다. 11월에 배소에서 풀려 서울로 와서 잠깐 있다가 부안으로 내려감. 문집 『성소부부고』의 글을 일부 모아 엮었다.

1612년 (44세) 8월에 맏형 성이 죽음. 12월에 왜정 진주사가 되었으나 이튿날 갈렸음. 그 뒤에 부안 언저리에서 살면서 이때 『홍길동전』을 지은 것으로 추정된다.

1613년 (45세) 호남지방을 두루 다녔다. 12월에 예조참의가 되었으나 이틀 만에 갈렸다. 이해 칠서의 옥과 계축옥사가 일어났다.

1614년 (46세) 2월에 호조참의가 되었다. 천추사가 되어 중국에 갔다. 『태평광기』를 포함하여 많은 책을 사왔다.

1615년 (47세) 2월에 승문원 부제조가 되었다. 광해군의 명으로 중국에서 가져온 『임거만록』과 네 종류의 책을 올렸다. 5월에 문신정시에서 일등을 차지했고, 이어서 동부승지가 되었다. 이후 좌부승지, 우승지, 좌승지가 되었다. 윤8월에 동지 겸 진주부사로 중국에 갔다.

1616년 (48세) 1월에 변무(辨誣)의 성과를 조정에 알렸다. 4월에 사직제조, 5월에 형조판서가 되었다. 변무의 공으로 녹비를 왕으로부터 받았다. 이어 동지사 겸 진주부사의 공으로 토지와 노비를 받았다.

1617년 (49세) 1월에 김윤황이 화살에 매단 격문을 경운궁에 던지고는 허균이 시켰다고 했다. 여러 무리를 거느리고 삼청동에서 격문사건을 의논했다. 12월에 부사직을 거쳐 좌참찬이 되었다. 허균의 과거의 흉모를 적은 비밀 상소가 기준격에 의해 세 번 올려졌다.

1618년 (50세) 1월에 기준격의 상소가 다시 올려졌다. 윤4월에 허균이 상소를 올려 변명했다. 삼사 합동으로 허균의 죄상을 밝힐 것을 주청. 5월에 허균이 변명하는 상소를 다시 올렸다. 8월에 남대문에 격문을 붙인 사건이 일어났다. 추국이 시작되었고, 26일에 일당과 함께 서시(西市)에서 처형되었다.

허균의 생각

초판 1쇄 발행 2014년 10월 13일
초판 4쇄 발행 2020년 4월 3일

지은이 이이화 | 펴낸이 신정민

편집 최연희 | 디자인 김이정 이주영
마케팅 정민호 김경환 | 홍보 김희숙 김상만 지문희 우상희 김현지
저작권 한문숙 김지영 이영은 | 제작 강신은 김동욱 임현식 | 제작처 영신사

펴낸곳 (주)교유당
출판등록 2019년 5월 24일 제406-2019-000052호

주소 10881 경기도 파주시 회동길 210
문의전화 031) 955-8891(마케팅), 031) 955-2692(편집)
팩스 031) 955-8855
전자우편 gyoyudang@munhak.com

ISBN 978-89-546-2604-0 03910

이 도서의 국립중앙도서관 출판시도서목록(CIP)은 e-CIP 홈페이지(http://www.nl.go.kr/ecip)와 국가자료공동목록시스템(http://www.nl.go.kr/kolisnet)에서 이용하실 수 있습니다.
(CIP제어번호: CIP2014027656)